汽车＋人工智能：
传统车企向科技巨头的转型之路

[德] 米夏埃尔·诺尔廷（Michael Nolting） 著

中德教育与科技合作促进中心 组译

刘晨光 译

机械工业出版社

　　本书结合来自工业实践的案例研究，介绍了人工智能以及通过人工智能实现汽车行业的转型，剖析了人工智能将如何长期颠覆汽车行业。为了应对这种颠覆，汽车制造商必须从他们的数据中充分挖掘潜力，并能够每天为客户提供新服务。本书展示了汽车制造商所需的转变：从构建可持续愿景到公司的技术和组织实施，并在此基础上，从传统制造业转型为科技巨头。对汽车价值链上的 100 多个案例研究，显示了人工智能可以在哪些方面提供附加值，讨论了作为一个重要推动因素的自动驾驶，以及与汽车行业相关的最重要的人工智能流程。本书面向汽车行业的决策者、学生、教师以及任何想了解智能汽车这一 21 世纪最伟大的工业变革的读者。

First published in German under the title

Künstliche Intelligenz in der Automobilindustrie: Mit KI und Daten vom Blechbieger zum
Techgiganten by Michael Nolting，edition:1

Copyright ©Michael Nolting, 2021

This edition has been translated and published under licence from
Springer Fachmedien Wiesbaden GmbH, part of Springer Nature

北京市版权局著作权合同登记 图字：01-2021-1976。

图书在版编目（CIP）数据

　　汽车 + 人工智能：传统车企向科技巨头的转型之路 /（德）米夏埃尔·诺尔廷（Michael Nolting）著；刘晨光译 . —北京：机械工业出版社，2023.1

　　书名原文：Künstliche Intelligenz in der Automobilindustrie

　　ISBN 978-7-111-72518-3

　　Ⅰ . ①汽⋯　Ⅱ . ①米⋯ ②刘⋯　Ⅲ . ①人工智能 – 应用 – 汽车企业 – 企业改革 – 研究　Ⅳ . ① F407.471.6

　　中国国家版本馆 CIP 数据核字（2023）第 010911 号

机械工业出版社（北京市百万庄大街 22 号　邮政编码 100037）
策划编辑：孙　鹏　　　　责任编辑：孙　鹏　刘　煊
责任校对：张爱妮　梁　静　封面设计：鞠　杨
责任印制：刘　媛
涿州市般润文化传播有限公司印刷
2023 年 3 月第 1 版第 1 次印刷
169mm × 239mm · 12.25 印张 · 258 千字
标准书号：ISBN 978-7-111-72518-3
定价：99.00 元

电话服务　　　　　　　　网络服务
客服电话：010-88361066　机 工 官 网：www.cmpbook.com
　　　　　010-88379833　机 工 官 博：weibo.com/cmp1952
　　　　　010-68326294　金　书　网：www.golden-book.com
封底无防伪标均为盗版　机工教育服务网：www.cmpedu.com

前　言

当今，汽车工业无可回避地面对着一个颠覆性的变革。由于每天都能感受和参与这一历史性事件，我感到无比兴奋。汽车行业的价值链将要发生一个根本性的变化，汽车制造商、零部件供应商和整个服务业都必须直面这一变革。但是，目前尚不清楚这一变化过程将在何时结束也没有人知道，何时能够向客户提供安全的自动驾驶功能，何时电动汽车将在真正意义上占据汽车市场。目前，尽管仍存在所有这些不确定性因素，但其中有一点很明确：数据将是 21 世纪的"黄金"或者"石油"。

数据构成了人工智能的基础。形象地讲，人工智能如同是一个崭新的住宅，需要将其充满生命的活力。而这一生命，正是来自于数据。在不久的将来，将有越来越多的各类数据可用，借助云计算服务商的支持，全球的计算能力将不断提高，人工智能技术必将成为颠覆和改造汽车行业价值链的巨大驱动力。本书旨在为汽车行业的所有决策者、服务提供商、大学生和其他专业人员提供有关人工智能方面的初步知识，为概括性地了解这一发展趋势及其影响作用提供支持，以便能够对各自将来的职业生涯，做出积极和明智的决定。

曾有三年的时间，我几乎没有时间概念。最初，当我还在一家全球最大的汽车制造商担任项目经理，当我声称数字服务和数据将是企业的未来时，得到的反馈多是不解和疑惑。凭借北欧人特有的固执和已见，在这三年后，我现在在一个有 70 个人的团队中，终于可以积极地推进这一主题。现在，我享受着汽车行业转型过程中的分分秒秒，但却仍没有时间感，因为每天都会发生崭新的、令人兴奋的革命性事件。我们现在生活在一个所谓的 VUCA 世界中（VUCA 在这里意指波动性、不确定性、复杂性和矛盾性）。例如，股市波动越来越大，货币价值变得越来越不稳定。

当今，销售量小的新兴汽车制造商所获得的赞誉却高于信誉良好、资本丰富和历史悠久的汽车制造商。况且，行业中的各种不确定性也在增加，生产所需的原材料将变得更加短缺。全球气候变化迫使我们必须减少二氧化碳的排放量。所有这些都导致了世界的复杂性、多异性、矛盾式的相互依赖和各种利益的冲突。

汽车界的从业人士可能都要问：将来的客户会是什么样？他们将钟爱和消费什么？哪些产品和服务将有意义？在 5 年或 10 年后，有哪些汽车制造商仍能生存？谁又将成为汽车行业的富士康？谁是错失了未来的柯达和诺基亚？

但不论明天的客户是什么样子，他们都一定会喜欢以客户为导向，而且价格低廉、服务周到的产品，这也正是人工智能技术将进入我们日常生活的基本原因。人工智能将能推出更新异，更有创造性的产品，推动生产自动化和优化，同时产品价格还可能不断下降。其中一个关键的因素就是必须持续地、专心致志地以客户为企业的经营导向，这正是像亚马逊和谷歌这样的科技巨头，它们以其如此良好的经济效益和发展现状，向我们展示了，只有最好的产品和服务才能最终掌控住产品和服务市场。

希望您能喜欢本书，并将本书作为您参与汽车工业变革的知识伙伴。在书中我们将探讨和研究汽车制造商如何通过使用数据和人工智能技术，将自己改造、转变和重塑成如同亚马逊和谷歌等一样的科技巨头。

德国，汉诺威

米夏埃尔·诺尔廷　博士
2020 年 5 月

附言：如果您想及时地了解汽车工业的转型现状，欢迎您访问我的博客网站www.michaelnolting.com。在这里，我正在撰写，并推出了若干有关人工智能（Artif-cial Intelligence）、开发和运维 DevOps（Software Development and IT Operations）以及领导力（Leadership）等主题的文章。

目　　录

第三部分　逐步转变成科技巨头

第7章　愿景 ·· 122

第8章　重任：拥有自己的代码，自己的数据，自己的产品 ············ 138

第 1 章

绪　　论

概要

这一章旨在向读者概述性地讲解，如何从长远角度观察，以证明人工智能技术将要改变汽车行业现状的根本原因。汽车制造商必须立即对此做出积极反应。当今，全球信息技术可提供的计算能力正呈指数函数式增长，这可推进将行业创新推向消费市场，这不再是一个时间问题，人工智能技术将迅速、长期性地改变汽车市场的格局。本书主要以硅谷的信息技术科技巨头，例如，谷歌、亚马逊、网飞、优步和苹果为例，它们都是直接地面向客户，将人工智能应用作为其理念核心。本章还将简要地介绍这些企业的组织结构，并说明本书所针对的目标读者。

1.1　人工智能——一个游戏规则的改变者

在不久的将来，人工智能（AI）这一主题将成为所有企业经营规则的改变者，但同时会导致恐慌和担忧，正是在硅谷的那些资金充足的初创公司（Start-Ups），将使汽车制造企业失去大量的工作岗位、经营利润和市场份额。没有一个企业愿意沦为汽车行业中的诺基亚或者柯达，但也不一定能幸免于这场颠覆性的技术革命。当然，它们也不甘心成为汽车行业的富士康，也就是说，不能与客户直接沟通联系，只能简单地生产未来的汽车。富士康为苹果公司生产了数百万部智能手机，但仅获得整个利润中很小的一部分。而苹果通过其操作系统和应用程序占据大部分客户界面，继续从中盈利和经营业务。

因此，要对这一场颠覆性的革命"做好准备"，这对企业的生存将是必不可少的，要尽其所能。这里重要的是，要能尽早地认识到人工智能技术的巨大潜力，并将其融入自己企业的文化遗传基因中。在这当中，学习新知识的速度、独特的创造力和市场适应能力，都是必不可少的，因为整个汽车行业的价值链，目前每时每刻都正在发生巨大的变化。在这一变革过程中，人工智能将是一个关键性驱动力，它将显著地提高整个价值链的效率，并且实现进一步的智能数字服务，为客户提供可观的附加值。例如，一项特定服务可以是用来预测车辆是否会在不久后出现故障。通过预测性维护技术，就可以在车辆发生故障之前，预先计划去维修车间进行检测。这就为客户创造了便利，节省了成本开支，而且避免了车辆停运时间。

　　企业维持生存的需要和开拓新市场的渴望，都驱使所有的汽车制造商更加高度地重视人工智能技术。没有一个企业能够承受投入了资金和人员，而无法获得满意的利润回报，无法最佳地去满足客户需求。现在全球范围内汽车行业的竞争形势太紧张了，时间紧迫，关乎生死存亡。图 1.1 显示了德国采用人工智能技术，在 2019 年内各个行业的营业额情况。这里，营业额总和约 2210 亿欧元。特别是汽车工业，在 2019年，约有 454 亿欧元销售额与人工智能技术相关。

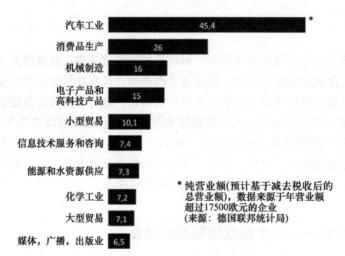

图 1.1　人工智能的重要性[1]（德国采用人工智能技术创造的营业额，2019 年，单位：10 亿欧元）

　　除了上述目标外，汽车制造商还要尝试使用人工智能技术来提高客户对其产品的了解和满意度，以便能推销出更多的产品和服务，进入、征服和占据新的市场（所谓的利润池），并且推动产品的持续性创新。可见，对于汽车行业中的从业人员来说，显然还需要做许许多多的事情。但是，究竟要做些什么？从哪里开始启动？通常，人工智能问题多是在小型的项目中具体给予落实。但是，如何在企业内正确地进行运作，以及有多少回旋余地，总还是存在着各种不确定性，有时会出现批判性的声音。在这些批评者看来，人工智能这一时髦流行语，不过是一时令人兴奋，很快就会被更新的概念所取代。因而建议以较为简单且轻松的方式讨论该主题，并在该领域首先启动小型、可管理性的项目。至少要尝试做出些实际行动，例如，开发小型机器人和聊天机器人，只要求这些机器人能自动地执行原来的程序，弥补过去的功能单一的或功能少的缺陷，比如，低质量或尚不存在的用户界面，其实这并不涉及真正的人工智能技术。

鉴于当前汽车行业的迅速变化，如果仍将现有的运作流程和业务模型视为理所当然，仅是部分性地引用机器人和机器学习，就断言规划了企业未来的人工智能技术，那么这将是非常短视和危险的。我们正处在一个颠覆性、信息技术呈指数函数式发展的开端，它将影响所有的工业企业。这是极其令人兴奋的，企业既面对着巨大的发展机遇，但同时伴随着极高的风险。但必须明确这一切的出发点，就是任何可借助人工智能技术进行自动化和优化的流程，都必须给予关注和投入。大型汽车企业要对其投资股东、资本市场和雇员担负责任，要确保企业的效益和生计。因此，我更支持卡尔·海因兹·兰德（Karl Heinz Land）的论点：可以数字化的事物都应被数字化，可以联网的就要接入网络，可以自动化的就要实现自动化。这适用于世界上的所有过程 [2]。

这里至关重要的在于，在开始制定企业发展战略时，就将人工智能技术融入企业的发展进程，要敢于质疑先前的业务模型和价值链流程。基于深思熟虑的发展远景和所派生出的使命，就必须尽早以可持续性的方式对待和处理人工智能话题，不是仅仅简单地把它当作一个单独的项目，而是一个连续性的转换过程，要将此主题牢牢地植入企业的遗传基因中，正像谷歌、亚马逊、网飞、优步或苹果这些企业几十年以来不断追求和贯彻执行的那样。

1.2 指数函数式增长

当今，人工智能技术这一话题对所有国民经济行业，特别是汽车工业产生了巨大的影响，这也正是基于在全球范围内信息技术的计算能力不断提高这一事实。更形象地讲，这种计算能力几乎以指数函数的形式增长 [3]。自从新冠疫情暴发以来，我们都感觉到，传染和死亡人数是如何定量地、以指数函数形式、出乎意料且极为猛烈地改变了日常生活。

所谓的指数函数形式，这里以传染病为例，比如，可能要感染的人数，在没有外力介入同时所有人都没有免疫力的情况下，一个感染到某种传染病的人，会把疾病传染给其他多少个人的平均数，简称感染率（R-Index）。如果感染率高于1，则受感染人数呈指数函数式增长。由于我们是处于社会生活中，每人每天至少与 20 ~ 30 个人接触。如果一个病毒携带者每天与 20 个人接触，其中有 10 个人感染，这些人再去感染 10 个人，那么这种传播方式，用定量数学函数描述的话，就是指数函数形式，其增长速度极其快速。

现在，除了新冠疫情的范例，可利用另一个例子来解释何为指数函数式增长，以便更清楚地说明，对于人类而言要正确地理解这种增长速度将是多么的困难。可以想象一下，我们坐在一个货车车厢中，比如这是一种运输物品的车辆。它宽 2 米，高 2 米，长 5 米，因此其容积为 20 立方米。这意味着，这可以容纳 2 万升水，可真够大的。现在假设，我们有一个魔法式滴液器，它每秒可以使液滴数量增加1倍。就是说，它在第1秒时滴出1滴，第2秒时滴出2滴，第3秒时滴出4滴，第4秒时就滴出8滴，可依此类推下去。在这一过程中，滴液的数量是呈指数函数形式增长，就像当前的信息技术计算能力一样，它在过去的50年中，每两年都增加1倍。回到刚才的液滴问题，我们坐在货车车厢里，系好安全带，接着滴液器开始滴出第一滴液体，而且我们已知道，滴出的数量每秒均增加1倍。现在的问题就是，在滴出的水完全充满整个货车车厢被水淹没之前，我们需要在多长时间内逃出货车，才能保住生命安全？几分钟，几小时，几天，几周，月，还是几年？现在，我们可以花30秒来计算和考虑一下。您怎么看？您的答案是什么？几个月还是几年？

可以告诉你，正确的答案是：要逃离车厢到达安全状态，我们只有短短的26秒的时间。这实在是令人难以置信。然而更令人印象深刻的是，在第23秒结束时，车厢80%的容积仍还没有充满水。那时水几乎没有淹过我们的脚踝，我们感到极其安全，尚未意识到即刻到来的危险。根据指数函数式增长定律，这可是打开安全带并逃脱出货车的最后机会。否则，3秒钟后，我们必定遭到灭顶之灾，淹死无疑。

这种指数函数式的发展，自20世纪60年代以来，在信息技术中体现得最为典型，具体地讲，就是集成电路上可容纳的晶体管数目，约每隔两年便会增加1倍，并且这正是人工智能技术所需的计算性能的先决条件，而且，在最近几年更是取得了令人瞩目的成果。最近，科学家们撤回了一份出版物，在该出版物中，他们创建了一种人工智能算法，该算法可以根据给定的标题，生成一篇完整的文章[4]。其内容结果是如此之好，几乎与人类的作品没有区别，以至于这些科学家们非常担心，这会导致严重的滥用。而最终讲，这一算法就是通过神经网络、大量的数据和强大的计算能力，才得以实现的。

近几十年来，计算机芯片的尺寸变得越来越小，计算速度越来越快。追究计算机技术发展史，关于计算机处理器中集成电路密度倍增式的预言，实际是来自英特尔公司的联合创始人戈登·摩尔（Gordon Moore）。戈登·摩尔在1965年首次发表了一篇文章，乐观地估计集成电路上可容纳的晶体管数量，每隔两年（18～24个月）就会翻一番[5]。在十年后，他将该时间间隔修改为每两年一次，在这以后几十年，这一预测都得到肯定性的验证。摩尔的预言是如此精确，以至于被称为摩尔定律（Moore's Law）。至今，这一"定律"的正确性已持续了51年。随着晶体管密度每两年增加1倍，计算机芯片的性能也大致提高1倍。在大型计算机之后，就是所谓的微型计算机，其大小仅相当于一个冰箱的尺寸，此后是个人电脑（PC）时代，现在是智能手机革命，以及树莓派（Raspberry Pis）——一种基于Linux的单片机电脑。长期以来，专家们都一直预言摩尔定律将要失效，因为随着芯片上集成电路的尺寸越来越小，要持续性地维持这种发展，将越来越接近物理极限的挑战。但不久的将来，集成电路的尺寸如此之小，以至于量子力学的物理定律将发挥作用，它将决定这一世界，将如何以最微小的结构，仍能如愿以偿。

如果不少人仍认为这种指数函数式增长趋势不久将达到其物理极限，那么现在的所谓图形处理单元（Graphics Processing Units，GPU）就真正有可能继续地维持和实现这种增长。图形处理单元起源于计算机游戏行业，借助图形处理单元，可以达到更快的计算速度，这令人难以理解，只能用语言描述[6]。这正是人工智能技术所需要的性能。计算机显卡制造商英伟达（Nvidia）的首席执行官黄仁勋（Jensen Huang）一直在说，人类正处于新时代的门槛上，这可能也是正确的。人工智能技术，尤其是深度学习技术，使传统守旧的人产生许多疑问，但的确对许多事情产生颠覆性的作用。

软件开发人员和数学家仍在自己编写软件算法，但是计算机的性能和数据量，将很快使计算机具有人类的能力——自己为自己编写新的算法程序。正如上面所述的示例，基于给定的标题自动地生成文章内容。黄仁勋曾预测，芯片的性能将在今后10年内，至少要增长1000倍。与基于硅元素的中央处理器发展相比较（通常根据摩尔定律），他认为，传统的指数函数式增长说法将要过时，且令人不屑一顾。但即便是当前这种计算能力的指数函数式增长，我们人类一般也难以理解，但是它将所有的工业行业（包括汽车行业）带入了一个颠覆性阶段。

1.3　处于颠覆性变革中的汽车工业

上文中仅简要地描述了信息技术正以指数函数式速度继续向前发展，而且其速度越发加快。这就导致所有行业和企业发生了大规模的震撼、动荡，甚至产生了困惑。这将特别地影响到汽车行业本身，而且这种动荡将如潮而至，当前主要都是由人工智能技术所引发和驱动的，可概括为四个重要的发展方向，简称CASE：

① 网联服务（Connected Services），即车辆联网，车辆作为移动的计算机，空中更新等。

② 自动驾驶（Autonomous Driving）。

③ 满足客户需求的共享出行（Shared Mobility），从车辆拥有转向以需求为导向。

④ 电驱动（Electric Drive）。

CASE概括了当前汽车行业的全部发展趋势，可以说全面和概括性地描述了这一行业正在发生的巨大变化。而且，所有这四个方面，都涉及人工智能技术在相关学科领域的具体实现、技术层次的变革，以及对其产生的补充和强化。自动驾驶技术更多地使用人工神经网络方法，例如，数码相机识别周围的物体。现在其检测准确率已处于人类能达到的精度范围。借助车辆的联网，人工智能技术为客户提供增值性服务，例如，优化行驶路线，预测零部件可能出现的故障，从而使客户免于不愉快地去造访维修车间。而引入电驱动技术，就要求有人工智能领域的算法，比如，规划中途有充电站的行驶路线。而共享出行主题就更广泛使用了人工智能领域的优化算法，比如，联运模式移动性虽较为棘手，但也可归纳为算法优化问题。

企业要转型为具有人工智能支持的经营模式，尤其是那些传统且成熟的制造商，将面临巨大的新型挑战，包括企业文化的调整和时间紧迫的压力。更新兴、年轻和热忱的竞争者正在积极地改变市场的格局，这些初创企业完全没有传统机制的限制和运营束缚，可以从一开始就投身于绿色生态领域，提供全新的产品和服务。通常，这些进取心强烈的新手会专注于各个新兴领域，如果它们拥有足够的市场资金，则可在这些热门的专业领域招聘雇用员工，建立起具备良好专业背景的团队（所谓的 A 级员工）。

历史悠久的传统企业要主动、迅速地落实某些措施，以满足客户的新型要求，这是特别困难的，通常要放弃现有的成熟产品，同时以牺牲经营利润为代价 [7]。这些企业如同具有自身的免疫系统，这一免疫系统将创新和变革视为外部入侵者。

特斯拉（Tesla）这家公司成立于 2007 年，当今所取得的初步成功和市场效应，的确令人感到惊讶和刮目相看。在自动驾驶领域，另一家令人印象深刻的企业是 Waymo，它归属于谷歌旗下，拥有最多的自动驾驶里程数。而在共享出行领域，优步（UBER）脱颖而出，它已经创造了数十亿欧元的销售额，现在，其 UBER Elevate 部门正在研究无人驾驶的飞行器，从而作为未来的空中巴士。

在中国也有一些类似的企业，其服务内容、范围和客户群体都令人难以置信，按欧洲标准来看，它们才是真正的巨头。比如，亚马逊的竞争对手，电商阿里巴巴（Alibaba），谷歌搜索引擎的对手百度（Baidu）等，都已计划要进入汽车业务。中国可以说是世界上新兴的硅谷。虽然尚不确定，这些新企业将如何在汽车业务中定位，但发达国家的汽车制造商，必须认真关注这一全新的挑战。

当前，在全球十家最有价值的信息技术企业中，已有六家计划进入汽车市场 [9]。它们的经营业务可概述如下：

- 苹果（Apple）希望在汽车行业上占据领导地位，不仅是以驾驶员为中心的服务（通过提供其 CarPlay 平台），而且在自动驾驶领域投入了大量的研发资源。
- 与苹果公司类似，谷歌（Google）在移动服务方面提供了 Android Auto 平台，其子公司 Waymo 在自动驾驶领域目前处于领先的地位，并且迄今为止，它的自动驾驶里程数最多，拥有最多的现场测试里程数。
- 到目前为止，微软（Microsoft）已经与某些汽车制造商（例如，戴姆勒和大众）建立了合作伙伴关系，可提供多种人工智能服务，例如，虚拟助手和移动办公服务，这些服务都集成在一个互联车辆平台（Connected-Vehicle-Platt-form）上。
- 亚马逊（Amazon）已经成功将 Alexa 集成到某些车辆上，例如，宝马汽车，即使客户已离开汽车，在进入家门前，车辆仍可保持与客户的联系。
- 阿里巴巴（Alibaba），目前正在开发车辆操作系统 AliOS。该移动操作系统除了能够为车辆提供导航服务，更多地是提供类似智能手机的各种服务。
- 腾讯（Tencent），如同中国的"脸书"（Facebook），它是汽车行业的最新成员，正活跃地参与自动驾驶领域，提供车联网云和自动驾驶云，同时助力汽车行业的数字化升级。

汽车制造商本身将掌握人工智能技术的主题，作为新型技术的出发点，在未来的自动驾驶、数字化式增值的互联服务、电驱动和共享出行等主题中，已逐步地开始探索、起步和追赶。就当今竞争形势而言，汽车工业除了要集中精力处理这个主题外，已再也没有其他选择可能性。最佳的做法就是要大胆地面对这些主题，以极高的优先级，迅速地采取具体的行动，不但是在各自现有的专业领域，还要在信息技术方面，积极地投入各种所需的资源。在这一转变过程中，就运作优化的最大潜力而言，是企业内的协同式推进这一进程。尽管如此，人工智能项目经常被冷待和忽略。进一步的障碍还在于传统式的项目管理方法。人工智能是一个产品主题，这一点常常不被理解，但这必须要成为企业遗传基因的一部分。目前，准备大刀阔斧地进行改革的意愿仍然太低，且通常没有人工智能专家参与。

工业 4.0 就是一个很好的例子。在不久的将来，大部分生产自动化。机器人将有可能直接与工人合作。不仅是所需的过程要自动化，还包括对周围环境中的实物处理自动化，这都将基于人工智能技术。如果能够利用企业自身的数据信息进一步优化生产流程，则这将是汽车制造商的一个独特亮点，它可将其此过程与传统性引入的外部解决方案，完全区别分开。

为了能把握和管理整个企业内的人工智能主题，还必须考虑具体的产品，对汽车制造商而言，也就是车辆。只有能够以获得利润的方式，有目的地利用现有的和将来的车辆数据，才是真正地发挥出了人工智能技术的全部潜力和效能。比如，究竟如何使用来自运输车队的数据，以测试和确定自动驾驶的新算法（这可参考特斯拉）？如何利用自身车辆原型的数据，以用于优化车辆测试？如何应对和利用来自信息技术行业、正在打入汽车市场的那些硅谷高科技公司——新兴造车者的攻势和威胁？汽车制造商应该与现有市场内外、行业内外的哪些参与者进行合作，才能积累和丰富自身的知识，降低资金投入和成本支出，才能从这一颠覆性变化中脱颖而出？还有一系列要澄清和回答的问题。在制定具有可持续性、长期的人工智能策略之前，对所有上述这些问题，都需要澄清和给予确定。

1.4 以科技巨头为榜样

科技巨头，例如谷歌、亚马逊、网飞、优步和苹果，都是人工智能技术应用的先驱，即使它们并非来自汽车行业。但在这场颠覆性变革中，要将它们作为学习的模范，正是因为它们：

① 全部身心以客户为导向，并使用人工智能技术，发展和壮大各自的领域。

② 持续性地、反复地证明自身的适应能力。

③ 采用现代化的信息技术架构作为基础。

更为准确地说，这些理念对于汽车工业来说也很重要，只有这样才能够在这场变革中幸存下来。

这里介绍了一个非常典型和成功的转型企业，就是提供网络视频点播的网飞（Netflix）。在过去的几十年中，网飞不得不多次进行自我改造和重塑，可以毫不夸张地讲，它是直接面向终端客户，且特别具有市场适应能力的经营典范。网飞创建于 1997 年，当时从事提供数字多功能影音光盘（DVD）出租服务——客户可以订购DVD，网飞通过邮寄方式将 DVD 发送到客户手中。这种商业模式当时强烈地冲击视频租赁实体商店。为了能从众多的视频商店中脱颖而出，网飞致力于提供良好的客户体验和诱人的服务价格。

可以断言，这些都是汽车行业迫在眉睫、现在必须给予关注的事情。人工智能技术可用于优化客户体验以及价格定位。当时，网飞的发展非常迅速，并且在 10 年后，每天就可向客户发送 100 多万张的 DVD，取得了可观的商业经营突破[8]。而正在这个时候，信息和通信技术出现了新的技术突破，带来了新的转折点，因为网络数据传输的带宽急剧增加，电影的下载成本降至运输成本以下。网飞及时地意识到了这一点，并做出了迅速回应，将其经营内容转型为视频下载提供商（Download-Provider），从而完全调整了其商业模式。

当时，网飞的经营转型已经很成功。但是随之而来的是一项更新的技术转折点。所谓的流（Streaming）媒体的流行持续性地增长，为新的竞争者提供了扰乱市场的能力。但是网飞再次及时地意识到了这一点，并实施了从下载到流媒体提供商的迅速转型。调整了商业模式后，由于相关法律规范的修改，电影、表演和其他艺术品购买成本增加。为了不沦为成本上涨的受害者，网飞开始自己制作连续剧和电影，例如，非常成功的连续剧《纸牌屋》[8]。这样一来，网飞又变成了影视制作人，更于 2019 年加入美国电影协会。同时，网飞对其基础性信息技术架构进行了现代化改造和更新，为机器学习和人工智能奠定了基础。《纸牌屋》获得成功的一个关键因素，就是其人工智能分析技术。只有统计到观众收视率很高，证明该系列剧将会受到客户的好评时，才可以继续投入拍摄制作。尤其是其信息技术基础设施，为网飞的进一步发展提高了竞争力，奠定了坚实的发展基础。通过这种独特的市场定位和经营战略，在 2018 年，网飞的企业员工增长到 7100 名，并实现了近 160 亿欧元的销售额。与上一年相比增长了 35%。这一快速和成功的增长，部分归因于利用人工智能技术，进行大数据分析和评估。

成功地转型为拥有人工智能的企业，关键性的因素包括：

① 绝对以客户为中心。

② 构建具有清晰远景、心理安全和高效能的团队/管理人员。

③ 创建与人工智能兼容的信息技术架构。

基于微服务（Micro-Service）的后端（Backend）结构，可向外界开放的应用编程接口（API）云计算优先策略，不需自身的信息技术基础设施。

借助这三个要素，网飞发展成为一个能够吸引和拥有大量客户，并提高客户忠诚度的企业。正是通过人工智能技术，网飞快速地实现流程优化，并且拥有一支对任何影响性变化都敢于迎接挑战、保持乐观态度的团队。

1.5 本书的内容结构

从传统式的机械制造商到汽车行业的科技巨头，要能够实现这一必要的变革性转型，本书说明了这其中对人工智能技术的需求，参考了至今为止成熟和经历现实检验的实践经验，提出了解决这一转变的方法学准则和实际性指南，以长期性地确保企业的行业竞争力。

本书直接面向汽车制造商和供应商，建议性地提出了一个清晰的人工智能战略，以实现从传统的机械制造商，即所谓的"钣金件制造商"转型到汽车行业中经营灵活、可持续性发展的科技巨人。本书首先介绍了从旧的业务模式向新型、自动化、人工智能支持优化的过渡流程，并兼顾了当前汽车行业价值链中所发生的巨大变化。在这种颠覆性变化中，以最终客户为中心和直接接触客户显得更加至关重要。考虑到这些明确的目的，本书共分为以下三个组成部分：

- 第一部分：人工智能的基础知识（第2章，第3章，第4章）。首先，让读者更好地理解为什么将来汽车工业必须引入人工智能技术（更准确地说，能够根据所经营的产品、成本效益和客户忠诚度，评估自身的发展潜力）；其次，对摩尔定律进行简单介绍，目的是要说明人工智能技术需要足够的计算能力。另外，只有拥有足够的数据，才可充分地进行算法训练，使算法不断充满活力。对这些算法，例如人工神经网络，都要持续性地完善和改进。此外，借助云技术，现在随时都可以启动计算指令，就可保证有足够的计算能力，来运行复杂的算法。

对于初学者，粗略地了解这些机器学习和人工智能知识也很重要。对此，本书介绍了数据分类、回归和聚类等常用的大数据分析方法，并解释了有监督学习和无监督学习，与强化学习之间的区别。通过汽车行业中的一个应用实例，详细说明了在自动驾驶中都使用了哪些人工智能方法。从这当中可获得某些实际性的概念解，以便能够了解、评估和预知，哪些行业中哪些部门领域，可以通过人工智技术进行自动化和优化，改进和收益于汽车行业的价值链。

- 第二部分：钣金件制造商还是科技巨头（第5章，第6章）？本部分介绍了当今的汽车行业价值链，借以说明可以使用人工智能技术，在企业运作的各个阶段提高经营经济效益，开发面向客户的产品和服务。对全新的CASE概念进行了详细的说明，确切地讲就是互联服务（C）、自动驾驶（A）、共享服务（S）和电动汽车（E），这是汽车行业转型的四个主导方向。只有建立在人工智能技术的基础上，汽车制造商才能实现以客户为中心和提高经营效益，如果能在这两个因素上占据可观的优势，就能成功地完成向科技巨头的转型。
- 第三部分：逐步转变成科技巨头（第7章，第8章，第9章）。获得转变成功的先决条件，就是企业要拥有数据和人工智能文化，这必须考虑纳入企业人工智能的长远规划中，最高管理层要做出实质性的行动榜样。结合适当的鼓励性政策、必要的员工培训措施，以及引入创新型、敏捷式的项目实施方法，将所涉及的企业组织转型运作人工智能技术。企业的转型必须建立在信息技术基础上，制定发展愿景，确定企业的社会使命，即如何持续性地、迅速地向客户提供全新的产品和服务。

为此，就必须优化企业内部的价值流程和产品的数字交付时间。比如，通过创建一个人工智能支持的项目列表来实施，并以此为基础，确定企业系统运作中可能出现的阻碍性瓶颈。非常重要的一点，就是软件代码和数据本身都必须集中存储在企业内部。在此基础上，要确定不同人工智能项目的优先级，制定方案措施和投入实际行动，使企业逐步地转变成行业中的巨头。

这一部分内容还解释说明了人工智能技术必需的信息技术平台和技术功能，以能够为其客户开发和提供崭新的智能型服务。这就需要灵活、可扩展的信息技术架构，在各种情况下，能够快速地做出响应，并实现全新的想法和落实实施行动。特别是云技术架构，奠定了发展开发人工智能技术的基础。正如谷歌创造性地所作所为，利用各种现代化的软件开发方法，例如，动态测试架构和特征切换。在一个大型企业的信息技术架构中，还要能保证信息技术安全性，遵守法律规范和数据保护要求，在满足这些前提的条件下，快速地开发新的产品功能，为客户提供满意的服务。

1.6　关注点和读者群

具体针对汽车行业现状，本书提供了开发和实现人工智能远景的实际建议。其重点还是汽车制造商和相关企业，例如，零部件或系统供应商。同样，本书也希望能为人工智能初创企业提供某些行业指导，如何协助汽车制造商扩大和巩固其市场地位。

本书同时面向上述所有领域的高级管理人员，以及研究机构和咨询公司。另外，本书为计算机科学、电气工程和机械工程专业的学生，以及年轻的专业人士，概括性地介绍了人工智能技术在汽车行业的应用现状和诱人前景，更希望他们成为这一具有颠覆性、令人兴奋的变革过程的参与者。可以断言，人工智能技术从现在开始，并且肯定会在未来五到十年内，完全颠覆我们的日常生活和所处的世界环境。

参考文献

1. "Künstliche Intelligenz rechnet sich" von STATISTA. https://de.statista.com/infografik/16992/umsatz-der-in-deutschland-durch-ki-anwendungen-beeinflusst-wird/. Zugegriffen: 19. März 2019.
2. Lang, K. Alles, was digitalisiert werden kann, wird digitalisiert werden. Vortrag auf dem BME Procurement-Tag. https://www.bme.de/alles-

was-digitalisiert-werden-kann-wird-digitalisiert-werden-1427/. Zugegrif-fen: 19. März 2019.

3. Kurzweil, R. (2006). *The singularity is near: When humans transcend biology*. New York: Penguin Books.

4. Radford, A., Wu, J., Amodej, D., Clark, J., Brundage, M., & Sutskever, I. Better language models and their implications von OpenAI. https://openai.com/blog/better-language-models/. Zugegriffen: 19. März 2019.

5. Schaller, R. R. (1997). Moore's law: Past, present, and future. *IEEE Spectrum, 34*(Juni), 52–59.

6. Ostler, U. GPUs überflügeln CPUs und sind die Basis für KI-Anwendungen jeder Art. (Bericht zur Keynote von Jensen Huang auf der GTC Europe 2018 in München). https://www.datacenter-insider.de/gpus-ueberfluegeln-cpus-und-sind-die-basis-fuer-ki-anwendungen-jeder-art-a-768032/. Zugegrif-fen: 19. März 2019.

7. Wessel, M., & Christensen, C. M. (2012). Surviving disruption. *Harvard Business Review* (Dez.), 141–156. ISBN: 1633691004, 9781633691001.

8. Keese, C. (2016). *Silicon Germany – Wie wir die digitale Transformation schaffen* (3. Aufl.). München: Knaus.

9. Seiberth, G. (2018). Data-driven business models in connected cars, mobility services and beyond, BVDW Research No. 01/18.

第一部分
人工智能的基础知识

第 2 章

人工智能简介

概要

受全球可提供的计算能力迅速增加的影响，人工智能技术的浪潮越来越大，而且更为迅猛。戈登·摩尔（Gordon Moore）于 50 多年前提出的摩尔定律，今日仍然有效，几乎每两年芯片的计算能力就会翻一番。根据当时的技术水平，这可能并不正确，但是信息技术的不断飞跃，比如，最近计算机游戏行业引入的图形处理器（Graphics Processing Unit，GPU），使得该定律至今仍然适用，并得以实际验证。何时人工智能将能超越人类，何时达到技术奇异点，这似乎只是一个时间问题。为了能更好地理解这一奇迹，以及人工智能的起因、可能性、机遇和局限性，本章首先依据至今为止，计算机技术、数据和算法领域的发展，来讲述人工智能的基础概念性知识，以及所涉及的大数据和云计算技术。然后，指出了落实人工智能技术中，企业可能遇到的内部阻碍和瓶颈领域，并如何通过一系列方法和措施解决问题。

2.1 人工智能的驱动器：指数函数式增长

戈登·摩尔（Gordon Moore）于 1965 年 4 月发表了一篇有关集成电路的文章 [3]。他在其论文中表达了这样的一个论点，即在相同的时间隔内，以相同的成本支出，硅芯片上的晶体管数量将翻倍增长。这种连续性的加倍式增长，导致芯片的计算能力以指数函数式高速增长。该文章中提到的时间段，随着半导体技术的发展变化，虽然进行了多次修改，但是这一指数函数式增长的论断始终成立。如今，这个时间间隔为 18 ~ 24 个月。总结过去的发展历史和将来可能预测到的增长趋势，可用图 2.1 来形象地描述。在图 2.1 中，不同处理器类型所对应的晶体管数量标注在纵轴上，与横轴时间（年份）成对数比例（Logarithmic Scale）。这一高速增长率的原因，一方面是封装密度的持续性稳步增加，另一方面是元器件的不断微型化。而这都是通过不断改进制造工艺和新型的芯片结构来实现的。这也就是为什么当今的图形处理器（GPU）架构有能力保证摩尔定律继续成立的原因。

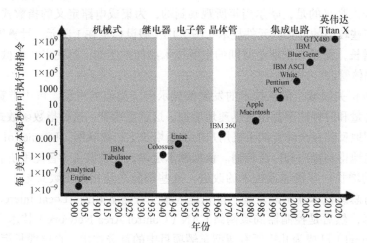

图 2.1　摩尔定律 120 年

芯片上的元件密度和尺寸，这两者与最终的计算能力直接相关。晶体管尺寸越小，其时钟频率（Clook Rate）就越高。随着晶体管结构尺寸的减小，其封装密度在增加，并以平方（Square）形式增加。基于此结构特点，存储模块的数量也可增加。在 2001 年，大规模生产的芯片，其结构尺寸为 100nm（纳米），而在 2019 年为 10nm，这就意味着摩尔定律仍然有效 [2]。

实质上，摩尔定律是建立在客观观察基础上的，并非有科学依据。尽管如此，它已经确立了自己在行业中的标准，并在今天被用作产品规划的基础，以及预测芯片行业的发展状况。因此有时人们会说这是一种自我实现式的预言，但该预言的确以指数函数式增长得到了验证，并仍在继续发展。从晶体管的数量中，可推导得出一个简化的处理器能力的说法，即芯片的计算能力始终处在增长过程中。如今随着越来越优越的芯片结构出现，其性能也大大提高。一个最好

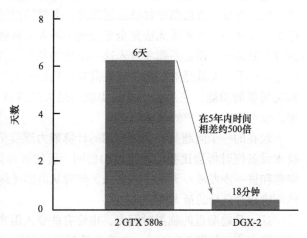

图 2.2　训练 AlexNet 所需要的时间

的例子就是前面所提及的图形处理芯片（GPU），它对于人工智能技术的发展尤其重要。如图 2.2 所示，在过去 5 年中，训练 AlexNet 所需的时间从 6 天减少到 18 分钟 [1]。AlexNet 是一个卷积神经网络，借助 1500 万个图像进行算法训练。这相当于训练时间

缩短到了五百分之一，使得计算更具有可行性，这也验证了摩尔定律的有效性。

同样令人高兴的是，摩尔当年所观察到的，为集成电路定义的指数式增长定律，也适用于某些较旧的计算机元件技术（图2.1）。假设标定在1美元，计算能力均呈指数函数可增长，而且不论那个时期的主要技术如何，比如，打孔卡、机械式继电器、电子管或晶体管。

在其他相关领域，信息技术的发展都显示出了类似的现象。可用带宽、存储模块的数据容量和时钟速率都正在迅速地增加。这就意味着，这种指数函数式增长将延续，更典型地反映在全球智能手机用户的不断增长上。物联网（Internet of things）设备也在迅速地得到推广和广泛传播。依据摩尔定律，互联设备（智能手机和物联网设备）数量的增长，车辆连接技术的改进，这些都随之呈指数函数式增长。在车辆技术中，还有总线技术在不断发展。首先是区域互联网络LIN（Local Interconnect Network）技术，然后是控制器局域网络CAN（Control Area Network）技术。现在，以太网（Ethernet）已成为几乎所有新型车辆项目中的首选技术。在电缆长度（几千米）和布线方面，新型车辆越来越类似于一个小型企业的网络系统。

综合考虑这些信息技术的发展趋势，可以预计，全球范围内的计算能力和数据量可能仍会继续成倍地增长，在未来几年内，企业的计算能力和数据量也将成倍增长。因此，在产品开发阶段，要充分利用这些可能的技术潜力，以确保不被竞争对手甩在后面，在向着具备人工智能支持的现代型企业转型方面，必须尽快地迈出更大的前进步伐。这里一个显而易见的问题是，汽车制造商在这种转变中要推进多远。尽管特斯拉在电驱动和其空中更新（Over-the-Air-Update）技术（可在售车后下载、安装以及进行软件更新）方面似乎都已遥遥领先，但网络报道信息可反映出其信息技术架构还存在某些缺陷，因此还无法完全充分地利用人工智能的潜力。但目前并不是那些传统的汽车制造商，而正是那些进入这一市场的某些科技巨头，它们将是更为强大和可怕的竞争对手。尤其是亚马逊，它凭借其信息技术架构，能够每隔几秒钟就向客户提供和交付新的功能。它从这一发展中获得最大经济效益，并仍在进一步提高其过程效率，吸引和扩大客户的关注。

现在的一个问题是：如果全球的计算能力继续呈指数函数式增长，那么这些信息技术设备何时将会比我们人类更加聪明、更加智能化？而且它们是否可以自我学习、完善和进一步发展？天网（SkyNet）何时从电影《终结者》中醒来，将人类视为对自然环境和它自身的最大威胁？

这一日趋渐近的临界时间点，也许有些令人沮丧和恐惧，在许多文献中被称为技术奇异点[4]，如图2.3所示。它清楚地显示了与所有鼠类、昆虫和人脑相比，当今全球所有计算机计算能力总和。根据目前的初步估计，这个时间点可能是在2050年[5]。这一时间点仍基于持续性指数函数式增长的假设，到时全球可用的计算能力将超过人脑。很难想象出，这将对人类生活的各个领域意味着什么。但是，这当然也将是人工智能进一步发展的良好时机，将信息技术的指数函数式增长加速到前所未有的程度。

至少就目前来讲，是否达到这一技术拐点都还无关紧要。但对于包括汽车行业在内的所有企业来说，更为重要的是，必须要有一定的紧迫感，认识到推动、发展和应用人工智能技术的重要性。几乎所有企业都已别无选择，只有深入研究并利用这项技术来解决自身企业的变革和转变问题。

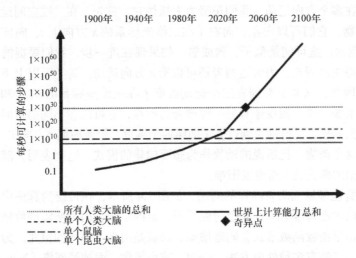

图 2.3　与生物的大脑相比，信息技术计算能力的发展 [4]

　　如果希望转型成为人工智能驱动的技术巨头（例如谷歌、亚马逊、网飞、优步或苹果），就要确定对此所必需的措施，这也是作者的主要目标，将占据本书的大量篇幅。下面的章节将基于上述计算能力的指数函数式发展，首先说明人工智能的基础知识，所谓技术 ABC。随后讨论当前的人工智能技术趋势，例如，能源需求的持续性增长、信息技术安全性以及保护个人数据的法律规范。

2.2　算法

　　另一个突破是人工智能算法领域，其计算功能也呈指数函数式提升。在过去，软件算法在数据处理和从任意数量的数据中学习方面，其计算速度、准确性和性能都受到一定的限制。如今，可以将任意数量的数据输入给算法，从而使它们越来越好地进行自我学习。这一突破来自神经网络的深度学习（Deep Learning）技术。

　　过去的算法在性能方面受到限制，这到底是什么原因呢？经常提及这个限制是基于数据维度的诅咒。这一诅咒实质上所描述的，就是当全面地描述一个问题，需要引入越来越多的变量和参数时，就会出现这种现象。假设，我们想创建一个何时可以打开敞篷车顶盖的模型。这就要兼顾和考虑外部温度、风力，以及是否在降雨雪，即一共三个方面的因素。如果现在要增加所考虑因素的数量，除了上述天气预报数据，还要加入其它输入参数，比如，乘客的身体感觉、所行驶的路线、沿该路线的花粉浓度、是否对乘客的过敏反应产生影响等，那么这些因素就增加了数据的维数，诅咒就开始发挥其影响作用了。

常说数据掺水了，那么这种被冲淡的数据是什么意思？通常，数据中所包含的维度（即数据项）越多，构建其计算模式就越发困难。将维数假设为与我们玩耍的动物，它可以在多个方向运动，我们正努力去抓住它。首先，在二维空间运动（如在田野上）的动物，它们可以向左、向右（在二维坐标系的 x 方向上）、向前或向后（在 y 方向上）跑动。这可能是兔子、狗或猫。如果现在进一步，我们要捉的是鸟类或鱼类，那将变得更加困难，因为这两者还可以沿 z 方向运动。鸟类可以上下飞行，鱼类可以潜水。因此，鸟和鱼都拥有三个运动维度（在三维坐标系的 x、y 和 z 方向上）。如果我们再增加一项，假设还有另一种神奇的动物，它可以在不同的时间活动，就是它即可跨越到未来，又可逃逸到过去（即第四个维度，沿着时间 t 方向），则我们几乎不可能抓住这个动物。把所说的动物作为想要构建的模式，这就表明，随着维数的增加，建立数据的模式就变得愈发困难。

在人工智能领域面临着同样的问题。如图 2.4 所示，在传统的算法中，这意味着性能（即可以考虑为维数）在某个时候受到一定的限制，因为所需的数据量，随着维数增加，它将呈指数函数形式急剧地增加。这就是出现了该死的诅咒。为了至少能应对这种情况，已经有多种处理方法，例如，减小维数。而神经网络（Neural Network）和深度学习（Deep Learning）在这里的表现行为有所不同。它们可以构建任何复杂的数据模型，其中可以兼顾任何数量的维度。唯一需要的就只是数据，数据，还是数据！这就是为什么近年来，深度学习越来越流行的原因。但是，为什么深度学习不遭受维数的诅咒呢？这仍然是一个尚不清楚的问题，也是目前的研究对象。虽已有很多理论和推断，但是这个谜题仍未能得到令人满意的答案。

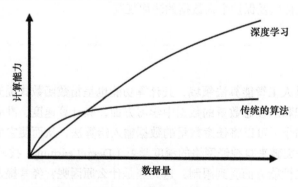

图 2.4　深度学习的突破

深度学习意味着要构建由多个层次组成的神经网络。现在只需要大量标注数据（Labeled data），就可清楚地知道输出值的数量，然后就可以开始运行计算。在上面敞篷车示例中，输出变量是敞篷车顶状态，一个简单的逻辑值，即是打开还是关闭。现在让我们再进一步假设，已经收集了上述所需的输入数据，例如，车内和外界温度、风速、花粉浓度、乘客身体状态等，并且约有 15000 名敞篷车驾驶员，希望知道是否在这些已知条件下打开顶盖，现在就可以训练其神经网络。利用所指定的层数，就可以使网络有可能考虑这些众多的维度。

到目前为止，就图像神经网络而言，像素信息足以让深度学习可以学习到所需的图像特征（并考虑其维度）。迄今为止，神经网络已取得了重大的性能突破，主要是利用图像、语音或视频等非结构化数据。在这里，神经网络仅需足够的数据量，就可学习必要的数据特征。能生成多少个数据特征（即维度）由神经网络的层数决定。层次越多，可计算的数据量就越大。在 2017 年，最先进的技术可以是多达 1000 个层次。如前所述，芯片的计算能力呈指数函数式增长，进而计算能力也大为增强，数据模型也可以愈发复杂。

有些神经网络已经在许多领域超越了人类的能力，例如，医学中诊断疾病，在金融业识别欺诈行为[7]。图 2.5 显示了人工智能算法从 ImageNet 数据库中，识别图像的错误率如何从 2010 年的 30% 下降到 2016 年的 4%。ImageNet 数据库存储了数百万张不同主题的照片。通常，人为的错误率约为 5%。因此，人工智能算法在某些领域已经超越了人的准确性。

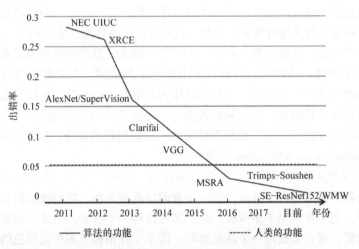

图 2.5 人工智能算法对图像进行分类的错误率[6]

2.3 大数据

对人工智能而言，其另一个推动力就是大数据（Big Data）主题。这意味着在过去 10 年中，可用的数据量（以及以经济的和有效的方式，进行数据处理的能力）已大幅增加。

在多个专业文献中，大数据总是用以下 4 个 V 来描述：体积（Volume）、品种

（Variety）、速度（Velocity）和价值（Value），有时也使用 Veracity（可信度或数据质量）代替第四个 V。

大数据技术是用于收集、分析和处理具有巨大数量、来自不同数据源并以不同结构提供的数据的总称。为了能够正确地处理此类数据，就首先需要一定数量的数据，以便可以以可伸缩的方式对其进行处理、互联和分析。大数据的推动力也是呈指数函数形式增长，全球可用数据也从中受益。这种情况的原因可以包括诸如物联网、Web2.0、工业 4.0 和全球智能手机数量的迅速增长。据预测，未来几年全球数据量将每年翻一番，到 2020 年估计将达到 40ZB。1ZB 为 10 亿兆字节，据说美国国家安全局（NSA）目前正在存储数个兆字节的数据。这些数据大部分将是非结构化数据，例如，图像、视频、演示文稿或音频文件。可供使用的数据和可处理数据量的增加，这两者将影响所有工业部门，尤其是汽车工业。诸如自动驾驶和联网车辆之类的问题，这将成为驱动人工智能发展的重要因素。汽车制造商宝马估计，到 2023 年，其数据中心将需要约 500PB 的存储空间，多是为存储自动驾驶数据。宝马车辆联网每年将需要约 73PB 的存储空间。

要了解大数据的产生和发展，就必须提及万维网（World Wide Web）的发展，以及硅谷科技巨头的过去决策和当今的挑战。在互联网（Internet）时代之前，数据库应用程序主要在企业的大型计算机上运行。这些计算机被称为巨镰（Big Irons）。数据库主要用于管理目的，并没有客户界面。1987 年，随着互联网的出现及其商业使用，这一切都发生了变化。1991 年，在此基础上建立了万维网。今天客户可用私人电脑和智能手机访问互联网上的网站。这些网站作为万维网的一部分，在服务器上运行，并将数据存储在关系数据库，存取和管理都是采用所谓结构化查询语言（SQL）。因此，从一开始就对数据进行访问，这是万维网的一个重要组成部分，这就是客户机 - 服务器架构（Client-Server-Architecture）的时代。

数据库以及互联网都是以无状态（stateless）形式构建的。这意味着，对数据库提出一个查询，而其下一个查询与前一个查询没有相关性，它们彼此独立。因此如果询问数据库，上个月售出了多少种产品，则可得到一个答案。但是，如果想找出蓝颜色产品的数量，则必须提出一个新的查询：即上个月销售了多少蓝颜色的产品？这意味着对计算能力提出了两次请求，第二个请求无法从第一个请求中受益。现在可能有人会问：那又如何和怎样呢？谁在乎这事？无论如何计算能力正在成倍增长。但是，有一个对此非常感兴趣的人——亚马逊 CEO 杰夫·贝佐斯（Jeff Bezos），亚马逊的创始人，他想彻底改变交易世界。

亚马逊曾经是万维网的一部分，并以此为基础。万维网的发明者蒂姆·伯纳斯·李（Tim Berners Lee）定义了万维网的基本架构，并将其定义为无状态的。原因是当年他在施乐（Xerox PARC）公司创建了万维网的大部分内容及其计算机系统。对于这一结构，他与计算机科学家拉里·特斯勒（Larry Tesler）进行过密切的交流，保持着联系，拉里·特斯勒反对结构化状态。他认为，这些阻碍了系统的可伸缩性。因此万维网是以无状态理念开发出的。

但是，这给科技巨头（例如亚马逊）造成了很大的问题。如果不必保存客户的查询状态，而每次都要重新提出一个新的查询，那么应该如何做，才能改变零售业的现状，并且优化客户的体验？在亚马逊的早期阶段，当客户从系统注销后，所有购物车内的数据就都丢失了，仅保留客户所购买的商品。如果注销后并再次登录，则必须重新开始购物之旅。这并非是最佳的客户体验。杰夫·贝佐斯曾在华尔街的信息技术部门工作，使用过一些商业智能工具，他就有了些新的不同的想法。他想要建立一个网站，该网站在客户下一次登录时，就可询问客户是否仍对上次放入购物车但尚未购买的书籍感兴趣。正是这种存档客户购买行为历史记录，并从中得出决策和预测的想法，成为大数据的开端，它再次受到硅谷的科技巨头亚马逊的推动。

随后，亚马逊基于甲骨文（Oracle）的关系数据库创建了在线商店，并投资了1.5亿美元来实现上述功能。老实说，这一要求似乎并不是那么复杂，而且很难相信，它为何需花费1.5亿美元。杰夫·贝索斯和亚马逊最初只是保存客户所浏览过的商品，然后迅速扩展这些内容，以便在每次击键和鼠标单击结束时，都记录下客户浏览过的内容。而这正是他们今天仍在做的事情。但是，今天这不仅是针对已登录并在浏览亚马逊网页的客户，而且也记录已注销的用户的浏览历史。但这创建了大量的数据。如果您看一下时间历史，就会非常惊讶，亚马逊于1996年启动了该项目，当时风险投资家向该互联网初创公司投资了300万～500万美元。在大数据之初，杰夫·贝索斯投入了近1.5亿美元，希望创造最佳的客户体验。如果您今天看一下亚马逊，该企业的价值为3470亿美元，您就可以信服，当年的这笔投资是非常明智的。

那可真是第一个大数据奇迹。杰夫·贝佐斯设法在甲骨文传统的SQL数据库的基础上，构建了这种查询功能的商业模式，而这种数据库只能处理结构化数据。该解决方案的唯一缺点，就是必须事先对所有的问题提出相关的询问。根据客户的购买意向询问，后台的数据库表格根据当时可提供的产品给予创建。不同的产品之间彼此连接，具有数据相关性，因此可以预算出，客户购买新鞋时，还将需要鞋带、袜子或其他物品的可能性。但是，如何应对不断扩大的产品范围？每次都要重新创建新的数据表格吗？要想知道产品范围是如何发展的，就像要预测出一个尚未出生的孩子将来会有哪些亲朋好友一样困难，即预测一个孩子整个一生将会如何发展，这根本是不可能的。

因此，这就迫切需要更为灵活的技术解决方案。20世纪90年代，互联网所面临的最大挑战就是处理非结构化数据，即处理事先结构不清楚的数据。这些数据其实每天、每时、每刻都围绕着我们，例如图片、语音、视频，还有我们使用智能手机应用程序所产生的各种数据等。这些是日常频繁性出现的数据，人们希望从中获得许多信息、知识和见解，但所必须承担的风险也很高，还必须廉价地存储和处理这些数据，这不能得出令人满意的解决方案。

如果美国国家安全局每天收听数百万个电话，但仅对一个特定的单词感兴趣，则就意味着，这首先需要非常大的数据存储空间和计算能力，才有可能处理这些音频数据，这就如同在大海里捞针，或者需要一种更为巧妙的方式来处理数据。对于互联网，说穿了对于谷歌，也存在完全类似的问题，只不过是没有窃听电话，而是希望有搜索文本的功能。搜索引擎企业都投入了数百万美元，试图构建一个更好的搜索引擎——可在网络上搜寻和存档各类网站信息，然后就可通过发布广告赚钱捞金。

1998 年，全球有超过 3000 万个网站（现在已超过 20 亿个）。这 3000 万个网站就是不同数据的联接点，网站内包含有图像、元数据、子页面，对其他网站的引用、视频、音频文件，因此包含有成千上万个语言单词。为了能更简易地进行万维网搜索，并解决自由文本搜索的问题，就必须对整个互联网进行索引。那真是大数据！当然，要建立文本索引，就必须首先查看和分析所有网站。这如同，如果您还没有读过我这本书，则无法建立它的词汇表。这一过程是通过所谓的网络爬虫（Web Crawler）或者网络蜘蛛（Spider）完成的。这是一种小型的自动化程序，可在整个互联网上搜索内容和发现更改，然后将其放入术语表，即索引目录中。好的搜索引擎不仅会使其索引信息保持在最新状态，而且还会将所有的旧版本历史化。通常，索引信息平均、大约占搜索数据量的 1%。但是，仅拥有索引并不意味着就可以用它来回答客户的搜索查询。对一个搜索查询，从该索引中能否推断出令人满意的答案，是一个更大的问题。需要有数十个搜索引擎努力解决这个问题。当年 AltaVista 是一个众所周知的搜索引擎，由 Xerox PARC 计算机科学实验室开发。但是最后只有谷歌占了上风。这是为什么？因为谷歌发明了解决大数据问题的最有效方法。而 AltaVista 在第四个 V（Veracity），即准确性方面表现不佳。搜索结果中包含太多垃圾信息。它仅评估了相关单词的出现频率，因此所有者只需在网站上输入数千次并对其进行美化，就可以对索引产生积极性的影响。

在这以后是谷歌！谷歌引入了一种新型的算法，所谓页面排名算法（Page-Rank-Algorithmus），并使用廉价的标准硬件来建立其索引，从而能够从其他搜索引擎（例如，AltaVista、雅虎和 Excite）中脱颖而出。通过测量网站链接的频率，谷歌的算法评估网站的实用性。而其他搜索引擎都是使用昂贵的超级计算机。谷歌找到了巨大的机会，通过其搜索引擎来建立可行的商业模式。

这样，通过使用谷歌的搜索引擎方法获得了第二个关键性的大数据突破，这也解释了，为什么谷歌现在的市值高达 4790 亿美元，并已成为唯一的相关性搜索引擎。谷歌的两位创始人很早就意识到，要创建有效运作的业务模型，其关键在于构建具有成本效益的、可扩展的服务器基础架构，这也正是他们的初衷。谷歌的研究人员曾研究了如何将成千上万台廉价的标准型计算机组合成一个像巨型超级计算机运作的网络，其网络规模是世界上前所未有的。尽管其他信息和网络技术公司也能依靠摩尔定律和指数函数式增长，足以保持当时的计算能力维持稳定增长，但谷歌在 1990 年末，已经着手如何在成本效益方面优化其搜索业务模型。谷歌在这一领域的工作成果，已经导致开发出了处理大数据工具（例如 Hadoop、Spark 和 HDFS）所需要的关键性技术（图 2.6）。由于它对每个开源软件都可提供最初始的创新型想法，所以它在每个领域都具有相关的战略知识。

为了更好地理解如同大型超级计算机一样运行的谷歌分布式网络，让我们更深入地了解一下，它是如何工作的。当我们开始一个谷歌搜索时，首先要与 300 多万个万维网服务器进行交互。它们位于全球的数百个数据中心中。这些服务器接受用户搜索查询（每天约 120 亿次），并要求其他服务器提供相应的查询结果，然后汇总、组织和准备出结果（例如，添加合适的广告）并将其交付给用户。完整的搜索索引位于另外约 200 万个服务器上。另外，还有 300 万台服务器包含与索引词匹配的文档页面。总体而言，谷歌就可调用近 800 万个服务器，如同一个大型超级计算机的服务器，这还不包括"油管"（YouTube）的服务器。

在图 2.6 中，列举出了由谷歌发布的信息，即这种超级计算机中最重要的核心组件。通过逆向工程（Reverse Engineering），从这些组件中，还有许多重要的开源项目，例如 Hadoop。这当中最重要的一个发展，当然就是谷歌的文件系统（简称GFS），数百万台服务器可以访问同一内存。至少服务器是如此。实际上，数据被进一步细分为多个部分，这些部分可以被巧妙地分发，并在变化时快速地更新。这样，就可以确保数据的一致性和快速的响应时间。为了能够快速地实施这些更新，谷歌需要良好的数据通信线路，最理想情况下是光纤。谷歌在 2003 年发表了与此有关的科学出版物。

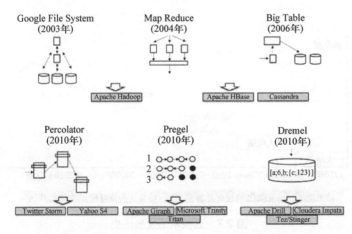

图 2.6　谷歌技术发展过程中的大数据技术

第二项突破性发展是所谓的 Map Reduce 技术，这一软件架构用于大规模数据集的并行运算，这一技术彻底改变了信息世界，于 2004 年由谷歌对外发布。Map Reduce 将一个大型问题分配给成千上万个服务器。在第一阶段，这个问题以小数据包（映射，Map）的形式分发到多个服务器，然后将来自这些服务器的结果汇总（归纳，Reduce）。这当中 Big Table 是谷歌高度可压缩、高性能、可扩展的数据库技术，其中包含所有数据，并且专门处理非结构化数据。这导致了著名的开源非关系型 / 分布式数据库（HBASE）项目和脸书（Facebook）的开源分布式（NoSQL）数据库系统（Cassandra），许多大数据 / 人工智能分析初创公司都采用这两个数据库。

谷歌的技术突破就是意识到，即使用数百万台标准计算机来尽可能迅速、简捷地搜索互联网，其功能和效益还是不够的。在某一时间，他们终于了解到，成功的关键在于他们也要像亚马逊一样，必须记录、分析和索引用户信息及其网络行为。就此他们仍使用已经拥有的所有软件工具，现在就能够为每个用户提供个性化、定制的完美广告。因此，将点击率和收入提高了 10 ~ 100 倍。

现在，大数据这一主题已经准备登场，将开始在全球范围内推进，并走向胜利的征程。

2.4 云技术

云服务（Cloud Services）是人工智能的一个重要推动力，因为如果需要，它可以提供灵活的计算能力和基础架构。这种计算方式始于 20 世纪 70 年代大型机系统的开发，但当时这类系统还很不灵活。现在基于大数据技术的标准计算机联网，形成所谓的"云"（图 2.7），这就实现了人工智能算法的可扩展性执行，并且数据量就不再是障碍。无论要分析多少数据，当今的云环境都可简单地以一次按键，就提供必要的计算资源。

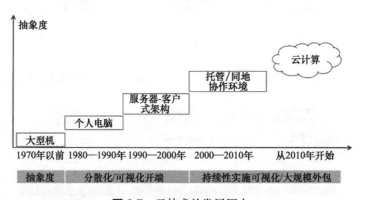

图 2.7 云技术的发展历史

云服务有三种模型，它们之间存在着某些区别：
① 基础架构即服务 IaaS（Infrastructure as a Service）。
② 平台即服务 PaaS（Platform as a Service）。
③ 软件即服务 SaaS（Software as a Service），具有功能即服务（FaaS）作为子区域。

基础架构即服务（IaaS）解决方案提供了硬件环境（存储、通信网络和服务器）。这通常受制于所谓的服务级别（服务级别协议，Service Level Agreements，SLA）。服务器（Server）提供了预安装的操作系统。然后，可以在此基础上，安装和运行自己的软件。平台即服务 PaaS 解决方案与 IaaS 的不同之处在于，除了基础架构，还以平台的形式提供了预安装的软件。这可以是简单的软件开发和软件操作，如同开源的多云应用程序（Cloud Foundry）框架。与 IaaS 解决方案相比，PaaS 的缺点是所谓锁定效应更高。在同质的操作环境中，必须将旧的服务转换为相应的平台，并且必须将新的服务严格地写入。因此，汽车制造商目前更喜欢使用 IaaS 而不是 PaaS。借助软件即服务 SaaS 解决方案，还可以以应用程序的形式预安装软件。这可以是完整的运输车队管理系统或 SAP 模块。FaaS 包含有"管理服务"（Managed Services），可通过简单地按一下启动按键，就可从云计算服务商处进行预订。例如，来自 Amazon Web Services 的 AWS Lambda。这些服务解决了常见的标准问题，可以作为一项功能购买，而不必考虑自己运行。

通常，在私有云（Private Cloud）和公共云（Public Cloud）之间进行了划分。公共模型（公共云）包括有使用云提供商提供的免费服务，例如，Amazon Web Services、Microsoft Azure 或 Google Cloud。目前，许多大型企业已经与一个、多个或所有的云提供商达成了框架协议。然后，在"公共云"模型中，可以访问相应云中的专有数据区域。"私有云"模型意味着基于开源软件（Open-Source Software），例如 OpenShift、OpenStack，或者所谓的大数据框架，例如，Cloudera、MapR 或 Hortonworks，授权自己的数据中心提供云服务。这样做的好处是，理论上讲，其他企业不可以访问和提取私有的数据。但是，这种优势与劣势并驾齐驱，它必须自己运作复杂的解决方案。由于汽车行业中数据的指数函数式增长和国际市场的快速发展，"公共云"方法越来越多地被实际使用。

如上所述，云服务提供了根据不同需要、灵活的功能配置选项，不再需要担心其服务质量，具有可用性、可伸缩性等。可以这么说，使用计算能力简单得如同消耗电力一样。云服务计费基于实际消耗，每天可 24 小时不间断地提供服务。正是这种灵活性和快速平衡电网峰负载的能力，云技术在人工智能领域取得了突破，也是它之所以推广的主要论据。以前，要花费数月的时间，试图从市场上获得一个具有战略优势的架构，现在从理论上讲，任何人都可以在数小时内，按一下启动按键就可以做到。正是这种简单和优越的可能性，使得快速地分析和评估大量的数据成为现实，并根据不同的需要训练复杂的计算密集型模型，例如神经网络。在当今世界上能够快速而灵活地响应客户需求，这就提供了巨大的信息技术优势。

关于数据评估，常见的问题就是数据必须位于相应的云中。如果它是在"公共云"，则云技术提供者理论上可以访问敏感的企业数据。尤其是在当今时代，每个云计算服务商都可能成为汽车行业的潜在竞争对手时，人们就可能会怀疑，这样的服务是否有意义。但是最后，企业如果想快速行动，也的确别无选择。另一个关键点就是关于个人数据。无论如何，这些都应该在"私有云"中。但是这反过来又会导致非常复杂的混合式云环境，这些环境极其难以操作。

　　总体而言，可以说云服务是一种灵活存储大量数据，并以可扩展方式运行计算密集型人工智能算法的绝佳方法。过去，大型企业通常不需要等待很长时间就能获得计算能力，而不必在服务器上进行大量投资，现在就可以更快速、按需获得所需的服务。企业的成本支出来自所购买服务的级别，以及基础架构即服务、平台即服务、软件即服务或功能即服务解决方案。因此，云解决方案可以被视为人工智能的决定性推动者，因为它们支持敏捷性方法，并能够以可控的成本费用分析大量的数据，并训练复杂的计算密集型算法。

2.5　人工智能的影响范畴

　　当今，可将人工智能的发展趋势归纳为四个方面，或称为范畴：
- 信息技术能源消耗的不断增长。
- 信息技术安全性。
- 个人数据分析。
- 高效的企业网络。

　　随着集成电路中频率加快和计算性能的不断提高，信息技术对能源的需求同时在不断增长，这的确是一种负面影响，例如，发热导致温度升高，以及环境污染。因此，尽管信息技术系统的计算性能不断提高，但还要制定目标以考虑能源效益问题。由于人工智能以及信息技术都将成为更有效的算法、大数据和云技术的推动者，在汽车制造商的商业模型中将发挥越来越重要的作用，因此汽车制造商必须在其生命周期评估中，充分地考虑到这一点。

　　所有汽车制造商都有自己的数据中心，并与云技术服务商达成框架协议或战略合作。德国大众（Volkswagen）与微软（Microsoft）之间的战略合作，就是一个很好的例子[8]。即使认为建立一个大型的全球数据中心，这对于汽车制造商来说是一个优势，但发展趋势仍然是面向区域性的地理位置，建立分布式数据中心。其结果就是，可确保以用户为中心，服务响应速度快，客户请求答复时间更短。

　　汽车制造商对计算能力的需求正不断增长。这是因为车辆要进行联网，并为客户提供数字型服务，信息技术项目需要存储结构化和非结构化数据。另外一个驱动力就是工业4.0引发的生产数字化，微型计算机（物联网）的"人性化"，以及车辆中不断增加的数据量。这都需要消耗大量的电能，以运行人工智能来评估数据。

　　因此，云技术服务商正在不断地努力提高其计算中心的效率，减少运行所需的能源消耗。这样节省下来的费用支出，用作免费提供的计算能力。除了致力于提高能源效率，计算机制造商也在试图不断降低计算机的能耗。虽然在2010年，PC机能耗仍约为一百瓦，但在智能手机中，现在功能强大芯片的电能消耗还不到3W。这的确令人印象深刻，所以计算机行业应该给予积极的关注。然而，问题在于如今几乎每个人都拥有这样或那样的智能设备。这种发展趋势还将继续。如果还添加了个人电脑、笔记本电脑和平板电脑，则每个用户就已经拥有了多个信息技术设备。另一个所谓负面的趋势，就是这些设备的联网。对于车辆网络连接也是如此。它们与后端系统联网，这就给云技术提供商带来了持续性的负担。因此，由于联网云技术提供商的能源需求仍将持续性增加，其结果就是全球信息技术对能源的需求将继续成倍增长[9]。

汽车制造商还必须在世界环境生态平衡中，考虑到信息技术对能源的需求。为保护环境并阻止气候变化，在生产和后续服务阶段，汽车制造商都应尽量地减少自身的能源消耗。一部分能源也应从环保回收中重新获得。目前，这也是大众汽车等汽车制造商正在改造其企业自身发电厂的原因之一。因此，评估信息技术能源消耗要在汽车工业的整个生态经济平衡中进行。这还必须追究车辆的"排碳足迹"，使这一"足迹"应尽可能地短小。

根据指数函数式的发展趋势和可用计算能力的提高，将有可能开发出和运行更多的应用软件。尤其是开源软件（Open-Source-Software），这通常由信息技术巨头公开免费提供，使软件开发工作可用于各自的主题，它可能包含有数百万行的代码。但是，这种海量的软件代码的问题在于，在其设计开发中不可避免地存在有一定程度的错误。因此，通常在基于开放源代码的企业项目中，如果使用人工智能技术，其信息安全主题也就变得越来越重要。

这当中，众多法律规范和行业标准就构成了可正确性地创建信息技术安全性的基础，可以对软件进行测试、验证和审核。比如，国际标准 ISO 2700x《信息安全管理系统标准系列》，遵守这一系列性的国际标准至关重要。它当中包含有关于身份验证、加密、密钥管理、监视和身份管理的规范和建议。还提供了某些安全保护需求的建议，并且推荐了当检测到入侵者时，应采取哪些补救性措施。此外，还有许多行业特定的具体标准。例如，DIN EN 50600《信息技术 - 数据中心的设施和基础设施》，这主要与云技术提供商特别相关，还涉及基础架构和配置。另外，IEC 62443《工业过程测量、控制自动化、网络与系统信息安全》规定了工业自动化系统中信息技术安全认证的要求。

上面提到的行业标准和法律规范就其目的而言，就是要将信息技术安全理念牢固地植入企业经营思维中，并可为人工智能项目打下道德思想方面的良好基础。信息技术安全作为一个单独的主题，在这里只能对其肤浅地说明。对此，德国联邦经济事务和能源部提供了一个有关"工业 4.0 的 IT 安全"研究的全面性最终报告，该报告内包含了大量的技术性概述，并提供了很多的参考资料[10]。即使这一研究主要关注工业4.0，但它也很好地概述了与信息技术安全相关的主题，例如，法律规范、技术和组织要求。

这一研究中所介绍和推荐的措施在此不再详细讨论。其中唯一重要的，就是要理解人工智能中安全的重要性。随着车辆联网的持续发展，以及整个汽车行业价值链中流程的集成和自动化，新型的人工智能算法和开源软件使用，引入了大数据和云技术，可能的信息安全风险将会增加，可见这个主题很重要。为了保持向人工智能方向的转变速度，并能够使用开源框架等新技术，以快速实现新的想法，向客户交付新型的产品和服务，信息技术安全性理念必须扎根于开发团队中。这也称为所谓的DevSecOps 理念，即开发、安全和运行（Development, Security and Operations），这意味着开发团队不仅要开发和操作软件，还要不断检查软件是否存在安全漏洞。这样，可以更主动地推动开发，以确保其软件的安全性。

在人工智能应用中，个人数据的分析是一个极为敏感且难以避免的领域。这类个性化数据对数据分析本身而言，其实际应用价值最高，它们包含的信息最为丰富。丧失个人信息的联系（例如，通过匿名化），就意味着从数据中删除了相关的价值。在联邦德国，个人数据的处理和使用（保存、更改、传输、阻止、删除和分析）都应遵守德国的联邦数据保护法。所谓的个人数据，实质上是指可以从数据中提取某个人物的特征信息。该法律的目的，就是保护民众免遭其个人数据被侵犯和滥用。基本上讲，只有在有关客户明确地表态同意（即可证明或出具其同意的证据），或者法律情况允许的情况下，才允许收集、分析和使用个人数据。显而易见，为了能够获得客户的同意，就必须告知对他的个人数据所选用的范畴、预期的用途和处理方式。因此，如果他个人表示同意，达成协议，但也只是双方针对所商定的内容和范畴有效。而这一数据不准许用于其他目的或评估。如果所达成的协议不再生效，并且已过时，则必须删除这些个人数据。

即使如此，还必须在每种情况下，明确地确定哪些信息涉及和包含个人数据。如果尚不能确认，是否涉及个人数据，则可通过与公共数据记录的巧妙链接，来建立个人数据。例如，在汽车行业中，车辆牌号是与个人有关的数据信息，因为它与销售系统有一定的联系。因此，使用功能越来越强大的人工智能算法，还可以建立以前可能无法预测的客户信息。在人工智能项目中，此类个人数据经常是在云数据中心，给予存储和分析，这就导致了复杂的法律性问题和争端一再出现。目前，这些数据中心或云服务商都位于美国，而这些数据并不受到美国《爱国者法案》的严格保护。因此，法律专家或企业数据安全官应始终参与到人工智能项目中，以解决这一易于出现争论和严重冲突，甚至严重危害企业利益的问题。

企业创建和拥有高效的通信网络，这也是实施人工智能战略，或者具体性项目的一个重要先决条件，就当前汽车行业的信息技术基础架构而言，它主要是围绕汽车开发和生产过程创建的。因此，它并不适合诸如工业 4.0 之类的新型主题，在这类主题中，要必须迅速处理、传输和存储大量的数据。此外，工业 4.0 需要在车间级别进行可靠的通信，并且要在很大程度上集成企业现有的信息技术系统，以实现可能的数据压缩和优化。因此，对企业网络本身的要求和需求，两者都大大地增加。

今天所使用的网络基础架构，带宽尚无法满足这些需求，必须及时地确定，计划和实施相关措施，以确保企业网络不会成为人工智能项目或转型的障碍或瓶颈，这一点很重要。为了能够发挥和利用云技术的潜力，进行大数据分析，企业网络必须安全、有效地连接到云技术服务商的数据中心。例如，通过虚拟专用网（Virtual Private

Network）。大规模的初始数据传输（太字节——TB 或拍字节——PB 的数量），应通过高性能的硬盘驱动器，人工进行传输。对此，Amazon Web Services 提供了一项名为 Snowball 的服务。Snowball 是一台存储容量为 80 ~ 120TB 的计算机，可以在其上上传数据。然后，将它包装在一个非常坚固的塑料外壳中进行运输，将其发送回亚马逊，就可将数据传输到相应的亚马逊云存储区域。这样大量的数据可以简便地传输到云中。这样的数据是在汽车制造商的生产、试车和验证中生成，通常由整个车辆数据总线系统给予了记录。

参考文献

1. Perry, T. S. Move Over, Moore's Law: Make Way for Huang's Law. (IEEE Spectrum). https://spectrum.ieee.org/view-from-the-valley/computing/hardware/move-over-moores-law-make-way-for-huangs-law. Zugegriffen: 25. März 2019.
2. Bohr, M. (2015). Moore's law will continue through 7 nm chips. ISSCC Conference.
3. Moore, G. (1965). Cramming more components onto integrated circuits. *Electronics, 38*(8).
4. Kurzweil, R. (2006). *The Singularity Is Near: When Humans Transcend Biology*. Penguin Books, London.
5. Riegler, A. Singularität: Ist die Ära der Menschen zu Ende? futurezone. 11. Apr. 2011. https://futurezone.at/science/singularitaet-ist-die-aera-der-menschen-zu-ende/24.565.454. Zugegriffen: 26. März 2019.
6. EFF. (2018). AI progress measurement. https://www.eff.org/de/ai/metrics. Zugegriffen: 4. Apr. 2019.
7. Fawcett, T., & Provorst, F. (1997). Adaptive fraud detection. *Data Mining and Knowledge Discovery, 1*(3), 291–316.
8. Klauß, A. Volkswagen und Microsoft treiben Zusammenarbeit bei Automotive Cloud voran, Microsoft News Center. https://news.microsoft.com/de-de/volkswagen-und-microsoft-treiben-zusammenarbeit-bei-automotive-cloud-voran/. Zugegriffen: 25. März 2019.
9. Hintemann, R., Ostler, U. Verschlingen Rechenzentren die weltweite Stromproduktion? Datacenter-Insider. https://www.datacenter-insider.de/verschlingen-rechenzentren-die-weltweite-stromproduktion-a-811445/. Zugegriffen: 25. März 2019.
10. Bachlechner, D., Behling, T., Holthöfer, E. *IT-Sicherheit für die Industrie 4.0. BMWi-Studie*. Abschlussbericht 01/201.

第3章

3

人工智能

概要

本章将简要地介绍人工智能技术。首先从其历史发展开始，但主要说明其中与汽车工业相关的主题。所涉及的内容范围，从监督学习（Supervised Learning）到深度学习（Deep Learning），强化学习（Reinforcement Learning）的方法。最后，将结合汽车行业问题，评估这些现有的方法，讨论人工智能方法的机会和局限性。

3.1 人工智能的历史

许多好莱坞电影人和科幻小说作家，将人工智能如何改变我们的世界，都已写书讨论、拍摄成电影。最受欢迎的可能是电影《终结者》中的天网（SkyNet）。在这一影片中，人类创造了人工智能天网，使美国可以抵抗外来的敌人，借助于更多的智慧，天网很快就识别出人类，将其作为最坏的对手，并与其展开生死战斗。但是我们与真正的人工智能，到底还相差有多远？我们立即就可创建一个天网，然后这些机器人确实将要超越我们，这难道将是现实？它们会把人类从地球上抹掉吗？

如果我们回顾一下人工智能的发展历史，就会在书籍资料中找到这一事实，即从很久以前就已经在这一领域，出现过第一次令人深省的思想冲动 [2]。1956 年在美国新罕布什尔州汉诺威的达特茅斯学院所曾进行的夏季人工智能研究项目，正式开启了对人工智能领域的研究，可被视为人工智能的诞生（图3.1）。这是由约翰·麦卡锡（John McCarthy）组织的为期 6 周的会议，发表了所开发的 LISP 编程语言。这次会议的其他著名参与者是：杰出的数学家马文·明斯基（Marvin Minsky, 1927–2016 年），信息理论家克劳德·香农（Claude Shannon, 1916–2001 年），认知心理学家艾伦·纽厄尔（Allen Newell, 1927–1992 年），后来的诺贝尔奖获得者赫伯特·西蒙（Herbert Simon, 1916–2001 年）。与会者一致认为，智能不仅局限于人类大脑，还可以在人脑之外人工性地创建。因此，当年他们使用了"人工智能"一词，该词在当时和现在，还

都是颇有争议的 [3]。

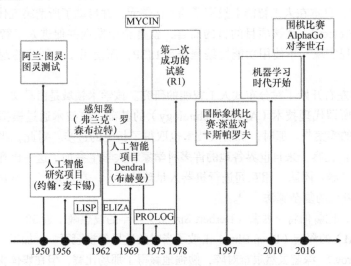

图 3.1　人工智能研究的重要里程碑

1956 年的会议之后，就出现了人工智能研究热潮，当时的计算能力已开始以指数函数式增长，并且计算机也变得越来越强大，价格更低廉。同样，算法也取得了长足进步，人工神经网络诞生了，这是当今深度学习的起源。当时，曾开发了多个原型机。艾伦·纽厄尔（Allen Newell）和赫伯特·西蒙（Herbert Simon）开发了所谓通用问题求解器（General Problem Solver）。约瑟夫·魏岑鲍姆（Joseph Weizenbaum）开发了 ELIZA 程序，该程序是当今所有聊天机器人和语言助手（例如，亚马逊的 Alexa）的先驱。在那个时代，人们似乎感觉到，人工智能将在某个时候，就可以实现其所有的目标。

但是，这个繁荣热度和人工智能的夏天，很快被人工智能的冬天所替代。在早期初步成功的激励下，人们当时产生了错误的判断和过高的期望。赫伯特·西蒙（Herbert Simon）在 1957 年预测，在未来十年内，一台计算机将击败世界象棋冠军，并对此发现并证明了一个数学定理 [4]。然而，世界象棋冠军却在此很久以后才被击败。马文·明斯基在 1970 年的《生活》杂志上也曾说过，仅需 8 年时间，机器就可以像普通人一样聪明。但许多最初的期望和预言并未实现。尽管计算机的计算能力不断提高，但那时仍然不够强大。因此，从 1965 年到 1975 年左右的这段时期，被称为人工智能的冬季。

从 1980 年开始，研究人员开始致力于开发专家系统（Expert System）。在斯坦福大学任教的计算机科学教授爱德华·费根鲍姆（Edward Feigenbaum）被称为该领域的开山鼻祖。专家系统基于一组规则和一个知识库，可以在明确定义的主题领域得出合理的判断结论。MYCIN 系统就是最著名的专家系统之一，它利用差异诊断推理，用于辅助支持脑膜炎和血液感染性疾病的诊断和治疗决策 [20]。但是，专家系统无法进一步发展，因为它们太不灵活，只能在有限的程度上进行自我学习。同样在 20 世纪 80 年代初，日本在人工智能上投资了约 4 亿美元，并启动了所谓第五代项目（Fifth Generation Project）。就该项目的目的而言，就是希望发现并促进人工智能的实际应用。对于编程实现，不使用功能性编程语言 LISP，而使用了新创建的逻辑编程语言 PROLOG[5]。

1990 年左右开始了对分布式人工智能的研究。该学术领域是由马文·明斯基创建的，并成为所谓代理技术（Agent Technology）的基础，该技术通过模拟，去试图找到复杂问题的答案 [6]。那时，机器人技术也取得了长足的进步。对此，当时有一场名为 RoboCup 的比赛，来自世界各地的许多科学家和大学生参加了这一比赛。其目的是建立和发展机器人团队，相互间进行机器人足球比赛 [7]。在此期间，还开发了若干人工神经网络领域的复杂算法 [8, 9]。

1997 年，比赫伯特·西蒙（Herbert Simon）当年的设想晚了近 30 年，国际商用机器公司（IBM）的深蓝（Deep Blue）击败了当时的世界象棋冠军——加里·卡斯帕罗夫（Garri Kasparov）。深蓝虽然艰难对阵，勉强地赢得了那场比赛，但在媒体报道上，这是计算机战胜人类的伟大胜利。但是，深蓝并不是一个智能系统，因为它不再像国际象棋一样斗智，只能通过"蛮力取胜"（Brute Force）。基于其强大的计算能力，它能够根据当时的棋局状况，计算出一定数量的可能走子，而仅需等待对手的错误即可。

2011 年，国际商业机器公司（IBM）的沃森（Watson）击败当时的国际象棋冠军 [10]，赢得了美国电视智力竞赛（Jeopardy）。与击败国际象棋冠军的胜利相比，在 2016 年，AlphaGo 击败围棋世界冠军李世石，这场新的胜利，则与过去是完全不同的。来自 Google DeepMind 的 AlphaGo 击败了在位的围棋冠军，韩国九段围棋手李世石。在此之前，由于这一亚洲棋盘游戏的高度组合复杂性，它被认为是棋艺中难度最高的。人们开始认识到，不可能用传统的蛮力算法（尝试许多可能的举动）击败围棋冠军 [11]。AlphaGo 是通过获取大量以前的围棋比赛信息，作为数据源向人类高手学习。之后，AlphaGo 的开发者又前进了一步：新的 AlphaZero 通过遵循游戏规则，并与自己对战来学习围棋。AlphaZero 还可以玩国际象棋和将棋（日本象棋），并始终使用相同的软件架构和算法。这样，人工智能本身开发了所有游戏的博弈策略。AlphaZero 的优势还在于，它不再向人类学习，能够在战术上走出完全不同的招数，甚至对人类而言，能够选择和做出极为罕见、出乎人之预料的走法。

AlphaGo 和 AlphaZero 都使用了新一代的人工智能自我学习方法。正如已在第 1 章中所述，算法性能的提高，大多归因于人工神经网络领域中，对算法进行了改进和优化，大量数据（大数据）的可用性，以及通过云技术，就可有足够的计算能力。在人工神经网络中（见第 3.3 节），人脑的各个生物组织被映射到计算机模型中。这种行为的代表是神经元（Neuron），它们通过突触（Synapse）彼此耦合，并且可以发送和接收生物电信号。由于神经元分布在许多层次中，因此进化成为可能。这种计算机模型非常强大，但是需要大量数据。从那时起，越来越多的软件提供商，开始对人工智能进行实用性研究和资金投资。此外，AlphaZero 具有基于强化学习（Reinforcement-Learning）原理的学习算法（请参阅本章第 3.5 节）。这些算法都在采用类似于人脑构造的原理。因此，人工智能的许多最新进展，都可以追溯到强化学习。比如，谷歌的子公司 Waymo 对自动驾驶技术的改进，就可以追溯到这种学习策略。但令人遗憾的是，强化学习到目前为止，尚未在德国联邦政府的人工智能战略中受到应有的重视，以发挥其重要的影响作用 [14]。尤其令人印象深刻的是，这种方法还能够在自我对抗游戏中，开启全新的出招动作。这是朝着万能性智力迈出的极为重要的第一步。但是，到目前为止，算法始终在特定的应用领域。但是人工智能将如何发展？我们将拥有《终结者》电影中，像"天网"那样的超级人工智能吗？

在学术上人工智能可分为三类，如图 3.2 所示。

① 狭义人工智能（NAI）：在特定应用领域受限制的智能。

② 广义 / 通用人工智能（GAI）：适用于每个主题的通用智能。

③ 超级人工智能（SAI）：优于人类智能的智能。

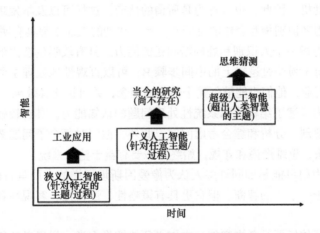

图 3.2　人工智能的定义和类别

这三个划分很重要，这可以使我们理解当前所处的具体技术现状。我们距"天网"还有多远？前面提到的所有人工智能应用，Deep Blue、AlphaGo 和 AlphaZero 的 DeepMind 都属于狭义人工智能领域。换句话说：它们是针对特定应用领域，以实现特定目的，由人类所开发的计算机程序。乍一看，这似乎很令人震惊。广义的人工智能尚不存在。这仍然是目前的研究课题，正如我们在 AlphaZero 中所看到的那样，全球的研究人员正试图将相同的算法，应用于解决不同的问题（例如游戏）。关于超级人工智能，对我们这些"天网"的追求者，迄今为止已经有大量令人兴奋的理念讨论和文献书籍 [12][13]。在尼克·波斯特伦（Nick Bostrom）撰写的《超级智能》（Superintelligence：Paths，Dangers，Strategies）一书中，他描绘了对未来的悲观景象。据此，类似于天网，机器将接管人类的权力。它是一个软件程序，在智力上超越我们。无论是否真正到了这一时刻，信息技术上的奇异点（请参见 2.1 节）虽已备受关注。但是，这一可能性仍很小，还犹如天空上的繁星，高不可及。但是，如今也必须特别指出的是，在人工智能的背景下，超级人工智能这一主题常常被否定性地谈论，而狭义人工智能的能力仍然被低估了，在汽车行业也是如此。

为了进一步细分狭义人工智能领域，让我们首先来看一下有关智力的正式定义。智力，这一词源于拉丁语 intellegere，其意可解释为"理解力"。在心理学中，智力描述的是一个人的认知能力。但是，这是一个泛泛的描述。因此，在将其移植到技术领域之前，让我们看一下，在心理学上是如何给予解释的。从心理学的角度来看，按照一个人的认知能力，智力可分为：

① 情感型智力。

② 创造型智力。

③ 方法型智力。

④ 分析型智力。

情感型智力是一个人理解他人思想世界的能力特征。能够感知和同情他人，并了解他们的思想动机，因此，也可称为是所谓的情商。这样可以及早发现矛盾，避免冲突。它也可以用来识别相互合作的可能性。易于和谐的人通常都具有明显的情商。

创造型智力指一个人识别和处理新问题的能力。具有较强创造力的人通常可以从 A 推理到 C，而无须经过逻辑上的中间步骤 B，可以直观性地处理主题。这样的人经常是在设计师行业，他们也能够创建个性化的理念，并可视化其效果。

方法型智力描述了结构化和系统性处理问题的认知能力。具有较强方法性智能的人可以系统地解剖、分析和综合考虑问题。此外，他们对每个子问题案例，都可寻找到一个解决方法，思维严谨和守规，始终考虑要有益于整个系统。

分析型智力很可能是如同许多人认为像爱因斯坦那样的人所具备的思考性智力。它通常也等同于一个人的智商。但它更具有策略性、逻辑性、客观性和批判性思维的能力。

因此，为了使机器具备有智能，它们必须能够像人类一样思考和行动。就此还可以将狭义人工智能划分出以下四个特征，用它们模拟人类的真实智力：

① 逻辑理性思维。

② 人为式思维。

③ 理性行动。

④ 人为式行动。

逻辑理性思维描述了能再现理性思维的能力。为此，计算机必须能够以技术上存储这类知识形式，并在此基础上做出正确的结论。此外，人为式思维侧重于能更好地理解和再现它的观点和看法。因为人们并不总是能理性地思考。我们将研究人脑如何工作，以及如何将这个强大的人脑系统的各个组织映射和转移到技术系统中。

另一方面，理性行动包括有能独立行动的能力。从技术角度来看，它可在目标设定和实现上非常迅速。一般为了能够实现复杂的目标，技术系统必须能够自主和自适应地采取行动。经常用到的另一个术语是所谓长期自治。它的操作技术系统的方式是要在无须人工干预的情况下，长时间地自主运行。作为人工智能的一个研究领域，人类行为与机器人技术有着非常广泛的交集。在这里所要研究的，就是如何建立一个技术系统，以至于难以与人类相区分。为此，一个机器人必须能够理解人类的口头语言和书面表达。它还必须能够感知所处的周围环境，以便在这其中自主移动和行动。机器学习就属于这一范畴。

我们现在从这四个智能领域，进一步引申出八个技术性挑战，这些通常是在狭义人工智能领域，特别是在汽车行业中出现的。

逻辑推理和解决问题的能力：这描述了计算机和机器推导出逻辑结论，以解决所明确定义的问题的能力。

知识表示：这里涉及将复杂世界的信息转换为一种数据格式，计算机可以对此进行处理，据此得出判断结论。这类信息必须有一致性、完整性，并且具有可有效处理的格式。

规划能力：应赋予计算机和机器制定解决问题方案、实施流程的能力。为此，可将一个复杂问题分解为多个子问题，而针对这些子问题开发相应的解决方案，并将其优化。

机器学习：机器学习主要是针对技术设备和计算机学习的挑战。为此，其相应的方法必须能够从所收集的数据中获取知识，即解决问题的方法来自所提供的数据。但问题的解决方案不应以显示的方式，存储在程序代码中。

自然语言处理 NLP（Natural Language Processing）：NLP 指计算机和机器认知、理解和生成人类语言的能力。

对环境的感知（Perception）：指计算机和机器从外界环境获取信息，进行理解和认知，进而采取行动的技能。这是对自动驾驶技术的主要挑战，多是基于各种传感器来感知环境。

运动计划 / 生成和执行：计算机和机器，例如机器人，应能够有效地规划和运动。

社会智能：或称为社会认知，指机器和计算机能够从数据中得出并识别人类的情绪。

从上面可以看出，机器学习（也包括神经网络）只是狭义人工智能八个领域之一。在本书的以下内容中，我们将介绍机器学习领域中的许多不同的方法（请参见本章第 3.5 节）。

3.2　机器学习和深度学习

机器学习是人工智能技术中的一个分支，就像深度学习是机器学习中的一个领域一样（图 3.3）。正如本章第 3.1 节所示，广义 / 通用和超级人工智能的出现仍需要很长的一段时间，因此狭义人工智能领域与机器学习非常吻合。总体而言，机器学习描述了一种学习过程和方法，借助于这些方法，可以识别输入数据集中的关系，从而能够在此基础上进行预测[1]。

机器学习这个术语还有很多不同的概念。文献中经常引用汤姆·米切尔（Tom Mitchell）的话，他描述了机器学习的基本功能，全句如下：如果说一个计算机能从经验 E 中学习，就是说对某一相同类型的任务 T，如果其衡量指标为 P，它的性能可随着任务使其经验 E 得以提高[17]。原文是：A computer program is said to learn from experience E with respect to some class of tasks T and performance measure P, if its performance at tasks in T, as measured by P, improves with experience E。

这就像在学校里学习数学定理一样，用更简单的术语来说，它应该表达出以下内容：机器或计算机软件学习某些任务的能力，其实是基于现有的经验（即数据），并在其帮助下进行自我训练的。因此，软件开发人员不再需要使用计算机语言（例如，LISP, Prolog, Java, C ++ 或 Python），以机器语言的形式，记录和存储下他们的知识。乍一看，这的确是极为壮观的。但是，这里所涉及的是一个全新的范式转换。

如果我们想让计算机以其软件程序的形式让它自己去学习，例如，去识别图片中的狗、猫或者人，这可能会变得非常复杂。计算机程序首先必须对对象的轮廓进行识别，比如，可看到多少条腿，是否有手或爪子，是否具有鼻子或嘴巴等。为此，首先要检测图像中的边缘轮廓，并从轮廓信息形成对象所属的类别，然后通过算法对其进行解释。而通过使用机器学习算法，只需要输入大量图像，整个机器代码就可以通过构建模型而间接地生成。另一个可以用来说明这种范式转换的示例就是音频系统，它使用包含特定单词的音频数据来训练算法。例如，在车辆中，这可以是导航系统的目的地输入。通过多次训练，人工智能算法就可以学习每个单词的语音、发音方式，而且无论是谁在说。这样即使有不同的人说，也可以识别出该词汇，且不管有没有背景噪声。

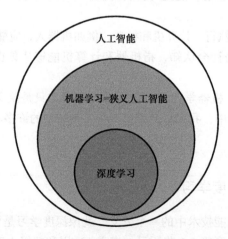

图 3.3　人工智能，机器学习和深度学习之间的关系

　　这也是令人印象深刻的另一个原因，因为人类掌握的知识，通常比所能表达的知识更多。因此软件开发人员、数据分析人员或机器学习工程师，他们经常发现很难以机器代码的形式去定义、表达和实现某些人类的知识。哲学家迈克尔·波兰尼（Michael Polanyi）于 1966 年，以波兰尼悖论（Polanyi-Paradox）的形式提出这一观点：我们所知道的远远超过我们所能表达的（We know more than we can tell）[15]。现在，可以通过深度学习及其多层次和神经元来解决这个悖论，因为所考虑的范围和维度不必事先定义（通过特征工程），而是由网络本身来找到。

　　基本上，可将机器学习分为三类[9]：

① 监督学习（Supervised Learning）。

② 无监督学习（Unsupervised Learning）。

③ 强化学习（Reinforcement-Learning）。

　　监督学习主要指首先通过大量标记（labeled）性数据训练算法，以使算法可以独立地做出决定。例如，假设我们让算法学习处理有数千个人的图像。我们要预先标记人物图像，以便说出哪个图像代表男人，哪个图像代表女人。通过这种方式，监督学习算法来学习如何区分男女图像。在这一学习培训阶段之后，就是测试阶段，在该阶段要检查学习结果和质量。这就要首先确定训练模型所要达到的质量。这种学习过程在很大程度上取决于训练数据集。因此，重要的是不要使用相同的数据集来检查质量，而是要使用与训练数据无关的测试数据集来进行测试。

　　而与此相反，无监督学习算法会尝试在未经标记的数据中查找数据模式。例如，仍是针对男女图像，我们可以拍摄一组人的图像，然后让算法运行，它可自行发现数据之间的差异。例如，这可能会进行图像分类，这意味着，该算法根据上身和肖像照片进行类别划分，或者根据图像的颜色等。这种算法自行进行图像分类。这可能是一个优点，但也可能是一个缺点。因此，这些算法通常用于数据的初步分析，以了解数据结构或特征。如果知道了数据的特殊性，也可以使用它来减小数据的大小（即进行数据压缩）[16]。

　　强化学习的算法尝试为所定义的问题通过学习得出最佳的算法策略。因此，自动驾驶就可使用这种学习方法。这种方法给出了要最大化的激励或奖励函数，该算法必须自己努力去寻求如何使其最大化。在自动驾驶领域中，奖励函数的定义是尝试让算法尽可能长地维持自动驾驶。这类算法在特定时间，要接收所选定动作的操作反馈信息。这种反馈其实是一种奖励或惩罚。但是，算法的开发人员必须指定驾驶环境的当前状态，并列出所有可能的替代措施和所要满足的环境条件。使用自动驾驶时，所有可能的转向动作都是一些可替代性的选择，周围环境中有所有可能的实体，比如，道路和行人，而各种各样的传感器都应该能识别出这些对象。算法现在就必须找到使激励函数最大化的控制策略。如果驾驶员在车上，就必须随时准备接管驾驶，否则可能会导致出现事故，这相当于一种惩罚，而现在的目标，就是使车辆尽可能长时间地独立行驶。

目前，监督学习仍然是所有行业中最常用的人工智能方法。它的优势在于它可以非常灵活地使用。在这当中，最常见的两种应用分别是分类（Classification）和回归（Regression），见图3.4。在这两种情况下，人工智能方法都必须根据所标记的数据进行数据预测分析。对分类情况而言，输出的数据是离散的。比如，离散意味着可对电子邮件进行分类，只有很少的类型值，例如，垃圾邮件（SPAM）或非垃圾邮件（NOT SPAM）。同样，可以根据电子邮件所采用的书写语言，对电子邮件进行分类，而书面语言的类型肯定是有限的，数量不多。另一方面，在回归中人们试图预测数据的连续值。例如，这可以是下一季度的销售额，基于消费者年龄和体重数据、人体身高数据等。此外，可供使用的开源库（Open-Source-Library）种类繁多，因此监督学习也得到了广泛的应用。

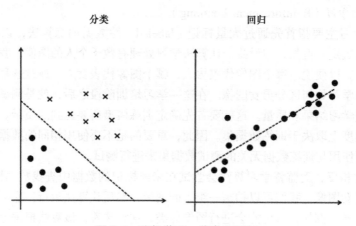

图 3.4　监督学习：分类和回归

到目前为止，监督学习仍是最常用的方法，因此有必要较为详细地举例说明其基本原理。如前所述，我们必须使用一组输入数据（相对将要得出的输出数据）来训练算法。具体示例可见表3.1。

表 3.1　监督学习的应用示例

输入数据	输出数据	应用
一个商品的使用说明（英语）	一个商品的使用说明（德语，法语，西班牙语）	亚马逊自动翻译所出售的商品，以在全球销售
英语音频文件	法语音频文件	转录同音翻译
销售额历史	将来的销售额	现场机器人销售 / 分销
照片和视频	已识别的人脸或交通标志	Google Street View 中的未知面孔和交通标志
购买或预定的详细信息	是否有欺骗行为	亚马逊、eBay 或零售业中的欺诈识别（欺诈检测）
购物历史	客户将来的购买行为或兴趣	亚马逊改善客户体验

（续）

输入数据	输出数据	应用
车辆的位置和速度	交通状况和下一个目的地	借助 Google Now 计算到达下一个目的地的时间
面孔	姓名	苹果人脸识别解锁手机或打开车门

　　为了理解机器学习的方式，我们可把学习这个词的含义进一步具体化。在日常生活中，我们通常将学习理解为从新的变化情况，或者已获得的经验中获取蕴含的知识。这实际上就是小孩子们每天都在做的。当某人用他的生活状况或人生经历（最为典型的就是老师），向我们传授某些东西时，也会发生这种情况。如果将这一过程转移到人工智能，就可以将机器学习描述为一个领域，该领域提供了各种算法，来从数据中获取解决方案，并简练地给予描述。因此，可以说数据本身就隐含有其解决方案。没有数据，这些过程将都无法得出任何解决方案：数据为王（Data is king）！

　　正是因为数据中还包含了解决方案，因此，方法是学习数据的结构，而这一结构中存放了数据的信息。所谓紧凑型解决方案，就是一种压缩式地映射输入数据的数据结构，这是人工智能模型中的另一个术语。我们必须在输入数据的基础上构建人工智能模型，以便能够对未知数据进行预测。这种紧凑式的解决方案描述，可通过以下方式给出：

- 决策树。
- 回归分析中所绘出的直线。
- 神经网络中的加权因子。

　　每种方法都有自己的规则，说明如何从输入数据中提取信息并预测新值。例如，决策树以树结构的形式创建一组规则。线性模型从一组输入数据中计算出代表性的参数。而神经网络具有所谓的参数向量，其中就包含有神经元之间所有连接的加权因子。但是，对于这些都有一点必须清楚：在能够构建模型之前，必须准备并预处理数据。对此有一个标准化的过程，称为数据挖掘的跨行业标准过程 CRISP-DM（Cross-Industry Standard Process for Data Mining），如图 3.5 所示。在此数据挖掘阶段，数据分析师要花费大约 80% 的时间，然后选择正确的

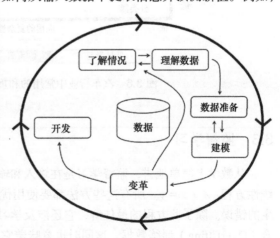

图 3.5　数据挖掘的跨行业标准过程 CRISP-DM

技术方法，使数据适应于算法，而这仅需要 20% 的时间。因此，如果您想从事人工智能和机器学习领域的工作，就必须喜欢数据。

但是，如果计算紧凑型的数据模型，也就意味着要接受由此而产生的错误。所有模型都有其相同之处，都有过度的抽象和概括问题，所谓过拟合（英语：Overfitting）。与生活中的许多事情一样，这是过于笼统的概括，而缺少准确性，特别是当仅基于很少几个示例时。

在汽车行业中，最常用和重要的人工智能方法如图 3.6 所示[19]。详细具体地讨论所有这些方法，就超出了本章的范围，故不再对此深入。因此，我们将重点放在关注监督学习，还有非监督学习中的聚类、深度学习、强化学习和优化方法，以适应最新的发展趋势。

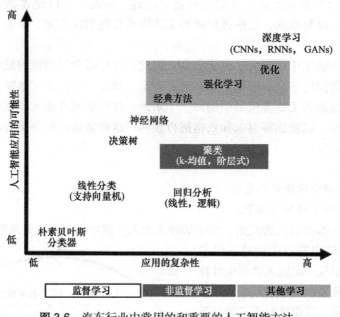

图 3.6 汽车行业中常用的和重要的人工智能方法

3.3 监督学习

从数学上简单地讲，监督学习是在输入和输出数据集的基础上，建立和再现以下线性方程：$A \cdot x = y$。所有这些方法都要使用优化过程，以最大限度地减少所可能产生的错误。除了此方程的最佳解，它还涉及学习出一个紧凑模型，这一模型不会过拟合（Overfitting）训练数据。这同时也意味着它不能再用于其他数据。这里的目的就是模型参数，既没有欠拟合，也没有过拟合，如图 3.7 所示。

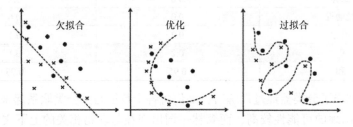

	训练数据集 (A)	参数 (x)		输出 (y)
数据集 1	0.71 0.42 0.74 0.53	?		1.0
数据集 2	0.71 0.42 0.74 0.53 *	?	=	2.0
数据集 3	0.71 0.42 0.74 0.53	?		1.0

图 3.7 解方程 $A \cdot x = y$

3.3.1 朴素贝叶斯分类器

在许多文献中，最常见用例就是解释朴素贝叶斯分类器。比如，检测电子邮件中包含的垃圾邮件（Spam）。现在垃圾邮件已成为一个严重的问题。这一应用示例涉及文档，分类器使用输入数据来构造所谓的特征列表。一个特征可以表明一个给定元素是存在还是并不存在。对于文档而言，这些特征可以是出现在文档中的某些单词。但这也可能是某一疾病的症状、物体的颜色或动物的性别。最重要的是，可以确定该特征是否存在于我们感兴趣的对象中。

与所有监督学习方法一样，贝叶斯分类器在样本数据上进行训练。每个示例都是一个列表项，具有元素特征及其关联分类。假设在此基础上，我们将训练一个分类器，该分类器应识别带有甲壳虫一词的文件，那么它究竟是用于描述汽车还是动物。在表 3.2 中，我们示例性地列举了若干输入数据。

表 3.2 一系列文件中的特征和分类

特征	类型
甲壳虫是一种可在森林中发现的小动物	动物
甲壳虫是德国最受欢迎的汽车之一	汽车
甲壳虫的大小	动物
甲壳虫在奔跑，奔跑，奔跑	汽车
甲壳虫是鸟类食物的重要来源	动物
甲壳虫是大众在 19×× 年生产的，基于一个图画 xyz	汽车

这一分类器记录下了所有提供给它的特征，并将它们与之相关分类所出现的概率建立起联系。通过逐步地输入这些示例数据，就可训练该分类器。在提供每个文件示例后，分类器会更新这些特征值所出现的概率和相应的分类。这就将创建出一个概率表，通过该概率表就可以得出，一个文档是否包含某个类别的单词及其所计算出的相

应概率信息。

　　例如，在一个文件中，表 3.2 中特征和分类所出现的概率，可在表 3.3 中列出。

表 3.3　特定类别单词出现的概率列表

特征	动物	汽车
森林	0.6	0.2
发动机	0.0	0.6
尺寸	0.2	0.1
鸟	0.2	0.1
和	0.95	0.95

　　表 3.3 列出了分类器经过训练后，如何将各个特征与其分类联系起来。发动机一词在汽车中出现的可能性较高，而森林一词出现在与动物相关的上下文中可能性较高。对于那些不明显的特征及其概率，比如连词"和"，在每个文档中都可能出现，因此很少用于分类，即不需考虑。因此，训练有素的分类器不再是一系列特征的列表，其中还存储了每个特征所出现的概率。与其他分类方法相比，无须保存这些输入数据用于以后进行分类器训练。所有的信息值都在特征列表中。

　　贝叶斯分类器在经过训练后，可以将其用于自动对新的文档进行分类。例如，假设我们有一个文档，并且它具有森林、发动机和尺寸特征。比如，在表 3.3 中，就列出了这些特征在文档中出现的概率值。但是，这些值仅指单个词，即特征。如果所有这些单词在同一分类中，都具有较高的出现概率，则答案就是相对明确的。在我们的实例中，森林属于动物类别的可能性更高，而发动机属于汽车类别的可能性更高。为了对文档进行实际分类，就需要一种汇总文档中，即表达单个特征概率的方法。这正是朴素贝叶斯分类器所做的。它将所有特征出现的概率，用以下公式表达出来，这里 K = 分类，D = 文档：

$$P_r(K|D) = P_r(D|K) * P_r(K)$$

　　可表达为：

$$P_r(K|D) = P_r(Word1|K) * P_r(Word2|K) * \ldots$$

　　在列表中，可以找到 P_r（单词|分类）的值。例如，P_r（电动机|汽车）= 0.6。而值 P_r（分类）是对应于各个分类的总概率。由于汽车在近一半的文件内出现，因此 P_r（汽车）等于 0.5。这样，某个分类，如果它具有较大的 P_r（分类|文档）值，则它就是我们所预测的类别。现在，在此示例中，我们已经处理了文档和单词，单词也就是特征。我们在此基础上，就可简单地进行其他分类，比如，一辆汽车出现了什么故障，会导致它必须去维修车间。这是基于所观察到的描述特征和所出现的概率。可见，朴素贝叶斯分类器真是一个多面手。

　　现在，我们来分析一下它的优点和缺点。与其他方法相比，该方法的最大优点就是可以用大量数据进行快速训练，并将经过学习的模型投入应用。即使有大量的训练数据，每个对象通常也只有几个特征。这样，训练和分类仅意味着必须对特征概率表进行更改。因此，该方法也适用于迭代式训练，可以逐渐地使该算法更加聪明、智能。如今，这个优点尤其令人兴奋，即现在有大量的数据，并且这些数据数量还正在不断地增长。因此，每个新的数据集都是可用于更新特征概率，而无须重新评估先前的训练数据。而其他方法，例如，决策树或支持向量机，并不是那么容易做到。这些始终需要完整的数据集来更新模型。当拥有一个可动态完善的知识库，并且其计算模型能对新的数据集，几乎无预处理就做出反应时，例如检测到垃圾电子邮件时，这种增量式培训的可能性总是能令人兴奋。垃圾邮件过滤器在不断接受培训，并在收到新的电子邮件后，继续进行更新学习，因为有可能，您无法再访问过去收到的所有消息，例如它们已被删除了。

这种方法的另一个巨大好处是，它易于理解和解释所学到的知识。因为它存储了每个特征所出现的概率，可以随时在数据库中查看它们，并得出这是哪些特征。比如，对区别分类垃圾邮件和正常电子邮件（比如，汽车和动物），其定量的贡献最大。另外，此类信息本身还可提供一个附加值，例如基于该信息创建新的应用程序。

现在来看看这种方法的缺点。当然，朴素贝叶斯分类器最大的缺点，就是难以处理基于特征组合所产生的结果。假设我们是网络开发人员，我们经常收到电子邮件，而其中的单词出现在网上，即在线（Online）。电子邮件中的文本可能要引发这些问题：即相应的新网站内容是否已经在线，或者声称新的在线营销（Online-Marketing）运作得更良好等。我们的垃圾邮件过滤器经过培训，可确保在线时很少能接触到垃圾邮件。此外，假如我们的一个朋友在阿姆斯特丹的一家国际在线药店工作，该药店在全球范围内运作。他不时向我们发送一些工作中有趣的故事，为了方便起见，他使用自己商家 © 邮件地址（©-Adresse）与我们交流联系。像当今的每个人一样，我们还会收到垃圾邮件，例如，廉价的伟哥药丸广告等。这些垃圾邮件也包含有"在线"（Online）和"药房"（Pharmacy）一词，正如来自我们那位在国际在线药房的朋友，他所发来的邮件一样。

上面的示例就清楚地说明了这一问题，即朴素贝叶斯分类器如何才能运行。我们朋友的电子邮件会定期通知他，包含有"在线"和"药房"一词的邮件，不是垃圾邮件。这意味着欢迎您使用带有这些文字的邮件消息。使用包含有在线和药房一词的垃圾邮件，分类器的概率表就会朝着另一个方向自我训练。这就是个别特征将不断地参与竞争。现在，解决方案就是计算单词组合在线药房（Online Pharmacy）出现的概率，因为这是区分垃圾邮件信息的典型特征。但是，朴素贝叶斯分类器无法做到这一点。这也就意味着它将失去其可伸缩性（Scalability）和速度。在我们的示例中，这还不是很糟糕，因为带有在线药房的垃圾邮件，还包含有其他特征单词，可将这类垃圾信息与正常信息区别出来，这一可能性还是很高的。但是，有许多问题只能通过考虑特征的组合，才能有效地给予解决。我们将在下面的第 3.3.2 小节中介绍的决策树，尤其适用于此。

3.3.2　决策树

　　决策树（Decision Trees）非常流行并被广泛采用，因为它特别易于理解和解释。一个简单的决策树例子可见图 3.8。如图 3.8 所示，当决策树必须对新对象或未知数据集进行分类时，就很容易观察到它的运作。它的具体运作是从树根节点（图论中称为根节点 Root）开始，向其各个节点，在深度方向检查其分支（图论中称边 Edge）上的逻辑条件。如果条件适合该节点，即逻辑"是"，则继续深入使用其下面分支，但如果是"否"，则转移到"否"分支。重复此过程，直到到达所要预测的类别，即结束节点（图论中称树叶）为止。

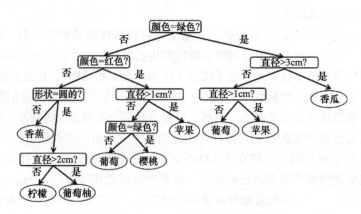

图 3.8　示例：区分各种水果的决策树

　　根据决策树，可对新的数据进行分类，从而预测也就相对容易。另一方面，训练决策树要复杂一些。有各种各样的算法和测量标准可以用来解决这个问题。通常，都是从根节点开始构建树。为此选择一个或多个特征属性，这些属性应尽可能地划分所输入的数据。表 3.4 对此进行了实例性说明，此处列出了各种水果的数据。

表 3.4　用于区分水果的数据（原始数据）

直径 /cm	颜色	水果
2	红色	苹果
2	绿色	苹果
0.5	红色	樱桃
0.5	绿色	葡萄
2.5	红色	苹果

　　这里，有两个可用于划分数据的特征：直径和颜色。在开始时，将对这两个特征进行测试，以确定哪个特征最能划分数据。现在，如果根据颜色对数据进行划分，则会得出以下结果，具体见表 3.5。

表 3.5　根据特征颜色区分水果

颜色 = 绿色的数据量	颜色 = 红色的数据量
苹果	苹果
葡萄	樱桃
	苹果

但是，数据仍然混杂在一起。如果现在可根据特征直径（小于 2cm 或者大于 2cm）对它们继续进行划分，则结果将更为清晰，可见表 3.6 所显示的划分。

表 3.6　根据特征直径区分水果

直径小于 2cm 的水果数据量	直径大于 2cm 的水果数据量
樱桃	苹果
葡萄	苹果

这种划分看起来更明确清晰些，并且所获得的两种结果都更好。所有数据对象，其直径大于 2cm 的集合（子集 2）仅属于类型苹果。在我们的示例中，直径这一特性就非常适合决策树。如果数据很少，这就相对容易划分。但是，对于大量的数据，就必须多次地进行尝试。为了避免这种情况，可以使用信息熵（Entropy）作为度量。熵用以衡量一个集合中的无序程度，其计算如下：$p(i)$ 表示频率，或者简单地说结果发生的概率：

- $p(i)$ = 频率（结果）= 数量（结果）/ 数量（数据集大小）
- 熵 = $\sum -p(i) \cdot \log[p(i)]$

一个数据集的熵值低，就意味着该数据集是非常一致（或称同质）的。如果为 0 就表示它仅由一种类型的数据组成。例如，表 3.6 中直径大于或等于 2cm（子集 2）的数据量，其熵值就是 0。计算每个数据量的熵，并由此可得出决策树的信息增益，其定义如下：

- 加权 1 = 子集 1 的大小 / 原始数据集的大小
- 加权 2 = 子集 2 的大小 / 原始数据集的大小
- 增益 = 熵（原始数据）– 加权 1 · 熵 1（子集 1）– 加权 2 · 熵 2（子集 2）

针对每种可能的组合，就可计算信息增益，并将其用于确定划分特征。选择最佳划分功能后，就可以创建决策树的初始节点（图 3.9）。

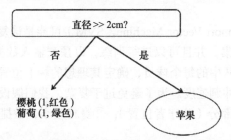

图 3.9　对水果数据进行分类的决策树的初始节点

区分标准显示在根节点上。不符合此条件的输入数据集，将其数据继续分配给"否"分支。而符合条件的数据，分配到"是"分支。"是"和"否"分支都仍然包含可以进一步划分的混合数据。这也可以通过上述的熵计算来完成。下一个区分标准可以是水果的颜色。重复此过程，直到不再能从该划分中获得更多信息，这样在末尾节点就可以对水果进行分类。

决策树的最大优势是易于解释所训练的模型。除此之外，用于划分和细分树的算法将最重要的特征置于树的顶部，这也可以被解释为降维（Dimensionality Reduction）。这样，不仅对用于分类的数据结构，而且对其解释、理解，都更为简明易懂。就像朴素的贝叶斯分类器一样，人们可以观察分类过程的底层，也就可以理解，为什么要以可视化的方式创建决策过程。例如，它不是像神经网络那样的黑匣子过程。这在做出有关构建模型的决策时非常有用，可以进一步分析与数据分类无关的数据。基于这一过程的特征，即将所获得的初始节点置于决策树的顶部，例如，就可以定义数据质量，并集中精力收集那些所需的数据。例如，如果发现性别和年龄是决定购买汽车的主要特征，则就应该从所有客户那里收集这类数据信息。

决策树也可以应用于数值型数据处理，即用于回归（Regression）性问题。这里，需要寻找合适的划分线，用它对数据进行区域性分割，如上例中的水果直径。在此，划分也是基于一种数值计算，以使信息增益最大化的方法。该方法在构造一个树结构时，不仅考虑了数值数据，也考虑了分类数据，这一方法在许多类型的问题中都具有重要的应用价值。经典的方法（例如，回归分析方法，请参见后面的第3.3.4小节）也有其缺点。但是，决策树并不是用于预测数值结果的最有效解决方案。而回归型决策树能够将数据划分为具有最小方差的平均值，但由于其数据复杂度高，树的结构内容就变得非常大，且令人困惑。

与朴素的贝叶斯分类器相比，决策树的最大优势在于它可以很好地组合特征。上述垃圾邮件过滤器示例中，例如，在分类中必须同时考虑在线和药房这两个词，对决策树没有问题。该方法将在创建决策树时就识别出来了。但是，决策树的主要缺点是它不允许像朴素贝叶斯分类器那样进行增量训练。每次数据库更改时都必须重新创建树。朴素贝叶斯分类器只需更新其概率表即可，而不需要之前的数据。支持有增量训练的决策树，仍然是当今研究的主题。

3.3.3　支持向量机

支持向量机（Support Vector Machine，SVM）可能是最复杂的数据分类方法，它需要带有输入的数据集，并且可以进行训练，以预测输入数据属于哪个类别。例如，假设应该为德甲足球队中的每个球员，确定其理想的场上位置。为此，我们列出了各个队员的身高和最大冲刺速度。为了避免过于复杂，我们假设只有这两种选择：①高个子球员应该在防守部分（防守者位置）；②身材矮小，敏捷型快速球员应该在进攻位置上，即前锋。

支持向量机通过计算这两个类别之间的最佳可能分割线，来生成预测模型。如果将队员高度值相对于其最大冲刺速度做出一个二维图，则可如图 3.10 所示。防守者用点表示，进攻者用叉表示。图 3.10 中还显示了将这两类区分开的分割线。

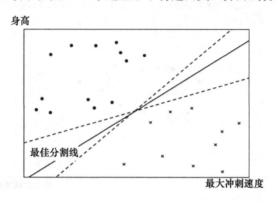

图 3.10 德甲球队的队员场上位置预测和分类分割线

支持向量机可精确计算出可将数据区分开的直线。这意味着，这种直线距离其附近的数据点，应该越远越好，虽然在图 3.10 中，可能有三条直线，都可以将数据分为两类，但其中最好的直线是那条与邻近数据点距离最大的那一条，即图 3.10 中那条实线。所有那些数据点，即可用来确定一条分割直线，并均分布在该直线附近。这些点也被称为支持向量，并以此定义该过程的名称。

确定最佳可能的分割线后，可以通过在图中输入新元素并查看它们位于哪一侧，以及属于哪个类别来对其进行分类。从中计算出分割线的训练数据无须再次处理。这也是该方法分类如此迅速并被广泛使用的原因。

现在我们来了解其核心技巧。支持向量机的用法与其他线性分类器一样，使用点积做为度量距离的方法，这个称为其核心技巧（Kernel Method）。为了更好地理解这一点，让我们想象一下，如果我们不想根据身材和冲刺速度来确定防守者 / 前锋的位置，而是希望了解这些队员是否适合用来组织一支业余队，那么任务的内容将如何变化。在业余球队内，队员的位置经常要改变。这个问题要棘手得多，因为不再可以线性划分，即不再有明确的界限。这时，并不希望这些业余球队球员，身材过高或冲刺速度太快，因为这会削弱整个球队的实力。而且这样的球员不会与团队中其他成员配合得很好。同样，他们也不应该速度太慢，或身材过于矮小。图 3.11 显示这一结果，其中实心圆"·"表示一个球员确实适合该团队，而十字叉"×"表示他并不适合于这个球队。

在这里，就很难找到一条可分割数据的直线。因此，如果不对数据进行预处理，就不能再使用线性分类器。对此，一个可能的预处理，就是将数据转换到另一个数据空间，可能要转换成二维以上的空间。例如，可以通过从对每一个值减去其平均值，比如高度和最大冲刺速度，然后取其平方，就可创建一个新的维度。如果这样做，其结果可能如图 3.12 所示。

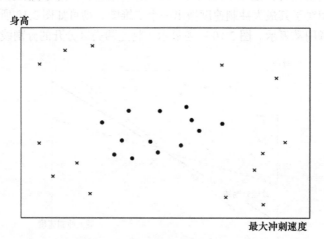

图 3.11　业余足球队中的球员

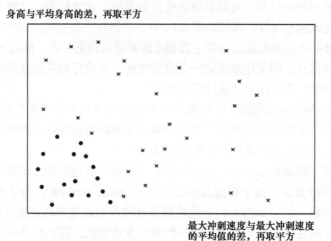

图 3.12　多项式空间中的业余球队球员

这称为多项式（Polynominal Transformation）变换，它将数据转换到其他坐标轴上。现在我们还可以看到，将会有一条可能的分界线，通过它可以区分出业余足球队中合适和不合适的球员。同样，可为此使用一个线性分类器。对一个新加入的队员（即新数据点）进行分类，我们只需要将它的数据转换到该空间中，然后查看它落在分割线的哪一边。

在这种情况下就可以进行转换，并可给出良好的结果。但是，在许多情况下，可以假定要找到这样一条切割线来分离数据，就需要将其转换成更为复杂的空间。在高维空间中，通常将是超平面（Hyperplane）。其中一些空间可能具有数千个维度。这就需要大量的计算工作。因此,不执行这些转换,转而采用核心方法是更为明智的。它的工作原理是这样的:不用转换空间,而是将距离度量(标量积函数)通过一个函数取代,如果将数据转换到另一个空间的话,应提供标量积(Scalar Product)。例如,不采用图3.12所示的多项式变换,就只需对标量积进行平方计算。就是如此容易!每当遇到一个新的问题时,我们都可以简单地使用具有各种参数的不同核心函数,直到可以使用线性分类器的方式,对数据进行区分为止。有时这真是一个修修补补的工作,但是有无数的核心函数可供选择。

支持向量机的一大优势,就是它是非常强大的分类器,即一旦找到了核心函数的正确参数,就可完成分类。此外,它可以在训练完成后,就很快对输入数据进行分类,仅需检查新的结果位于分界线的哪一侧即可。通过将分类数据,例如,是苹果,或不是苹果,转换为数字,就可以使用分类数据。

但是,支持向量机的主要缺点就是对于每个训练数据集,最佳的核心转换函数和所需的参数可能会略有不同。如果训练数据量发生变化,这两个因素也会发生变化,就必须重新定义。另外,支持向量机希望有大量的训练数据。例如,如果训练数据很少,则应使用其他方法,例如,决策树。像神经网络一样,支持向量机很难以理解,并且属于黑匣子系统。由于转换为高维空间,因此解释和理解支持向量机的分类过程就非常复杂。因此支持向量机可能会提供出色的、巧妙的答案,但是研究者永远也找不到其原因。

3.3.4 回归分析

为了识别两个变量之间的简单相互关系,例如,身高和冲刺速度,可使用所谓的相关分析(Correlation Analysis)。最简单的方法就是将数据绘制在一个二维图上,其形状如同一些点云。如果存在线性关系,则可以用肉眼轻松地观察到。通常,只要知道两者间存在有线性关系就足够了。但是,如果要基于此数据对新数据点进行预测,仅了解这一点还是不够的,还必须进行数学映射。为此就使用到线性回归。线性回归是最常用的统计方法之一。它不仅可以用于预测,比如,在公司网站上预测销售数字或每日用户,还可以寻找出数据之间的某种联系,例如广告支出对销量的影响。

线性关系在数学中表示为一条直线,其公式为 $y = a + bx$,其中 a 是直线与 y 轴的交点,b 是其斜率。例如,x 可以是广告费用支出的金额,而 y 是预期的销售量。最佳的拟合直线是最准确的,可预测所有真实值(坐标点)的直线。这意味着对于每个已知的值,数据中相关联的值尽可能接近可用直线估算的值。因此,如果已有一定的广告支出,我们希望销售额的估算值要能尽可能接近实际值。我们正在寻找的直线,就是使所有已知的估计值,与实际值之间的距离最小。在数学中有许多方法可以实现这一目标,例如,线性代数中误差平方最小化方法,又称最小二乘法(Least Squares Method),或梯度下降法(Gradient Descent),如图3.13所示。

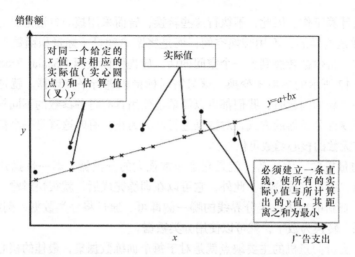

销售额

对同一个给定的 x 值，其相应的实际值（实心圆点）和估算值（叉）y

实际值

$y=a+bx$

必须建立一条直线，使所有的实际 y 值与所计算出的 y 值，其距离之和为最小

y

x　　　　　　广告支出

图 3.13　用线性回归推导出广告支出与销售额之间的关系

　　线性回归是一种适用性强且有效的方法，被经常地使用。如果要预测多个输入变量，例如，广告支出金额、广告折扣金额、车辆模型等与销量之间的关系，则就必须从简单线性回归转换到所谓的多元线性回归。多元线性回归是更普遍意义的简单线性回归。

　　逻辑回归（Logistic Regression）是另一种统计学技术。与简单回归分析和线性多元回归相比，它的结果是所谓二进制（0 或 1），这意味着它只有两个值。例如，说明一个心脏病患者是否已经发作，则其值为 1，表示是已经心脏病发作，否则为 0，即还没有心脏病发作。

　　逻辑回归通常与线性回归一样仍有大量的影响变量，而这种影响是可以借助要素来计算的。这些要素也被称为系数或权重。与线性回归相反，这里是使用非线性传递函数（逻辑函数）计算出所要预测的输出值。逻辑函数属于所谓的乙状函数（Sigmoid Function），通常也用作神经网络的激活函数。如图 3.14 所示，该函数看起来像大写的英文字母 S，可将任何输入值映射到 0 ~ 1 之间的一个值。这非常有用，因为它能够对二进制目标变量进行简单的转换。例如，对上述心脏病问题，可引入以下规则：逻辑函数值低于 0.5 的结果值，更有可能为"否"，即没有心脏病，而介于 0.5 和 1 之间的值为"是"，即有心脏病。

　　就像线性回归一样，如果仅需考虑输入值，逻辑回归可以提供更好的结果。如果存在相互依赖的输入值，则仅应使用其中之一。可以通过相关性分析，预先揭示这种相关性。逻辑回归是一种非常简单，但极其有效，且易于训练的方法，因此被广泛使用。例如，脸书（Facebook）使用这种方法来评估一个消息是否可能让用户产生兴趣（二进制分类问题）。

　　由于已可使用逻辑回归分析，利用乙状函数来映射非线性关系，因此现在在处理机器学习领域，这一函数如同新的超级巨星，被称为非线性之王。一个经常使用乙状函数来评估输入的典型方法就是神经网络。

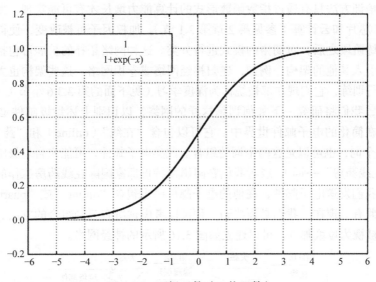

图 3.14 逻辑函数（乙状函数）

3.3.5 神经网络

神经网络有许多不同的形式。在本章中，我们将研究多层感知器网络，即小型的深度神经网络。它具有大量输入神经元和一层或多层隐藏神经元，基本结构如图 3.15 所示。

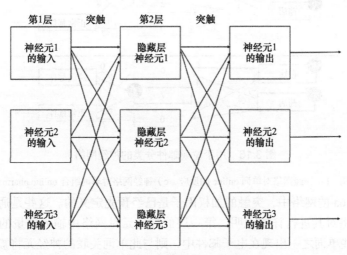

图 3.15 神经网络的基本结构

图 3.15 所示的网络具有两层神经元。这些神经元通过突触彼此耦合，每个突触都具有一个加权因子。从一个神经元到下一个神经元的突触的加权因子越高，其对神经

元输出的影响就越大。一个多层感知网络可以通过错误反馈（或称反向传播）进行训练。这种培训方法只有通过指数函数形式的计算能力增长才有可能实现，尤其是通过引入 GPU 芯片和云计算（参见第 2 章第 2.1 节）。加权因子可被改变，使得网络可以在受控训练阶段之后，对期望的模式进行分类。这种网络拓扑的扩展可包括其他隐藏层，以及引入其他的架构，例如，递归神经网络或卷积网络，这些架构也大多使用反向传播进行训练，它们现在都被统称为深度学习（见下面的第 3.3.6 小节）。

现在，我们将研究一下如何训练这样的网络，以识别上述垃圾邮件 © 消息。如前所述，在简化的电子邮件世界中，它可以包含"在线"（online）和"药房"（pharmacy）两个词，也可以是这两个词的组合。此类电子邮件，可能来自垃圾邮件发件人（带有"在线药房"一词），或者我们在阿姆斯特丹那家国际在线药房工作的朋友。他有时会向我们发送电子邮件，在他的电子邮件中也包含"online"或"pharmacy"，但很少两者兼有。现在，我们必须找到一种可以考虑这所有三种组合的方法。要找出哪些邮件将被视为垃圾邮件，可以建立如图 3.16 所示的神经网络。

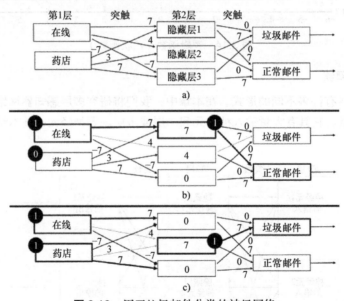

图 3.16　用于垃圾邮件分类的神经网络

a）基本结构　b）神经网络对单词 online 的反应　c）神经网络对单词组合 online pharmacy 的反应

在图 3.16a 的网络中，突触的加权因子是已经预先定义的。这些是通过培训创建的，在后面将对其进行详细说明。第一层的神经元对网络中输入向量的单词做出响应。如果这些单词之一出现在电子邮件中，则与此单词关联的神经元将被激活。它所传出的连接箭头（即突触）上的加权因子越高，该神经元被激活的程度就越高。具有隐藏神经元的第二层被第一层激活。它能够对单词组合做出反应。第二层然后激活相应的输出神经元，而某些组合或多或少与可能的结果相关。最后，加权因子总和最高的决策获胜，作为结果输出。

图 3.16b 说明了，神经网络对单词 online 是如何反应的。第一层次中的一个神经元对单词 online 做出反应，并将其输出转发到第二层，在第二层中，相应的隐藏神经元专门用于检测仅包含单词 online 的消息。这一神经元具有一个明显很强大的突触，就是说对无垃圾邮件的加权系数（即 7），高于垃圾邮件的加权系数（即 0），加权系数的突触被触发，因此，此邮件的最终被分类为"非垃圾邮件"。

图 3.16c 显示了 online 和 pharmacy，这两个单词同时出现时的情况。第一层的神经元最初分别对两个单词做出反应，这两者均被激活。第二个转变将更加令人兴奋。现在，pharmacy 单词的存在，就会对激活 online 单词的神经元产生消极性影响，而这一神经元也被激活。而这两者之间的神经元，它是受过训练的，能对这两个单词的组合产生积极性影响，它被更强烈地激活。该神经元对最终垃圾邮件分类，有非常强的影响。该示例清楚地说明了，如何使用多层深度神经网络来映射可能包含的许多异常（所谓的非线性）的复杂关系。

现在，我们来训练神经网络，以得出突触的加权因子。在之前的示例中，神经网络已经具有突触的加权因子。神经网络的魔力之处就在于，它们可从随机设置的加权因子开始，并通过实例训练，确定出最佳加权因子。训练多层深度神经网络最常见方法是所谓的反向传播。我们将简要地对此算法进行解释。有关该过程的详细说明超出了本书的范围。为了使用反向传播训练神经网络，让我们从单词 online 示例开始，为该单词被指定分类为非垃圾邮件。现在，我们将使用此示例，为网络提供数据，并检查网络执行的分类，即它不应该是垃圾邮件。为了理解训练，让我们仔细看一下神经元是如何工作的（图 3.17）。

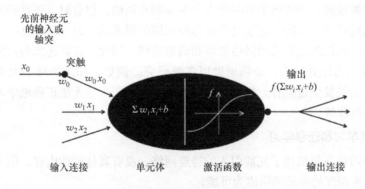

图 3.17 神经元的工作原理

一个神经元所接收的输入取决于先前一个或多个神经元的输出 x_i，以及沿其边缘（或突触）的加权因子 w_i。因此，可以将输入作为加权神经元输出的总和。最后，还可以添加一个误差值 b，主要是便于学习。这可能还不能使人感兴趣。现在，一个神经元的输出就基于输入以及激活函数如何处理该输入。有许多不同的激活函数。常用的激活函数是双曲正切 tanh（Hyperbolic Tangent），这可参见图 3.17。节点的总输入（x 轴）映射到 0 到 1（y 轴）之间的一个值。这一种函数具有乙字形状，称为乙状函数。神经网络几乎总是使用乙状函数，来确定其神经元的输出。在最简单的情况下，该函数也可以是线性的。加权因子表示神经网络的知识，并且是通过大量训练，尤其是通过反向传播算法，艰难地计算出来的。如果 online 一词被输入，则该神经网络现在不应得出垃圾邮件的结果。在培训开始时，网络对于垃圾邮件得出的结果，可能要比非垃圾邮件高一些。为了纠正这一点，神经网络被告知，前一个神经元的激活函数的结果，对于垃圾邮件应接近 0，对于非垃圾邮件应接近 1。现在，开始一个级联（Kaskade），这导致垃圾邮件的突触加权因子 w_i 与它们的贡献结果，要成比例地降低，并非垃圾邮件的加权因子要相应增加。输入层和隐藏层之间所有突触的加权因子，也要根据它们对输出层中相关节点的贡献进行调整。此过程就称为反向传播。为了防止神经网络由于数据不准确或嘈杂而被过度调整，训练过程是缓慢的，且必须反复进行。

神经网络的最大优势在于能够映射高度复杂的非线性函数。它可以识别不同输入值之间的依赖关系。即使在示例中输入值只有 1 和 0（即在我们的例子中，是否存在某一单词），也可以使用任何数值作为输入。神经网络还可以预测数值的输出值。它还可以进行增量训练，例如，朴素贝叶斯分类器。训练模型的数据（主要是突触的加权因子）不需要占用太多的存储空间。训练后也不必继续保存其原始数据。这是一个很大的优势，因为它可以为新的训练数据继续提供存储空间，从而可以进行连续性训练，从而不断改进网络功能。

神经网络的最大缺点在于它是一个黑盒子过程。在我们的示例中显示的网络，可以用相对易于理解的方式构建。但具有数百或数千个神经元、突触和隐藏层的实际神经网络很难被理解。即使结果有时令人印象深刻且正确，但有时，还是必须要了解结果是如何创建的或记录的。这也是自动驾驶问题所要求的。另一个缺点，就是对于某些问题，没有硬性规定来选择网络规模和训练速率。因此，正确选择参数需要大量经验或两倍以上的计算能力，必须辅助以参数研究。例如，如果选择了太高的训练速度，则可能很快发生过拟合。但如果速率太小，则可能永远无法正确地学习数据，这意味着它没有收敛。

3.3.6 深度学习和迁移学习

深度学习也只是描述了先前引入的神经网络，没有其他附加内容，但丰富了许多技巧，使非常深度的神经网络成为可能。

建立深度神经网络的艺术，关键在于如何有效地训练它们。为此目的，在 20 世纪 80 年代开发出了反向传播算法（Backpropagation）：该方法（技巧 1）用于通过将网络错误传回网络来训练多层神经网络。在 90 年代，深度学习的开拓者之一，杨立昆（Yann LeCun）通过将信号处理中已知的卷积，应用于来自神经网络的输入数据，发现了这一个技巧（技巧 2）。他开发了第一个卷积神经网络来识别手写数字。这种新形式的神经网络特别适合于识别图像中的对象。

直到 2012 年，神经网络几乎还没有受到关注。而随后就有了另一个突破（技巧

3）。杰弗里·辛顿（Jeffrey Hinton）开发了一个模型，该模型在大型图像识别挑战赛中，将错误率几乎降低了一半。其他一些基本创新使深度学习成为可能，除此以外，还开发了算法来训练带有图形卡的网络。在计算并行矩阵乘法时，图形卡特别快。因为神经网络的训练主要由矩阵乘法组成，所以训练时间可以减少1000倍。训练时间迅速地减少，这使应用达到了可接受的时间范围。

此外，还有所谓的递归神经网络（技巧4），它具有时间记忆，并考虑了信号的历史轨迹。这在语音领域或时间序列分析中，对于实际应用尤其重要。在这些应用中，能对先前输入值进行引用，起着一个极为重要的作用。

接着出现了自动编码器网络（技巧5）。这些是深度神经网络，经过训练后，已输入到其中的输入数据，必须将其输出再次作为输入。这一步听起来很奇怪。为什么要以这样一种方式训练网络？在数据输出处请求相同的数据，就训练了网络可学习验证身份的功能。其实际的做法是，让网络学习和了解数据中的哪些要素是重要的。因此，它减小了数据的维度。然后所学习的模型可以用作大量数据和问题的紧凑表达形式。例如，它可以用作迁移学习的基础。

神经网络的训练非常复杂，因此研究人员开发了一个新的技巧（技巧6）：迁移学习（Transfer of Learning）。迁移学习使针对某个问题业已开发的模型，用作新问题的起点，从而在旧模型的基础上重新进行构建。这样可以节省数小时，甚至数天的训练时间（图3.18）。

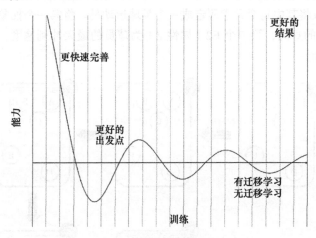

图3.18　迁移学习的优势

图像和文本识别领域的问题尤其受益于迁移学习，因为这种训练是计算密集型的。总而言之，可以说，迁移学习具有以下三个优点：

- **更好的初始**：因为已经进行了大量的训练和优化，神经网络可有好的起始点。
- **更快的改进**：训练改进进行得更快，因为其水平已经经过预先培训。
- **更佳的结果**：神经网络将在整体上产生更好的结果。

现在，研究者当然可能要问：如果迁移学习非常好，为什么并不总是使用它呢？一方面必须说明，并非每个模型都可以迁移，所要解决的问题至少必须是相似的。例如，不能使用用于识别路牌的模型，作为文本识别的出发点。此外，还必须考虑使用先前的应用模型和所包含的数据，是否会产生一个系统性错误。例如，如果我们有一个模型，它能够读取一个公司的推特账号中英语推文中的情绪，即用户是生气还是满意，但是该模型不能简单、轻易地转移到德语的推文上，否则将会发生严重的系统误差，也称为偏差（Bias）。但是，在汽车环境中，很容易想到将所有控制器局域网（CAN）的车辆数据提供给一个模型，并将该模型用作基于车辆数据新问题的起点。例如，预测性维护。

3.4   无监督学习

在无监督学习领域，我们将讨论最重要的数据聚类（Clustering）方法。分层聚类分析和 k- 均值聚类分析，这都是无监督学习的方法。这意味着不需要训练数据，因为它不会做出预测。仍采用前面第 3.3.3 小节中的示例，在该示例中，希望将足球运动员分类为适合于德甲或适合于业余球队的。现在，我们可以使用该数据集，寻找是否有任何模式。也许知道有一个模式，可区分矮小型和速度快的足球运动员，身材高但速度慢的球员。我们在本章选择了一个抽象数据集，以便更好地说明这一过程。但是，我们也可以将其中每个元素假定成一个足球运动员。将第一个抽象名称 E1（属性 1）认为是球员的身高，第二个 E2（属性 2）为球员的最大冲刺速度，将图 3.19 中的数据集作为基础。

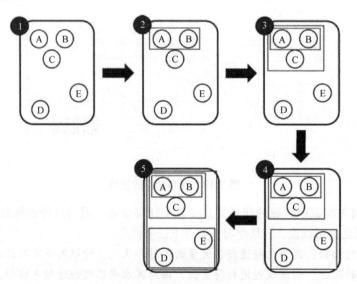

图 3.19   层次式聚类分析过程

3.4.1　层次式聚类分析

如图 3.19 所显示，如何将表 3.7 中的元素进行分类。首先，我们以二个维度的方式显示元素（图 3.19 中①），就是对前面第 3.3.3 小节中的足球运动员数据，进行了完全相同的操作。其中 E1 绘制在 x 轴上，E2 绘制在 y 轴上。现在，层次式聚类分析始终可以计算出，哪些元素彼此最接近，并将它们组合在一起，以形成一个聚类。它从最靠近的两个元素开始（图 3.19 中②）。计算出的聚类位置是两个元素的平均值。然后不断地重复此过程，直到在最后图 3.19 中⑤所示的结果，将所有数据都放到一个大的聚类中为止。

表 3.7　用于聚类分析的简单抽象数据集

元素	E1	E2
A	2	9
B	4	9
C	3	7
D	1.6	2
E	4	3

这种方法的优点就是创建了一个完整的聚类结构，可以将其可视化为树结构（所谓的树状图）。这是可以做出判断和决定，哪些小组的数据需要进一步研究。但该方法的主要缺点是计算量大。在每次运行中，必须将尚未属于聚类的所有元素相互比较。在第一次运行中，这意味着：每个元素都必须与另一个元素进行比较，这类似于宴会喝酒时的敬酒。如果这个宴会上有 20 个人，并且每个人都要跟其他人敬酒，即每个人都必须如此，那么总数就为（20 × 21）/ 2 = 210。这一总数值增长得非常快（即平方式的）。因此，这一过程就需要花费很多计算时间。而一种更为有效的方法是所谓 k- 均值聚类分析。

3.4.2　k- 均值聚类分析

另一种效率更高的聚类方法就是 k- 均值聚类分析。虽然一个树结构是根据层次式聚类分析中的元素构建的，并且聚类数目事先未知，但在 k- 均值聚类分析中，就必须在开始时指定其数目，这恰好就是该方法名称中的 k。因此，在启动该分析之前，就要给出所期望的聚类数量。图 3.20 显示了 k- 均值聚类分析的示例。在这里，假设该数据集中有两个聚类。

在图 3.20 的①中，两个聚类的中心（显示为黑色圆圈）随机位于某个位置。图 3.20 的②显示，每个元素都分配给了最靠近它的聚类中心。在这种情况下，A 和 B 是分配给位于上方的聚类（小实心圆）。而 C、D 和 E 被分配给位于下方的聚类（小实心圆）。现在，在图 3.20 的③中重新计算这两个聚类中心的位置。为此，考虑其所分配元素的位置，并得出其平均位置。现在再次进行分配，结果证明，图 3.20 的④中，C 现在更靠近上面的聚类中心，而 D 和 E 仍然还分配给下面的聚类。最终，A、B 和 C 现在属于较高位置的聚类，而 D 和 E 属于较低位置的聚类。

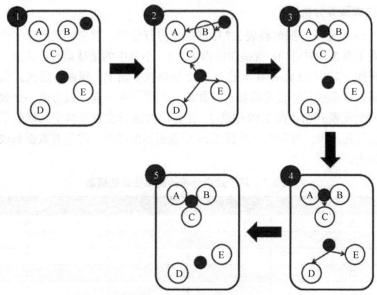

图 3.20　k- 均值聚类分析

　　k- 均值聚类分析的最大优势当然是生产聚类的高速度。而最大的缺点，就是必须预先指定聚类的数量。现在的问题在于，希望知道该方法如何对数据进行聚类分析，才算是意义的，而且必须事先要知道所分析的数据中包含了多少个聚类。在实践中，通常对可能存在的聚类数量进行猜测，例如 k = 2、k = 3 甚至到 k = 100。对每个猜测进行聚类分析后，观察其结果并评估所计算出的聚类，主要是其同质性和连接性。这样便可以得出正确的聚类数量。即使这看起来很复杂，但相比具有大量元素的层次式聚类分析，其计算量仍然很低。

3.5　其他学习方法

　　如前所述，在狭义人工智能领域，大多数机器学习算法都属于监督学习类。在监督学习中，尝试使用数据学习一个已知的目标函数。因此，在理想情况下就必须提供给它大量的数据，以便可以尽可能精确地学习目标函数，从而在输入和输出数据之间建立映射关系。

　　现在，我们可将其他学习方法概括如下，这当中包括：

- 经典方法
- 强化学习（Reinforcement-Learning）
- 优化

这三种方法在汽车工业中表现出极大优势。例如，经典方法在自动驾驶领域中的使用越来越多。强化学习是人工智能领域的一个新的大趋势，并且最近取得了非常杰出的成就，例如。击败了围棋世界冠军。优化方法通常用于优化产品和整个价值链。

3.5.1 经典的学习方法

在经典学习方法方面，还可包括以下方法：

• 启发式搜索

• 逻辑推理

• 调节技术

启发式搜索描述了一类算法，它可以在搜索空间中，寻找具有某些属性的模式或对象。在简单搜索算法和启发式搜索算法之间是有一定区别的。简单的搜索算法使用直观的方法查询要搜索的空间，而启发式搜索算法考虑到有关搜索空间的知识（例如数据分布），以缩短所需的搜索时间。通常，解决问题的算法可被认为是在多个可能的方案（解决方案空间）中寻找解决方案。而作为解决方案，可以定义其目标状态，还可以定义目标的路径，或者相应的操作顺序。

如果搜索空间是有限的，则可使用相应的搜索策略进行搜索，且始终可以得出一个结果。而在无穷多个解，或解的数量以指数函数形式迅速增长的情况下，就必须根据某些限制条件中断搜索过程，例如在特定时间之后。通过在数据上创建索引结构（例如，以搜索树的形式），可以更有效地设计出有限的、集中性的重复搜索，该索引结构可根据特定的标准进行排序。这样，就不必再考虑搜索中的所有条目，例如，在汽车导航系统中，输入目的地街道名称的第一个字母。

逻辑推理分为三种类型（见图3.21）：

① 演绎。

② 归纳。

③ 反绎。

这三种类型中，条件（也就是前提或原因）、结果（也就是后果）和规则（也就是法规）的引用是不同的。通常在实际应用中，这三个中的每一个都会出现。演绎是从条件和规则到结果的推理，简称：条件和规则 → 结果。归纳是从条件和结果到规则的过程，简称：条件和结果 → 法规。

反绎是从规则和结果到条件的推理，简称：规则和结果 → 条件。下面以车辆制动情况，说明这三种类型的不同应用：

• 演绎：

- 踩下制动踏板后，车辆减速，这是规则。

- 实施制动。这是所观察到的条件。

- 车辆会减速。这是对结果的推论。

• 归纳：

- 制动，这是观察到的原因。

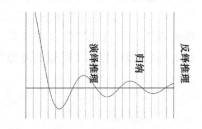

图3.21 简化概述：
A → B 为规则，A 为条件，B 为结果

- 车辆减速。这是观察到的结果。
- 制动后，车辆会减速（每次）。这是得出的规则。但是，还可以有其他规则，这还需要进一步的条件。

• 反绎：

- 踩下制动踏板后，车辆减速，这是规则。
- 车辆减速。这是所观察到的效果。
- 制动器已应用。这是反推出的原因。但是，也可考虑其他原因，例如道路变陡。

最后，但并非不重要的一点是，调节技术也还广泛用于汽车工业和自动驾驶中。如果没有调节技术，车辆中的全球定位系统 GPS 和辅助功能，几乎都是无法想象的。调节是一门工程技术学科，用于调节过程的技术。就像控制技术一样，它是自动化技术的一个分支。技术性调节过程是针对性地影响技术系统中的物理、化学或其他变量。所谓的调节变量必须保持尽可能地恒定（固定值调节），即使在受到干扰的情况下，它们也要可以随时间而变化（跟随性调节）。它在家庭中有着众所周知的应用，例如对室内空气、冰箱或电熨斗进行温度控制（恒温或加热控制）。通过巡航定速控制（Speed Control Tempomat），可使车辆的行驶速度保持恒定。通常，跟随性调节在技术上要求更高，例如在运输、航空或太空旅行中，使用自动驾驶仪进行航向控制，或者跟踪移动物体。

通常，调节意味着测量所要控制的变量（受控变量），并将其与所选的参考变量进行连续性比较，见图 3.22。调节器根据控制偏差和指定的控制参数，确定其操作变量。这通过调节系统对受控变量做出反应，使得尽管存在有干扰变量，但它仍使控制偏差最小，并且受控变量根据所选的质量标准，采取所需的时间特性。确切地说，这样的系统用于自动驾驶以进行纵向控制（在前方或巡航控制中保持与前后车辆的距离），以及横向控制（车道偏离警告）。

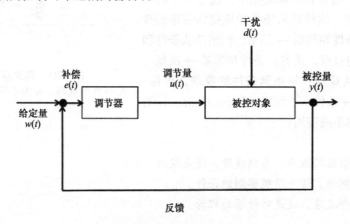

图 3.22 简单的调节回路

3.5.2 强化学习

正如前面已多次提到的，就经典方法的学习目标函数而言，无论是在监督学习，还是在无监督学习领域，通常都是静态式的。如果要更新目标功能，例如，有新的训练数据可用，则必须从头开始学习，进行所谓的再训练。

为了开发可自行学习的算法，以适应新的环境，并可以从反馈中学习，监督学习模型对此只能提供极其有限的附加值。其原因就在于，机器学习模型所学习到的输入和输出数据之间的 1∶1 关系，这在更为复杂的应用或环境中不再适应。例如，如果必须同时学习多个目标变量，或者必须学习一系列的目标变量和操作，那么许多机器学习方法都将不知所措。此外，影响因素与目标变量之间的关系，都可以根据学习环境的变化，或者基于已经做出的预测和决策，而直接性地发生变化，这就需要对模型进行不断地重新训练。每当环境变化或要做出某些决定时，这的确都是必要的。

为了能够使机器学习方法可以独立学习"动作 - 反应 - 结果"，就需要能适应动态变化的学习方法。这类算法的一个著名成功示例就是谷歌的 AlphaGo，它击败了世界上最好的围棋选手。经典的监督学习方法都无法实现 AlphaGo 的功能，因为大量的组合可能性，以及无限数量的走法和局面，没有学习模型能够将这种复杂性描述为输入和输出数据之间的单纯映射。取而代之的是，就需要能够对环境中出现的新情况，做出完全独立的反应，还要预测未来可能要出现的局面，以及要采取的行动，并将其纳入当前决策的过程。强化学习（Reinforcement Learning）正是这种类型的学习过程，AlphaGo 等系统正是在此基础上开发的。

强化学习基于人类的学习行为。人类学习的基础，尤其是在婴儿或儿童等的早期阶段，都是以一种好奇感和兴趣的方式，观察周围环境的变化。这意味着，我们要解决的问题，所采取的有关行动，都受到特定环境的限制。通过尝试和犯错（Trial and Error），可观察我们行为的结果反应，并从中得出正确的判断。如同人类行为，作为对我们行动的一种反应，对象和环境都给予回答或反馈，这也可以抽象地解释为奖励或惩罚。奖励或惩罚可以多种多样，例如，这可以是社会认可、他人的赞扬，或仅仅是个人的成功。通常，奖励或惩罚是延时或迟后才出现的。总体而言，随着时间的推移，人类会继续努力，以使其工作和行动所期望的总体回报最大化。

一个具体的例子：当我们学习弹钢琴时，我们的"动作空间"是按下钢琴键（和使用脚踏板）。最初，通过对动作空间的随机性探索，我们以音调形式接收到来自环境的反馈。如果音调悦耳动听（例如，和弦），我们就感觉得到了认可，即奖励；如果我们面前的听众痛苦扭曲着脸，说明我们收到的是失望，即惩罚。其实我们的目标，就是在所给予的时间范围内，弹奏音符和和弦，最大化所预期的全部奖励。这不是说，我们能清晰地弹奏和弦，就立即可以停止学习了，而是还需不断训练，随着时间的流逝，进而获得新的奖励和成功。当然，请一名老师，可以缩短学习时间，纠正手法动作，更有针对性地探索环境，以缩短获得回报所花费的时间。虽然，这一示例已大大简化，但已很好地说明了强化学习的基本原理。在本质上，强化学习主要包含有五个重要的组成部分：

①代理（agent）。

②环境（environment）。

③状态（state）。

④行动（action）。

⑤奖励（reward）。

简单地讲，该过程可以描述如下：代理在其环境中，针对一个特定的状态（s_t），从可用的行动空间中，选择执行一个行动（a_t），从而导致所在的环境以奖励（r_t）的形式做出一个反应。

现在，环境对代理行为的反应，就会影响代理对下一个行为 a_{t+1} 的选择。如果这个代理现在执行了数千、数十万甚至数百万个行动，那么它从环境中收到的反馈信息，将使它能够估算出自己的行动与未来的每个状态，即所期望的收益之间的关系，以不断最佳地适应其环境。这样，代理总是处在两个状态之间，一方面要利用它以前的经验，另一方面要寻求新的策略，以增加其奖励报酬。这种情况，也被称为勘探 - 开发困境（Exploration-Exploitation- Dilemma）。

收益估值和学习效果可以在无模型的情况下完成，即通过对环境的单纯探索，可应用机器学习方法（例如深度学习）来实现。算法的任务就是评估操作过程。当状态和 / 或动作空间具有高维度时，通常使用此方法。通常采用 Q– 学习方法（Q-Learning Methode），以训练强化学习系统。Q– 学习这一名称来自所谓的 Q 函数 $Q（s，a）$，它表示状态 s 中一个动作 a 的预期收益。这一效益值存储在矩阵中，其维数是根据可能的状态和动作的数量得出的。在训练过程中，代理尝试通过探索，来学习 Q 矩阵的 Q 值，以便将其用以制定后面的决策规则。奖励矩阵 R 与 Q 相似，它的内容是代理在每个状态 - 动作中，所收到的奖励（图 3.23）。

图 3.23　强化学习

学习 Q 值的最简单方法如下：代理在随机初始化状态 s_t 下启动。然后，代理随机选择一个动作 a_t，并分析相应的奖励 r_t 和后续状态 s_{t+1}。矩阵的更新规则定义如下：

$$Q(s_t，a_t) = (1 - \alpha) Q(s_t，a_t) + \alpha[r_t + \gamma \max Q(s_{t+1}，a)]$$

在 s_t 状态执行动作 a_t 时，状态 s_t 中的 Q 值是已学习的 Q 值（上面等式的第一部分）和当前状态下的奖励，加上下面状态 s_{t+1} 中所有可能的动作 a 打折后的最大 Q 值。

上述等式中，第一部分中的参数 α 称为学习率，它确定新观察到的信息，在多大程度上影响代理的决定，以决定一个确定的动作。参数 γ 被称为折扣因子（Discount Factor），它控制着在代理决策中，如何在短期和未来回报之间做出权衡。较小的 γ 值，使代理更有可能把短期奖励作为优先的决策，而较大的 γ 值，将使代理把长期奖励作为优先考虑的决策。因此也可以将 γ 称为记忆因子。

在基于模型的 Q-学习环境中，对环境的探索并非仅基于偶然性。使用来自机器学习的方法，通常是神经网络和深度学习模型，都是基于当前状态来学习 Q 矩阵中的 Q 值。在训练基于模型的强化学习系统期间，通常会实施一个随机动作集，代理以一定的概率 $p < \epsilon$ 给予执行。这个过程被称为 $\epsilon\text{-}greedy$，旨在防止代理在探索环境时，始终在执行相同的动作。这也可以称为混沌因子。

在学习阶段结束之后，代理会在每个状态下，选择最高的 Q 值 $\max Q\,(s_t\,,\,a\,)$，因此，代理可以从一个状态转移到另一个状态，而始终选择最大化收益的行动。

如果所有可能的状态和动作的数量是可控时，Q-学习就特别适合作为强化学习。否则，由于纯粹的探索机制具有组合复杂性，有些问题很难在有限的时间内给予解决。因此，在极高维状态和动作空间中，通常使用基于模型的方法，例如神经网络，对 Q 值进行逼近。

而当奖励与代理的当前状态和行动范围相去甚远时，尤其具有挑战性。如果在附近的状态没有获得奖励，则代理只能在漫长的探索阶段之后，把将来的奖励转移到另一个附近的状态，这样的学习的确非常耗时且昂贵。

借助强化学习和 Q-学习，有可能开发出可以在确定性和随机环境中，独立学习和执行动作的算法和系统，而无须确切地了解它们的内涵。代理始终根据自己的行为，尝试最大限度地提高环境所产生的报酬。折扣因子（或称记忆因子）控制代理，是否专注于短期或长期性的奖励。这种代理形式的应用领域是多种多样的，而且是令人兴奋的。当年 Deep Mind 公司发表过论文，论述了使用基于模型的强化学习方法训练代理，去玩各种 Atari 电脑游戏，后来谷歌收购了该公司。最近，特斯拉（Tesla）聘请了该领域的一个高级研究人员，来提高自己在自动驾驶领域的竞争优势。未来，我们将会看到强化学习在狭义人工智能领域的重要性。

3.5.3 优化

与先前介绍的人工智能方法相比，优化的不同之处在于，它尝试选择优化目标函数结果的值，而不是从数值中学习。这就可能有多个目标函数。例如，如果要启用乘车共享（Ride-Sharing，即共同使用一个车辆，人们从一个地方行驶到另一个地方），则就需要一种目标功能，其中就包括价格和等待时间等。还有，如果要优化二手车的销售价格，其目标功能就必须能映射至今为止的行驶里程、销售时间、市场上的剩余库存，以及可能的客户需求。在定义了目标函数后，就可以使用不同的优化方法来求解。这里有两种常用的算法：

- 模拟退火
- 遗传优化

在介绍上述两种方法之前，让我们考虑一下这两个，以及所有其他优化方法，基本上都需要的部分：一个目标函数，又称为成本函数。一个目标函数是一个任意性的函数，其中包括有一个解决方案的估计值，该函数要能返回一个值。对于较差的解决方案而言，其返回值较高，对于更好的解决方案，其返回值则较低。优化过程使用此目标函数，使其解决方案可评估，并使多个可能的解决方案具有相互可比性。这使得可以在优化过程结束时，选择出最佳解决方案。就优化技术而言，如果在搜索或优化中使用目标函数，它就必须能够考虑多个变量。但并不是始终都清楚，应该修改哪些变量就可以改善结果。为了说明这一点，让我们具体看一个函数，为了简化起见，此函数最初只考虑了一个变量 x，图 3.24 显示了该函数的图形：

$$y = \frac{1}{x}\sin(x)$$

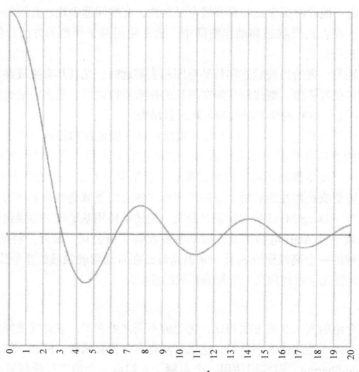

图 3.24　函数 $y = \frac{1}{x}\sin(x)$

由于该目标函数只有一个变量 x，因此很容易在图中看到 y 值最低点（全局最小值）。而优化过程必须找到这一点。这里我们使用此简单函数，只是想说明优化的工作原理。而真正的实际问题，目标函数将更加复杂，因此，看到最低点在哪里并不容易。况且，具有许多变量且更为复杂的函数，仍无法简单地以图形方式描述。

上述目标函数特别令人兴奋的是，它具有一个全局最小值（最低点），但还有许多局部最小值。局部极小值虽然是低于其周围的点，但不一定是最低的。这意味着，并不能简单地通过选择一个随机点作为起点，然后简单地从该点来解决问题。如果这样做，就可能恰好陷入了局部最小值（局部凹陷）中，如同没有完全"下山"，并找到最低点，即全局最小值。

现在来讨论一种常用的优化方法，即所谓的模拟退火（Simulated Annealing）。模拟退火的理念是从金属物理学中合金的冷却中得出的。该过程从随机解决方案开始，然后尝试从那里进行改进。更具体地说，它试图通过寻找与一个解决方案相似的付出成本来改进解决方案，而该解决方案在随机方向上仅是很小的一步之遥。但如果成本更低，这将是新的解决方案。但是，如果成本更高，则仍有一定的可能性要继续寻求新的解决方案。这样做是为了避免陷入低洼。该概率与当前模拟的过程程度（比如，温度）有关。以较高的程度（温度）值开始，然后缓慢地降低。在过程开始时，该算法仍然可以接受明显较差的解决方案，以免陷入局部最小值的风险。而过程运行的时间越长，且程度（温度）逐渐下降，过程就越有可能在其附近寻求到更好的解决方案。当程度趋于零值时（温度达到0℃），该方法返回当前搜索位置，将其作为最终解决方案。

另外一种叫遗传算法，或称为遗传优化，这是由生物学和进化论衍生而出的。遗传算法从许多随机性选择的解决方案开始，这些解决方案称为种群（Population）。选择生物群体中最强大的成员（相当于迄今为止成本最低的最佳解决方案），然后进行较小的更改（变异）或属性组合（交叉或育种）。这样就产生了一个新种群，称为下一代的新品种。随着新一代品种的不断推出，该解决方案也在不断改进。当达到某个阈值，或者几代后，如果群体的质量不再有非常明显的改善时，该过程就可结束告终。即当达到最大值时，过程也终止。该过程返回最佳解决方案，作为在几代群体中找到的最佳解决方案。

现在这两种方法都已用于汽车行业，以解决优化问题。例如，假设一个汽车制造商仅销售电动汽车，并希望建立自己的充电桩网络[18]。它已知道，它的车辆大多数都销售在哪里，在哪里通常是长距离行驶。现在，它所面临的问题是，必须根据当前车辆的行驶范围，来计算理想的充电站位置，以便将其数量（从而也使成本）降到最低，同时还要最大限度地覆盖客户要求。这是一个非常令人感兴趣的优化问题，可以同时使用上述两种方法。

3.6　评估人工智能的方法

评估人工智能方法并非易事，但的确又是非常重要的。当今最大的问题是许多人工智能用户从互联网上随意地下载和安装各类软件，未经预处理地输入数据，然后以似乎科学性、怀疑式的看法，评估软件的运行质量。但是，最初培训人工智能的方法，多是通过经过预处理的数据进行学习和训练，这看似对结果进行了严格的审查。

通常，在实际应用中，约有 80% 的时间是用于数据预处理。这其实只是选择性地使用用于训练的相关数据，并最大限度地提高输入数据本身的质量。然后，至少必须将 30% 的剩余数据用于真实性检验。这意味着，这些该数据不能用于学习和训练。为了评估人工智能方法是否达到了训练有素的水平，有一些指标可以使用。因为所有应用实例中，有 90% 使用的是监督式学习方法，因此后面我们将专注于监督式学习。

要对一个人工智能方法进行评估，就是想了解其数据模型和算法的性能。在用训练数据进行训练之后，就要检验该方法在运行真实性数据集后，所产生的结果的合理性的精度。为了系统地从不同的观察角度分析和揭示出某一方法的薄弱点，研究者引入了所谓的混淆矩阵（Confusion Matrix）工具，现在将对其进行介绍。

为了在监督学习领域评估人工智能算法，必须将其应用于许多情况，其中至少要具有追溯性地了解各个对象的"真实"类别。在监督学习领域，这不是问题，因为在这里标记了数据，就是既知道输入数据，又知道正确的输出数据，还知道绝对正确的结果。现在，要开发一个基于此数据进行预测的人工智能算法。开发完后，我们将用事先保留的测试数据，对该算法进行测试，并查看其效果如何。

现在用一个具体的例子，来简单地解释说明，如何评估一个人工智能方法。在此，与通常开发的人工智能方法类似，假设我们接受了医学实验室测试，该测试是在大量数据和发现的基础上开发的，以便能够推断出人类是否患有了某种疾病。但是，此测试并不是 100% 准确的。因此，我们进行了更为广泛的测试检查，以确定来就医者是否确实患有这种疾病。这样，我们将找出真相，究竟这一测试方法所基于的人工智能算法，从这些测试数据会产生什么结果。即该测试代表了我们所开发的人工智能算法，它将来测试的人，分为"有病"和"健康"两类。因为，这只是一个是 / 否问题，所以，也可以说该测试是阳性（分类为"有病"）或阴性（分类为"健康"）。为了评估实验室测试（即我们的人工智能算法）对疾病诊断的准确程度，可将每个测试者的实际健康状况，与测试结果进行一对一地比较。通常，有以下四种可能的情况：

① 真阳性：患者有病，测试正确地指出了这一点。

② 假阴性：患者有病，但测试错误地将其归类为健康。

③ 假阳性：患者健康，但测试错误地将其归类为有病。

④ 真阴性：患者健康，测试正确地表明了这一点。

不仅第一种情况①，而且最后一种情况④，我们的测试被认为是成功的，并且所有的诊断均正确。而在其他两种情况下，就出现错误了。这四种情况在不同的上下文中，也都有明确的命名。最常用的是英语术语：true positive，false positive，false negative，true negative。为了建立混淆矩阵，可将测试结果（所确定的类别）和健康状态（实际类别）的四种可能进行组合，对每一种组合所出现次数进行计数，然后将这四种情况出现的概率填入混淆矩阵（也称为真值矩阵）中，见表 3.8。

表 3.8　混淆矩阵

	患者有病	患者健康
测试结果为阳性	真的阳性	假的阳性
测试结果为阴性	假的阴性	真的阴性

　　基于这些数值，可以用于评估人工智能方法的准确性、鲁棒性和质量等，在此，不对其进行详细介绍。

3.7　人工智能方法带来的机遇、局限性和风险

　　到目前为止，我们讲述了汽车行业中所应用的各种人工智能方法。现在的问题是：这些方法或多或少是解决汽车行业中结构性问题的"法宝"吗？那么这些方法的应用可能性，所带来的机遇，局限性和风险，又是什么呢？

　　我们可以简单地回答第一个问题。即使人工智能方法在某些过程、某些应用领域已经优于人类（或接近人类），例如在自动驾驶领域，所有这些方法都仍有两个主要的限制性：

　　① 错误判断的可能性。

　　② 黑盒子（Black-Box）问题。

　　关于错误判断的可能性，一方面必须理解为这也是有意的。为了使算法保持灵活性，并能够始终以很高的质量标准，评估不断出现的新数据，就必须接受这种可能性，具体讲，训练数据中是会存在某些错误的。这也是必要的，这样算法就不需在现有数据集上过度训练，即可继续处理新的数据集。此外，人工智能算法可能会做出个别错误判断，这是因为人工智能解决方案大多基于统计性数据。有一个常见的示例，谷歌的图像识别算法将一只猫识别为鳄梨酱（Guacamole）。另外，还有将一只躺着的乌龟，仍是用上面的算法，竟然误认为是一只步枪。在猫 - 鳄梨酱的例子中，该算法只是被欺骗了。如果您知道人工智能算法中的参数，则可以操纵这样的过程。在猫 - 鳄梨酱的例子中，只需要在猫的图像中，添加一些醒目的线条，即可使猫成为鳄梨酱。如果可能存在有类似的示例，那么犯罪分子就可能会利用这些潜在的弱点。但如果是在自动驾驶方面，则将产生巨大的负面后果。这一示例更清楚地说明了，人工智能技术和安全性主题之间的紧密联系。

　　现在我们来说明第二个问题：黑盒子问题。人工智能方法，尤其是经常性使用的高性能的神经网络，人们通常无法解释，它们是如何获得结果的。例如，在图像识别领域，猫或鳄梨酱可以被识别，但是为什么，将猫的图像偶尔识别成鳄梨酱，而不是猫。这一问题答案只有算法才能回答。现在的问题是：如果不知道为什么人工智能方法或算法会产生一定的结果，那么即使这些方法在其领域中很有应用潜力，究竟是否应该使用这些不确定性的方法？尤其是对某些敏感性强的问题。

让我们来看一个人力资源方面的具体示例。最近在这一方面也得到了成功的应用，甚至如同在汽车行业。如今，人工智能方法已经可以预测员工离职的可能性有多高。为此，可对雇员的行为进行评估。还有其他应用，比如，可根据岗位申请决定邀请哪些候选人参加面试。现在让我们假设，一个人工智软件能够查看所有求职申请，并预先选择出要邀请的候选人。现在，我们当然需要知道，为什么不应该邀请其他的申请人，这还真找不到可令人信服的原因，因而这一歧视性方法将他们筛选出局。例如，如果软件工具考虑了诸如性别、肤色、宗教或国籍之类的参数，则可能发生这类情况。就是说算法必须能够说明和解释自身，在这种情况下，就不能如同一个黑盒子那样操作。这种黑盒子问题首先出现在神经网络设计中，但它是根据计算两个相连网络神经元（节点）的权重，来做出多个（甚至可多达上千个）中间层决策的，这的确很难给予解释。

　　除了上述两个问题以外，在汽车行业中人工智能所带来的发展机遇也非常突出。例如，如同亚马逊一样，既有降低高的经营成本的潜力，也有机会利用宝贵的数据，提出独创的解决方案，提供智能型的产品、功能和服务，来实现客户的最大关注度。未来几年，全球可供使用的计算能力还将不断增长，这将为人工智能带来更多的机遇、惊喜和挑战。

参考文献

1. Murphy, K. P. (2012). *Machine learning: A probabilistic perspective*. Cambridge: The MIT Press.
2. Buxmann, P., & Schmidt, H. (2018) *Künstliche Intelligenz: Mit Algorithmen zum wirtschaftlichen Erfolg*. Berlin: Springer Gabler.
3. Manhart, K. (2019). Eine kleine Geschichte der Künstlichen Intelligenz. https://www.computerwoche.de/a/eine-kleine-geschichte-der-kuenstlichen-intelligenz,3330537. Zugegriffen: 2. Apr. 2019.
4. Newell, A., & Simon, H. (1958). Heuristic problem solving - The next advance in operations research. *Operations Research*, 6(1), 1–10.
5. Odagiri, H., Nakamura, Y., & Shibuya, M. (1997). Research consortia as a vehicle for basic research – The case of a fifth generation computer project in Japan. *Research Policy*, 26, 191–207.
6. Chaib-Draa, B., Moulin, B., Mandiau, R., Millot, P Trends in distributed artificial intelligence. *Artificial intelligence Review, 6(1)*, 35-66. https://doi.org/10.1007/BF00155579.
7. Mackworth, A. K. (1993). On seeing robots. Vancouver. B.C., Canada (1993) https://www.cs.ubc.ca/~mack/Publications/CVSTA93.pdf. Zugegriffen: 2. Apr. 2019.
8. Nilsson, N. J. (2014). *Principles of artificial intelligence*. Palo Alto: Tioga Press.
9. Russel, S. J., & Norvig, P. (2010). Artificial intelligence – A modern approach. New Jersey: Eaglewood Cliffs/Prentice Hall International Inc.
10. IBM Research (2013). Watson and the Jeopardy! Challenge. https://www.youtube.com/watch?v=P18EdAKuC1U. Zugegriffen: 2. Apr. 2019.
11. DeepMind (2016). Google DeepMind: Ground-breaking AlphaGo mas-

ters the game of Go. https://www.youtube.com/watch?v=SUbqykXVx0A. Zugegriffen: 2. Apr. 2019.
12. Bostrom, N. (2016). *Superintelligenz – Szenarien einer kommenden Revolution (J.-E. Strasser, Trans.)*. Berlin: Suhrkamp und Insel.
13. Mainzer, K. (2019). *Künstliche Intelligenz – Wann übernehmen die Maschinen*. Berlin: Springer https://doi.org/10.1007/978-3-662-58046-2.
14. Strategie Künstliche Intelligenz der Bundesregierung, Stand: November 2018, Die Bundesregierung. https://www.bmbf.de/files/Nationale_ KI-Strategie.pdf. Zugegriffen: 2. Apr. 2019.
15. Polanyi, M. (1966). *The tecit dimension*. Gloucester: Peter Smith.
16. Saul, L. K., & Roweis, S. T. (2003). Think globally, fit locally – Unsupervised learning of low dimensional manifolds. *Journal of Machine Learning Research, 4*, 115–119.
17. Mitchell, T. M. (1997). *Machine learning*. New York: McGraw-Hill.
18. Li, Z., Timo, K., Andrea, F., Marek, S., Timo, G., & Michael, N. (2019). Optimization of future charging infrastructure for commercial electric vehicles using a multi-objective genetic algorithm and real travel data.
19. Chui, M. et al. (2018). *Notes from the AI Frontier – Insights from hundreds of Use Cases*. McKinsey Global Institute.
20. van Melle, W. (1978). MYCIN – a knowledge-based consultation program for infectious disease diagnosis. International Journal of Man-Machine Studies, Elsevier.

第 4 章

4

自动驾驶和人工智能

概要

自动驾驶车辆是指在不同程度上，可以部分自动、高度自动或完全自动行驶的车辆。这种车辆可以在不需要，或者仅需要部分人工干预的情况下，从起点行驶到任何终点。这里的自主性（Autonomous），意味着不仅车辆必须承担某些驾驶任务，比如自动泊车，而且它能够在正确的时间，执行正确的步骤和操作。它能够自动和自主地行动，这听起来似乎相对容易。但事实并非如此。100 多年以来，人类一直在研究和开发这种车辆。这虽然很难令人置信，但这的确是事实。为此，在说明针对汽车自动驾驶主题，如何使用人工智能技术之前，我们首先简单地追忆一下自动驾驶的发展历史，这有助于更好地理解自动驾驶这一主题。

4.1　自动驾驶的发展历史

即使大多数人都认为自动驾驶这一主题，它是直到最近才成为热门的话题，其实汽车行业的科研技术人员从事这项研究已经 100 多年了 [5]。例如，在 1920 年开始时，人们最初开始尝试基于无线电技术，制造自动驾驶汽车。但是，过去所有这些项目的主要问题，就是客户体验永远都不佳，结果难以令人满意。因此，可能仅是些研发原型，但实际上无法实际应用。例如，基于无线电技术的驾驶，就需要有一个信号发射车辆，其他车辆跟随在它后面行驶。而今天的自动驾驶项目，都旨在要将技术引入批量化生产。因此，可以说过去和现在的项目，二者除了希望实现自动驾驶的共同愿景之外，几乎没有什么共同点可言。

除了起步之初，可以说直到 1980 年，才真正开始对基于现有最新技术，可广泛应用的自动行驶车辆，进行了真正的关注和投入性的研究 [6]。一方面，这正是摩尔定律，推动了计算机行业的发展加快了速度（参见第 2.1 节），并且在人工智能（神经网络）领域，出现了令人兴奋的发展（参见第 2.2 节）。在这以后，许多高校启动了多项研究项目。例如，如同美国计算机行业的许多领域一样，这些研究项目大多是由美国军方投入了大量的资金。

当高等院校和军事部门逐渐退出这一主题时，转折点是在2005年，美国斯坦福大学，塞巴斯蒂安·特伦（Sebastian Thrun）和他的团队在赢得了美国国防部高级研究计划局的大挑战赛，这一挑战赛是一个由美国国防部国防高级研究计划局（DARPA）技术部门赞助的无人驾驶陆地车辆竞赛。随着这一奖项的公布，更加促进了全自动驾驶汽车研究的发展。2005年的第二次大挑战赛，于10月8日至9日在美国内华达州的莫哈韦沙漠中进行，起点和终点都在普里姆。当时，DARPA捐赠的奖金为200万美元。有来自美国36个州和其他四个国家，共195个团队报名参加。其中五支队伍完成了约212.76千米的全程，四支在10小时的时间限制内完成。比赛的获胜者是由塞巴斯蒂安·特伦（Sebastian Thrun）带领的斯坦福大学车队，他们使用了经过改装的德国大众途锐"Stanley"，在6小时53分58秒内完成了整个行程。在这之后，塞巴斯蒂安·特伦开始在谷歌公司将该主题转变到商业化。他在谷歌建立了一个研究部门，试图将这一研究成果推广入汽车市场。

数十年来，不仅只有美国军方一直在努力地推动自动驾驶技术，因为这是一个具有市场可行性的话题。汽车行业也真正开始对此显示出兴趣，这是一个令人兴奋的应用领域。尤其在移动即服务（Mobility as a Service）领域，这就使诸如出行共享（Ride-Sharing）之类的服务，变得有利可图，这可节省最大的成本部分，即人员费用支出。而只有通过自动驾驶汽车，大量的实际场景才能派上用场和收益获利。这打开了一个崭新的销售渠道。

4.2　向"自动驾驶"进发吗？

因此，我们可以总结出，自动驾驶并不是一项颠覆性技术，因为它不会像智能手机那样，改变人类群体的思维、决策和行为方式。但是，自动驾驶将对我们的社会产生重大影响。消费者的行为很可能会发生变化，将会出现更多的新型业务领域和经营模式。然而到目前为止，在全世界道路上行驶的，都还仅是自动驾驶技术的原型车[7]，只是用于测试和数据收集。只有设法使这一技术成熟，并迅速推向市场，从原型车进入批量生产，汽车制造商才能赢得这一场激烈竞争的角逐。当车辆的功能是混合型，即自动驾驶和普通车辆混合时，这一过渡阶段将同样令人兴奋。尽管未来几年自动驾驶技术的发展尚不确定，但可以肯定的是，在不久的将来这一技术会如此先进、成熟，以至于无人驾驶车辆将充斥市场并且遍布于街道。对此，美国汽车工程师学会已经明确定义了自动驾驶车辆的级别，共有六个级别（从0级到5级），最高级别（5级）就是所说的完全自动驾驶，5级以前都是不同程度的过渡级别。

4.2.1 从辅助驾驶系统到自动驾驶

为了衡量和描述从目前的"普通"车辆到完全自动驾驶的过渡过程，各个国家和国际标准已定义了从 0 级到 5 级，共六个级别 [8]。该技术性分类既定义了车辆系统所要执行的操作，又说明了对驾驶员的要求和所要承担的任务（图 4.1）。

0 级是完全没有任何自动驾驶功能。驾驶员独自执行纵向操纵（即保持速度、加速和制动）和横向操纵（即转向）。没有辅助或干预系统，只有警告系统。

在 1 级中，系统可以接管车辆的纵向或者横向操作，驾驶员可连续地从事其他活动。

0级	1级	2级	3级	4级	5级
驾驶员	辅助功能	部分自动化	高度自动化	全自动化	无人驾驶
·无辅助功能 ·驾驶员自己驾驶，同时进行所有操作	·驾驶辅助系统，进行横向或纵向调整 ·泊车辅助避免碰撞	·车辆自动行驶 ·驾驶员必须监控自动驾驶，必要时立刻接管 (Stop & Assist) ·避免交通堵塞(Traffic Jam Assist)	·车辆高度自动化行驶 ·驾驶员可根据时间间隔接管驾驶	·车辆完全自动化行驶 ·不需驾驶员，车内仅是乘客	·从开始到结束都不需驾驶员 ·系统完全承担驾驶工作，不论道路、速度和环境如何

图 4.1 自动驾驶级别

只有从 2 级开始才可说是部分自动化，在某些特定情况下，驾驶员可以将纵向和横向操作交付给车辆自身的系统。但驾驶员仍需在整个过程中，持续地监控车辆和交通状况。他必须能够随时重新接管车辆控制。

在 3 级，车辆辅助系统可自动识别和监督本身的操作，即具有了环境检测功能，但是这个级别仍然需要人类操控。驾驶员必须保持警觉和监视驾驶状态，并且在系统无法做出判断或执行任务时，接管整个驾驶任务。

从 4 级开始，驾驶员可以在大多数情况下，将整个驾驶任务移交给系统，不需要人为干预。但这些情况只可以在行驶路况、速度范围和外部环境条件都合适时进行。

真正意义的自动驾驶（又称无人驾驶），即最高阶段——5 级，车辆可以在任何类型的路况、速度范围内和环境条件下，完全自行地承担和执行驾驶任务。目前，尚无法确定，汽车究竟何时能达到此自动化水平。当前，汽车行业的研发重点首先是部分自动、高度自动和全自动驾驶。预计在接下来的十年中，将可在高速公路上，实现完全自动驾驶。

总而言之，可以说即使汽车行业能够研发和生产出自动化程度为 5 级的车辆，但仍然需要很长的时间，其技术才能真正成熟，得以验证能够在实际道路和环境条件下，实现大众普及性，而且安全和可靠地行驶。目前，这些自动车辆的最大问题仍然是如何可靠、鲁棒且无错误地感知、分析和判断周围环境。人工智能技术的确可以在这里辅助工作，并大显身手，但它还需要大量尚不存在或未给予输入的训练数据。同样，这一过渡不会在一夜之间发生。从现在算起，自动驾驶汽车会一步步占据主导地位，但最终实现恐怕将是 30 年后的"交响乐"了。

4.2.2　自动驾驶：一个对未来世界的答案

2007 年是人类历史上颇具历史意义的一年，并不是因为上一届 DARPA 大赛在此年举行。自那时起，世界上首次有更多的人生活在城市，而不是农村地区。这种趋势将无法缓解和停止。据估计到 2050 年，世界人口的 70% 将居住在城市，而农村地区将仅占 30%。但是城市本身也在发生变化。所谓的特大城市（Megacitys）如雨后春笋，正在全球兴起。直到 20 世纪中叶，纽约才打破了千万人口的界线。然而，今天这已不再罕见。全球已经有 28 个特大城市，各自有超过 1000 万的居民，到 2030 年，大约会有 40 个这样的超级大城市。

城市化，特别是超大型城市的出现，这都是全球人口和经济增长的结果。人员流动性和交通运输是社会日益繁荣的基础和动力。同时，这也导致一个颇为紧张的局面，一个挑战性的要求，即如何管理和组织这些大都市的人员交通和货物运输。无论是在城市内部，还是在周边郊区和远郊地带，都会有越来越多的人定居生活，可能是居家办公，或者每天早晚通勤，或者临时性短时间地上下班。这所导致的结果是城市范围将不断扩大，大都市和周边地区都将成为城市本身。

维持这种城市增长和繁荣的一个重要前提，就是人员出行和货物流动。人员（例如通勤）和货物，都必须越来越大量和迅速地流动。为了确保这种作为未来发展所需的移动性和输送性，同时面对这二者的快速增长，就需要有创新性的解决方案。不能让人口增长成为社会运转中的障碍，就不能限制日益增长的交通流量，而至今正是这一人员和货物的转移和流动，奠定了社会繁荣的基础。

当然，另一个重要的前提是，起码就人身安全和健康而言，不能受到交通增长带来的负面影响。德国的统计数据证明，提高交通安全性是完全可能的。自 1993 年以来，德国道路交通事故伤亡人数下降了 23%，死亡人数下降了 66%，即使车辆的使用量（即车辆行驶的总里程）在同一时期内增加了 23%，也没能妨碍这一健康化的发展趋势。其中一个主要原因是汽车的安全性越来越高，这要归功于所谓的辅助系统。将来真正意义的自动驾驶，即无人驾驶也必须要实现这一点（最高级：5 级）。

自动驾驶不仅可以使交通更加安全，而且还可以提高能源利用效率和乘员舒适度。交通流量最佳化和减少交通拥堵，以及二氧化碳排放量的减少，这对于控制全球气候变暖是必不可少的。特别是在交通高峰时间，自动驾驶和商用车辆的驾驶员，就具有更多的轻松感，驾驶路线的自由选择性和经济性提升。车辆也可轻松地被引导到空闲的泊车场所。这带来了更高的驾驶舒适性，并为驾驶员创造了更多的精神自由和体力轻松的时间。

因此，自动驾驶可解决将来的出行问题，实现人员和货物既安全又高效的移动性，为人类社会的发展做出重要的贡献。

4.3   无人驾驶车辆

无人驾驶车辆的正确定义，通常与一般人认为的相反，就是无人驾驶车辆并不包括装有机器人的车辆。人类驾驶汽车时需要完成许多非常复杂的操作，而一个机器人甚至无法完成这些任务。为了能创建和复制类似于人类的智能，安全地控制和驾驶车辆，就必须有多个智能系统，并使它们彼此协调同步。就这个问题，汽车行业现在有两个不同的认知阵营。第一个阵营的人试图用一种类似于人类思维的端到端（End-to-End）方式，来解决这个问题，使它能够处理所有可能的输入信息，以此调控整个系统。而第二个阵营的观点，更相信需要和依赖于多个系统，让这些系统相互连接，以协作方式工作。

在这个问题上，存在有一个所谓的整体式端到端（End-to-End）解决方案，它在很大程度上取决于深度学习（Deep Learning）的发展程度。针对诸如图像识别之类的复杂问题，深度学习已经经受了多次运行和验证，如果不将一个复杂问题事先分解为多个可解决的子问题，而只是将大量的数据输入神经网络，就会获得很出色的解决方案和学习结果。人工神经网络根据数据，学习相关结构，从而也分析各个部分的问题，并最终整体性地解决问题。这种方法的一个特征，即其局限性是显而易见的，对于非常复杂的问题，所必需的数据库也必须非常大。为了能够在自动驾驶过程中，考虑到所有可能的驾驶场景，使算法能覆盖尽可能多的行驶状态，这一数据量就必须非常庞大，并且具有很高的维数，即尽可能兼顾方方面面的要求。例如，这也就是为什么，梅赛德斯和宝马等汽车制造商已经在世界各地，投入数据收集和测试车辆，来采集、绘制和存储不同地区和环境条件的驾驶场景。比如，并非世界上所有交叉路口的环岛的形式都是一样的，交通信号灯或转弯规则也不一样。有些企业公司，例如，英伟达（NVIDIA），虽然它是图形显卡制造商，但它已经非常成功地使用了这种端到端方法[9]。在这里，深度学习与强化学习相结合，尝试以较少量的数据训练神经网络[2]。

另一个阵营，也包括许多汽车制造商在内，却采用了另一个方法：分而治之，即将整个问题分解为多个子问题，然后，针对每个子问题开发各自单独的子系统。这些子系统必须能够快速、有效地交换数据信息。另外，还需要一个控制逻辑，它使用所有子系统的数据，来做出最终的驾驶决策。这就能够全面地感知整个驾驶环境，并能迅速地做出正确决策。例如，如果要解决基于交通标志变化，改换行驶车道的问题，就涉及两个彼此间必须协同的系统：①可靠地识别交通标志；②控制车辆驾驶。这两个系统必须相互连接，而功能却完全不同。

4.3.1 用于传感器和感知的人工智能

在无人驾驶汽车的发动机舱盖下，即其内部必须存在多个与人类机体相似的子系统，它们进行交互协调，再现人类思维和行动，映射以下三个基本过程：感知 - 规划 - 行动（图 4.2）。这一切，都首先始于对驾驶环境的可靠且准确地感知，这就需要一个完整的传感器系统，该系统通常基于以下多个互补技术：

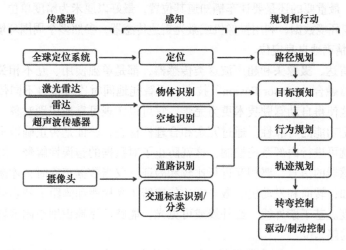

图 4.2 自动驾驶车辆中的所有子系统

• 全球定位系统（GPS）：汽车使用 GPS 确定自身在世界上的地理位置。此外，它还可接收清晰的地理坐标（纬度 / 经度和海拔）信息，并可以借助电子地图将其转换为具体的区域位置。

• 雷达、激光雷达和超声波传感器：可用于检测周围环境中静止和移动物体，从而使车辆相对这些物体或彼此之间进行定位。

• 摄像头：摄像头可以非常详细地感知车辆周围环境，并提供大量图像信息。但是其处理非常复杂，并且应用范围有限。

总而言之，大量特殊的、高度专业化的传感器被用于自动驾驶。

准确地确定车辆的地理位置，这是对自动驾驶中最重要的挑战之一，要弄清楚这一点非常重要。全球范围的定位设备主要就是用于此目的的。美国的全球定位系统（Global Positioning System，GPS），又称全球卫星定位系统，正式的名称为 NAVSTAR GPS，是用于确定地球表面物体位置的全球卫星导航系统。它是由美国国防部自 20 世纪 70 年代开发的，它取代了 1985 年前后美国海军老旧的卫星导航系统（Navy Navigation Satellite System，NNSS）。自 20 世纪 90 年代中期以来，GPS 便已全面应用，并且用于商业民用，通常可以达到 10 米以内的精度，在 2000 年 5 月 2 日，因为某人造卫星信号衰减（选择性可用），造成不准确性而被短时间关闭。可以通过差分方法（差分 GPS / DGPS）确定精度，在参照接收器附近其精度增加，可达到厘米范围或者更高。借助基于卫星的改进型系统，所谓的星基增强系统（Satellite-Based Augmentation Systems，SBAS），该系统可以通过对地静止卫星分发校正数据，但这些数据在南北极地区却无法接收，它属于 DGPS 系统，因此在各大洲可以达到 1 米的精确度。GPS 已成为世界上最重要的定位方法，并已广泛地用于导航系统[1]。还有其他基于卫星的系统，例如，俄罗斯的格洛纳斯（GLONASS）系统，欧洲的伽利略（GALILEO）系统，中国的北斗系统。无论使用哪种系统，最重要的还是要让车辆知道其位置，最好以厘米为精度单位。此外，车辆可以借助周围环境数据，利用摄像机或激光雷达传感器，参照多个周围环境特征（例如路牌），来更精确地自身定位。

过去，雷达、摄像头和超声波这类传感器，都是单独使用、互不相关的，现在可以使用传感器融合（Sensor Fusion）技术，更智能地同时连接来自不同传感器的所有相关数据。这使得自动驾驶技术更为完善，它可以实现可靠地识别对象。这里必须特别重视的就是功能的可靠性。通过冗余和合理性检查，验证是否正确地采集和记录了环境数据，就可进行内部系统控制，这就防止了对数据的错误性解释。对此，来自车辆上不同传感器的信号，要相互进行比较和验证。仅当数据正确时，才激活最终端的执行器，例如，转向和发动机。激光雷达传感器（光检测和测距）特别适用于测量距离和相对速度。基于紫外线、红外线或可见光，能够可靠地识别空闲区域，这样就可以确认免费的停车位。

借助摄像头，一方面确保可靠地辨认行驶车道，另一方面还可以识别交通标志。交通标志提供给车辆，应如何正确地行动和遵守交通法规，所需要的指示性信息。也可以用于间接性定位。通常，相对而言交通标志是永久性固定的（年变化率约为10%），并存储在大量地图数据中，车辆可以根据一系列公认的、标准化且简明的交通标志来间接给自己定位。但是，一般的图像传感器所面临的最大挑战是，它们可能在黑暗中失去其功能，并在日光照射下功能锐减。车道识别一般使用经典的图像处理算法，可以识别车道边缘，这通常会需要较长的加工处理时间。这意味着，这一识别过程从一幅图像中的线条识别开始，并持续地监视，是否可以在下一幅图像中找到该线条的迹线（或它的一部分）。

在后面的 4.3.2 节中，将会说明其他用于道路规划和操作执行的功能。例如，路径规划器、对象预测、行为规划器、轨迹规划以及转向和驱动控制功能，在这方面也大量地使用了人工智能技术。

4.3.2　车辆规划和操作中的人工智能

除了通过各种传感设备采集、记录和处理周围环境数据，以增强车辆系统的感知能力之外，无人驾驶车辆还必须能够根据这些信息，做出相应决策，选择相应的措施。这是通过规划和执行系统进行的。这主要包括重要的驾驶指令，例如，车辆加速、制动和转向。这些都是要在车辆计划和设计阶段，给予明确和具体实现的。如图 4.3 所示，这其中所涉及的许多组件或系统，都或多或少地使用了人工智能方法。

现在，我们将仔细地研究这些内容。

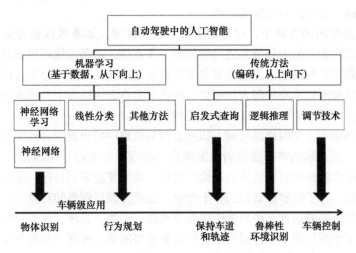

图 4.3　自动驾驶中采用的人工智能方法

路径规划（Route Planning）的工作就是寻找出一条行驶路线，使车辆从所预定的起点，到达已知地图上所希望的终点，且中途尽可能不发生堵塞和交通事故。对此，可使用所谓配置空间方法（Configuration Space），这是一种基于应用数学解决此类问题的方法。配置空间是车辆从起点到终点的所有可能性（路径和位置）的集合。不同的路径规划算法可以分为三类：

① 基于单元的方法。

② 势能场方法。

③ 基于路线图的方法。

在基于单元的方法中，一个自由配置空间分被划分为多个单元。单元的大小和几何形状取决于特定的方法。在一个称为相邻图（Adjacent Graph）的图形中，描述出各个相邻的单元。图中的每个节点（Node）都对应于一个相应的单元。相邻节点是指有共同边（Edge）的节点。构造出这样一个图形后，还必须确定起点和终点分别在哪个单元格中。这样路径规划的问题被简化为简单的图形搜索（启发式搜索）。这就可以通过图论中的最短路径算法，比如，A*或Dijkstra算法来完成。

就势能场方法而言，其基本思想是粒子在势能作用下在空间中移动。这里，障碍物可代表潜在的山脉，将目标和障碍物分别看作对粒子（车辆）有引力和斥力的物体，要避免粒子与障碍物之间的碰撞。为了实现该目标，从起点到目标点之间要存在一个势能梯度。粒子沿着势能场的引导，从"山顶"出发，途中避开"小山峰"（障碍物），奔向目标位置所在的"山脚"。因此，目标位于一个势能场（山脉）中，势能场产生一系列的吸引力（路径）。下面以一个更具体的例子说明，在规划从汉诺威到慕尼黑的路线时，慕尼黑市被建模为山脉中的最低点（作为山谷）。现在根据这一算法，计算出要行驶的路线，就是从汉诺威开车下山到慕尼黑。在进行建模时，所有不希望有的弯路，都被认为是攀爬山峰。

在基于路线图的方法中，过程的节点可自由配置。如果可以通过某个连接达到配置，则可以在相应的中间节点之间绘制出一条连线。这条连线可根据过程不同而有所不同。在最简单的情况下，这些节点可通过直线连接。节点的分布也可以不同。例如，节点可以如同概率路线图方法那样，随机分布在自由区域上，或者是基于确定的程序，如同沃罗诺伊（Voronoi）图和可见性图那样。

在行驶环境中，实时性地检测、识别和预知道路中所出现的各种实体，算法就需要激光雷达、雷达和超声传感器的数据融合。必须首先跟踪（Tracking）交通环境中的参与者。跟踪就是对目标实体的持续性监视。首先要能识别目标，随后持续性地重复识别该目标。为了能够重新识别一个对象，必须将新识别到的对象与已知的对象对比。所使用的重要方法就是经典的图像处理算法，例如，光流、计算对象相似度的度量（例如，基于颜色值）和神经网络。但这里重要的是，要保证所要开发的方法即使在强烈的环境影响下（例如，倾盆大雨或强烈日光照射），也能正常工作。

驾驶行为规划（Behavior Planner）系统是无人驾驶车辆的一个核心要素。这是所有传感设备所采集到的信息汇总在一起的地方，以分析和计划下一个驾驶操作行动。这一系统包含大量特殊算法，专门处理各类驾驶情况，通常是线性分类器。比如一个可能的具体例子，车辆在结冰或水滑（Aquaplaning）道路上，如何反应和行动。对于每个可以确认的危险性场景，都必须有相应的对策，即应对算法存储在系统内。这还可以包括某些重要的交通状况信息，例如，道路拥堵和事故，定时性气候报告和导航数据，行为规划系统可以根据这些数据信息，来确定策略，指导车辆的行为。

行驶轨迹规划（Trajectory Planer）系统的工作方式类似于路径规划。但区别在于它不仅计算从起点到终点的路线，而且还规划具体的实施细节。例如，如果路径规划系统决定要更改车道，则轨迹规划系统将计算出，如何在不发生突然冲动，紧急制动或强行加速的情况下，完成平稳和安全式的换道操作。同样，驾驶员也不想自己的车辆，危险性地驶近其他交通参与者。因此，轨迹规划主要负责和尽量地保证车辆，以所有参与者可接受和安全的方式行驶。

毕竟，仍然还需要由驾驶员驾驶和操纵车辆。这些功能主要在于车辆的转向引导，即车辆的横向（控制）和纵向操纵（制动，加速）。这就是经典的控制技术过程发挥作用的地方，长期以来，这些技术已成熟地用于车辆的所有辅助功能。

4.4　道德伦理与自动驾驶

按照批评者的声音，无人/自动驾驶的梦想最终将要失败，因为保险业不愿为自动驾驶提供所需的保险。汽车制造商将难以解决所谓的有轨电车难题（Trolley Problem）而告失败。这是一个最简单的问题，当无人驾驶车辆发生事故时，谁将最终承担责任和损失赔偿，汽车制造商？还是保险公司？如今，发生各种交通事故似乎很平常，我们可能会天真地相信，无人驾驶车辆将是无事故的。但是，尽管多年来交通事故的数量已大大减少。但这是不可避免，而且是完全有可能的。也许汽车制造商会在将来为此承担责任，提供给客户保险服务。但是，这将意味着保险业将完全丧失这一业务领域。因此，我们只可能会做出假定，保险业解决这一问题的可能性很高。

而另一方面，所谓的有轨电车难题也令人焦虑不堪。这个问题最初是由英国哲学家菲利帕·富特（Philippa Foot）于1967年提出的，它阐述了当出现交通事故困境时，必须要解决的道德伦理问题。假设一辆火车已失控，可能要伤害到许多在轨道上的人，如果将这辆火车换轨到另一条轨道，接着就会出现另一个问题，即这里的人也会受到伤害。因此现在就必须做出明确的决定，是否重新调整火车的路线。但无论如何选择都会造成人员伤亡。关于此问题有多种类似的说法[4]，您可以将其发挥到极致：例如，让一组10个人死在一条轨道上，还是一个人死在另一条轨道上？让生病的老人死亡，难道就比让年轻人死亡更公平吗？这些道德问题的确很难回答，因为所有人的生命都是无价的。

现在回到自动驾驶主题，它同样存在这一决定性的挑战，必须知道如何应对这一无法十全十美解决的问题。不管人工智能技术多么成熟出色，都仍会发生交通事故，从而造成人员伤害和物质损失。这时无人驾驶系统，必须迅速地做出明确的决定，究竟是保护车内人员安全，但要伤害车外环境的其他人员，还是要相反，宁可保护他人，而不顾车内人员安危，我们的确处于两处为难的境地。但汽车制造商必须决定其自动驾驶算法，应该如何做出自己的决定。将可能会有人工智能算法，相对其他交通行驶和周边环境参与者（甚至是婴幼儿），优先考虑车内成员的生命安全。梅赛德斯-奔驰已经宣布其算法将优先保护驾驶员[3]。

参考文献

1. Global Positioning System (GPS), Stand: November 2018. https://de.wikipedia.org/wiki/Global_Positioning_System. Zugegriffen: 2. Apr. 2019.
2. NVIDIA, Explaining How a Deep Neural Network Trained with End-to-End Learning Steers a Car, Stand: November 2018. https://arxiv.org/pdf/1704.07911.pdf. Zugegriffen: 2. Apr. 2019.
3. Taylor, M. Self-Driving Mercedes-Benzes Will Prioritize Occupant Safety over Pedestrians, Stand: November 2018. https://www.caranddriver.com/news/a15344706/self-driving-mercedes-will-prioritize-occupant-safety-over-pedestrians/. Zugegriffen: 2. Apr. 2019.
4. MIT, The Moral Machine. http://moralmachine.mit.edu/. Zugegriffen: 2. Apr. 2019.
5. Goldhill, O. (2016). We've had driverless cars for almost a hundred years.

https://qz.com/814019/driverless-cars-are-100-years-old/. Zugegriffen: 2. Apr. 2019.

6. Reilly, M. (2016). In the 1980s, the Self-Driving Van Was Born. https://www.technologyreview.com/s/602822/in-the-1980s-the-self-driving-van-was-born/. Zugegriffen: 2. Apr. 2019.

7. Davies, A. (2017). Uber May Be Aflame, But Its Self-Driving Cars Are Getting Good. https://www.wired.com/story/uber-self-driving-cars-pittsburgh/. Zugegriffen: 2. Apr. 2019.

8. Verband der Automobilindustrie: Automatisierung – Von Fahrerassistenz-systemen zum automatisierten Fahren. (2019). https://www.vda.de/dam/vda/publications/2015/automatisierung.pdf. Zugegriffen: 2. Apr. 2019.

9. NVIDIA Autonomous Car, Youtube-Video. (2016). https://www.youtube.com/watch?v=qhUvQiKec2U. Zugegriffen: 2. Apr. 2019.

第二部分
钣金件制造商还是科技巨头

第5章

5

人工智能改变了汽车行业的价值链

概要

明天的世界将与今天大不相同。造成这种情况的一个原因就是当今的主要技术趋势，例如，网络服务、自动驾驶甚至是电动出行。这些都将对客户需求和汽车价值链产生重大的影响。人工智能可以使价值链更具成本效益，并扩大以客户为中心的理念。本章就将介绍这一新型的价值链，并展示出人工智能的巨大潜力。

5.1 CASE：世界的明天

明天的交通运输世界基本上由四个主题构成，这相当于当前汽车行业的发展趋势：

- C：互联服务
- A：自动驾驶
- S：共享服务
- E：电动汽车

这就是为什么这四个主题被简称为 CASE 的原因。世界的消费趋势既代表着当前的社会发展，也代表着时代生活精神。推动这一趋势的一个主要因素是数字原生代（Digital Natives）的产生。这一代人的成长始终伴随着基于信息技术的数字型产品，例如，计算机游戏、互联网、手机和社交媒体。所谓的"网红"（Influencer）可以通过社交媒体表达自己的意见，而不是在电视或互联网上投放广告。对他们来说，使用数字优惠是理所当然的事，并且对自身的行为和价值产生了持久的影响。

在本章中所要说明的决定性的消费趋势，主要是以下几点：

- 多重征兆：人类的生活越来越受到阶段性的影响，这导致客户需求不断地发生重大变化。

- 年轻化：尽管人的生物学寿命已经很高，但其年轻期也更长了，正在为"第二个春天"寻找合适的消费产品。
- 家庭2.0：混合型家庭具有要求更高且复杂的出行需求，而当今的家庭交通工具已无法满足他们的需求。
- 新型城市：明天的大城市应该是没有有害物质排放的。
- 绿色经济：明天的出行方案必须更生态化，而且还要满足客户的个性化需求。
- 新奢侈品：对地位和声望的意识正在下降。新产品必须用于改善自身的生活质量。
- 简化：客户希望简化他们的复杂世界，例如，节省时间，复杂技术产品更易于使用。
- 深度支持：客户需要帮助，来计划他们的移动性，并愿意为此付费。
- 便宜别致：产品应既聪明又智能，但仍然可以要具有其个性化。

多重征兆（Multigraph）的趋势反映了当前的社会表现因素，与我们的祖父母和父母的生活相比，今天的人类生活是由许多较为短暂时期所决定的。这些生活阶段都需要有个人的流动性。例如，一个年轻的专业人员可能会单身工作，每天通勤乘坐火车到新的雇主企业上班，单程距离约为80千米或以上，但是在稳定一段时间之后，可能会有一个固定的朋友伙伴，而重新在其家乡、在附近上班工作和生活。这种伙伴关系，以及在不同雇主处的经历，不同专业领域的经验，都是其生活的重要推动力。业余爱好也变得越来越多样化，可以随生活的各个阶段而发生变化。业余爱好的范围可以是滑雪、打高尔夫球到铁人三项，或者马拉松赛跑。因此，这些相对较短的生活阶段，客户的不同需求也将影响到对出行机动性的要求。对于汽车行业而言，这意味着车辆类型必须在适应性上更具差异性和灵活性。另外，还必须提供个性化的移动性服务。

现代型家庭（2.0家庭）也是社会发展的产物之一。如今人类的家庭分布在世界各地，并且规模越来越小，比如德国的家庭数量正在萎缩。此外，越来越多的妇女参与全职就业。例如，如果一个家庭中，父母当中一个出于工作原因必须跑通勤，那么孩子的照顾就需要有衔接性。那么人员的流动性就成为一个很令人感兴趣的社会问题。移动性概念也要考虑这一方面的要求。

年轻化（Downaging）并不仅仅意味着人类越来越长寿。的确老年人口在人口中的比例将会增加，但这个群体代表了一个数量可观、富有的消费群体，因为更好的医疗保健和社会保险体制，退休人员仍身体健康，其消费行为也更像年轻人。这一代所谓的最佳状况老年人也对机动性有很高的要求，并将交通工具视为他们生活中的一个重要因素。据统计资料，十分之一的新购车者都已超过了60岁，而且这有上升的趋势[1]。而这些老龄群体的消费标准是安全性和服务性，对生活、运动感觉和舒适性的要求也不同。舒适性、宽大的车内空间、可调节座椅和方向盘的可能性，以及安全驾驶的电子辅助系统，这些都是他们的基本要求和希望能被满足的功能。这也就解释了，为什么这个目标群体大量购买运动型多用途车（SUV）。这些都为汽车制造商带来了可观的经营利润。

另一个发展趋势是新型城市，这已经有了令人惊奇的发展。这种趋势表明，全球城市化进程将不断加快，大城市人口增加，这些城市要为实现绿色环保（即生态清洁和无排放）做出更多的努力。丹麦首都哥本哈根就是一个很好的例子，它很早就开始提倡、鼓励和推动市区内自行车交通。同时，还有许多其他城市，例如英国伦敦或德国的某些城市，也正在发展环保型交通，例如在汉诺威市，共享乘车服务提供商MOIA，以及众多的自行车和电动踏板车短期性租赁服务提供商。在国际上，有些城市有更加强硬的环保政策。例如，在巴西圣保罗，每两天才能使用一次车辆。这可由偶数和奇数车牌号控制。在北京等中国城市也采用了类似的限行机制。此外，中国的车辆牌照数量受到严格限制。例如，还有新加坡，在所谓的高峰时间段，只有载有一定数量乘客的车辆，才被允许行驶。这种趋势就导致了对汽车和未来机动性的新型需求，汽车制造商必须对此做出积极性的反应。

绿色经济（Greenomics）的趋势甚至将更进一步得到发展。这种趋势不仅涉及出行问题，而且还影响到健康可持续的生活方式，以及整个工商业、城市和地区的发展。健康可持续性的生活方式正在越来越多地得到大众认可。在食品营养以及运动和旅行方面，这些因素也要兼顾到。这也越来越适用于机动性。许多人根本不再打算购买汽车，而是采用出行概念。在过去，车辆性能、价格和速度可能是购买的重要标准，如今，人们越来越关注车辆的能源消耗，以及对环境和气候的影响程度。由于全球气候变化，使每个人都越来越明显地感受到其影响力，例如，德国和整个欧洲炎热干燥的夏天，这种趋势还将继续加剧，环境变化与汽车行业的确息息相关。

其他的消费趋势，例如新奢侈品 New Luxury（简而言之：生活质量比金钱更重要），简化 Simplify（简而言之：少即更多），深度支持 Deep Support（简而言之：在任何地方都具有如同苹果 Apple 体验，即使用复杂产品也能获得良好的客户体验）和便宜 Cheap Chic，从长远来看，将更注重质量、价格合理的要求，这些也将对各个行业的产品产生影响。

汽车行业希望与之共进，所期望的趋势就是所谓的 CASE 愿景，下面将对此进行详细解释。

5.1.1 互联服务（C）

未来，汽车行业的一个非常重要的业务领域，将是移动在线服务，也称为互联服务。今天，约有三分之一的新登记车辆已经联网。预计到 2030 年，几乎所有的新车都将配备有互联技术。因此，它是一个稳步增长的市场，到 2020 年时，其市场经营规模将达到 1000 亿欧元左右。如果到 2030 年，这一数字可能会达到 7500 亿欧元 [2]。在汽车工业中，可以假设在一辆车的整个使用寿命内，其联网服务可额外产生数千欧元的经济效益。

例如，特斯拉公司在 2016 年，为所有出厂的新车配备了强大的计算能力，以至于今后可以配备上新的软件版本，以实现真正意义的自动驾驶[3]。特斯拉很早就意识到计算能力至关重要，因此尝试将更多的计算能力投入车辆本身。传统的汽车制造商仍在继续优化其汽车硬件和计算能力，以实现所预定的功能。而特斯拉认为，在车辆硬件上的投资费用将随着时间的推移，通过收费进行软件更新，就可获得回报效益。因此，互联服务不仅是便捷和增值使用在线服务的必要条件，而且还可以创建新的业务模型。通过连接性服务和数据使用，就可能出现以下一些应用可能性：

- 创建额外收入
  - 直销
    - 通过空中更新（Over-the-Air Update）销售其他产品功能，网络停车，停车位付费实时跟踪/防盗保护（Live-Tracking/Diebstahlschutz）
    - 车辆监控和基于使用量的价值分析
    - 导航服务
  - 根据客户位置、驾驶方式和车辆状况，更有目的和针对性地推送广告
    - 推荐自己的维修车间/安排维修车检
    - 个性化广告
  - 数据交易
    - 收集实时交通数据
- 降低成本
  - 改善车辆开发，并降低材料成本
    - 降低保修成本
    - 基于数据的车辆开发
  - 客户成本
    - 基于使用的保险
    - 改善驾驶行为
    - 电子打车（E-Hailing）
  - 客户满意度
    - 预测性维护（Predictive Maintenance）
- 改善安全性/客户服务
  - 监控驾驶员的状况
  - 监控道路状况/环境
  - 故障服务
  - 紧急呼叫（Emergency Call）

除了上述应用示例外，还有其他经营途径和业务，可以通过创新性使用互联服务，以及所生成的大量数据来创造经济收益。自动驾驶系统进入车辆，传感器、摄像头等设备的数量也将不断增加，这就提供了丰富的实际场景数据。例如，可从中获得

道路、交通和环境信息。这可用于生成高精度的实时地图。同时，这些数据也可以作为标记性数据，出售给在机器学习领域中开发或测试算法的软件企业 [4]。因此，这些数据信息奠定了开发全新业务模型的基础。

以上示例以及其他新型业务模型的可能性，都展示出网联服务的巨大潜力。很有可能在 2030 年，其市场销售规模将达到 7500 亿欧元 [2]，在这个具有巨大经济利益的领域，新型的服务提供商将占领市场，并树立自己的地位。除了提供更多与车辆相关的网联服务外，还可通过整合入诸如智能城市和其他服务产品（如保险和营销领域），创建更多的新型商业模式。因此，对于许多汽车制造商来说，它们想在这当中占据和经营哪个位置，就是一个决策性的问题。但是很明显，设法拥有客户界面的产品和服务提供者，将具有最大的市场优势，因为这是经济利润最丰厚的地方。

5.1.2　自动驾驶（A）

如同互联服务，自动驾驶在每个汽车制造商的未来远景中，都扮演着一个核心的角色。这项技术对于移动性或出行即服务（MaaS / TaaS）理念至关重要。

自动驾驶的第一个研究计划，始于 20 世纪 80 年代的 Prometheus 项目 [5]。当年该项目是在戴姆勒 - 奔驰公司的倡议下进行的；许多欧洲汽车制造商也参与其中。在 2010 年，当谷歌重新提出该主题时，就受到了更多的行业关注（请参阅第 4.1 节）。2014 年，谷歌向世界展示了一种不需要方向盘和踏板的自动驾驶汽车 [6]。在 2016 年，谷歌成立了子公司 Waymo。

Waymo 已在自动驾驶领域发挥了领导性作用，并拥有迄今为止最多的自动驾驶里程数。到 2015 年 5 月，20 辆自动驾驶汽车每周行驶约 16000 千米，略低于美国人的平均水平。2015 年 5 月 15 日，谷歌宣布从当年夏天起，自动驾驶汽车将结束测试行驶，并开始在加利福尼亚州山景城的已知路线上行驶。2017 年秋天，Waymo 推出了首款完全无须人工监督的自动驾驶汽车。到目前为止，为了安全起见始终必须在驾驶员座位上坐着一个测试人员，以便在紧急情况下接管方向盘和车辆控制。在最新一代的 Waymo 车辆中，这不再是必需的。驾驶员座椅可以是闲置的。然而，到目前为止，这些车辆仅在人口稀少的凤凰城郊区行驶，就交通状况的复杂性而言，这对汽车的要求就相当低 [7]。

因此，汽车制造商正越来越快地为自动驾驶车辆的批量生产做好准备。正是为了尽早实现这一点，当今生产的新型车辆中，已经提供了越来越多的辅助性功能。汽车制造商正在大力推动自动驾驶的前进步伐。如今，就已经安装的许多辅助系统而言，主要还是在高端市场中，例如，面对中上收入阶层家庭。最近几年来，这种系统的普及程度和对自动驾驶的接受度，都在不断地增加。

为了达到 5 级的完全自动驾驶（无驾驶员完全自主驾驶），就需要大量的电子技术和传感器，以便可靠地采集和记录环境数据。由于所必需的传感器（例如激光雷达、雷达等）的成本费用，在一开始阶段会非常高，可以假设第一批自动驾驶汽车将只在商业环境中出现，即不针对私人客户群体。对自动驾驶功能而言，还必须有其他成熟的辅助领域，比如，可用的地图资料，以及电信网络实时更新的功能。除了那些试图在自动驾驶领域定位自己，并大力推动其发展的许多新型移动服务供应商，例如优步、特斯拉、百度或阿里巴巴之外，还有一些需要亟待澄清的法律道德问题，例如，事故责任问题。这些应在2025年（或最迟在2030年）之前获得解决。

　　自动驾驶技术正在朝着完全自动化方向发展，它已失去了最初令人惊讶的震撼。虽并不会完全颠覆整个汽车行业，但是，自动驾驶无疑是许多新商业模式的推动力，而更多的新型商业模式将伴随着自动驾驶而出现。希望将来在这些新型商业模式中占有一席之地，汽车制造商一定不能仅仅局限于单纯地提供车辆。虽然以下的业务模型都是基于自动驾驶，但同时对其他行业，也可能具有一定的颠覆性影响：

- 出行即服务（Mobility as a Service）：
  - 公司：企业为其员工提供个人出行可能性，而不是配备自动驾驶的公务车。
  - 城市：城市交通部门投资自动驾驶服务车队，为其居民提供区域性出行服务。
  - 汽车制造商：自动驾驶共享出租车，例如，大众汽车的MOIA。
- 运输即服务（Transportation as a Service）：
  - 制造业：在物流中或手工业，无人车辆交付货物和备件，提供辅助性支持。
  - 卫生保健：自动驾驶汽车运送老年人或残疾人。
  - 百货零售：自动驾驶汽车将客户购买的商品送货上门。

　　在自动驾驶和基于互联网的运行平台上，以上示例都可以提高客户的舒适度和收益。其中，信息技术所占的份额很高，通常这些想法也由技术巨头，例如亚马逊或谷歌，给予实施和提供。正是凭借基于互联网业务模型、可扩展性，以及以客户为中心开发新型服务的理念，科技巨头已迅速地将其理念推向市场。他们能够在最短的时间内，从成熟的汽车制造商手中夺取效益丰厚的市场份额。因此，目前尚不清楚将来的汽车市场中，哪些参与者是服务提供商、竞争对手或合作伙伴。有时直接的竞争对手突然变成令人兴奋的合作伙伴，例如，福特和大众汽车公司，因为他们现在有共同的资金困境和技术难题。这是一种痛苦和忧虑，例如，自主自动驾驶的开发成本，或者达标全球轻型车测试规范WLTP的费用，如果多方合作就可以共同承担费用，降低到可承受的水平。

　　假定大多数自动驾驶车辆，可能将不会由私人购买而拥有，而是由商业运营商购买。他们将使用这类车辆，开发新的移动性和服务模型。无论如何，这一技术肯定会导致车辆销量下降，将给汽车制造商带来巨大的挑战。

5.1.3　共享服务（S）

　　基于快速发展的城市化进程，目前世界上约有超过一半的人口，居住在人口1000万以上的大城市。居民集中和超大城市，如果这一趋势持续发展，那么到2030年，将有近四分之三的世界人口生活在这些大城市中。"大城市"将不再能描述这种发展规模。这些城市可能将发展成拥有约五千万居民的超大型城市（Giga Citys），将不断地会有这类大城市，如雨后春笋般地出现 [9, 10]。正如人们今天所看到的，像北京、巴黎或洛杉矶这样的大城市中，人口数量众多，交通运输状况无法得到明显改善。在高峰时段，经常性地出现大量的交通堵塞，进而造成的严重环境污染和出行者时间浪费，这都为创建新型的出行概念提供了可能性。这也使消费者将更趋向于共享车辆，而不再是拥有车辆，但仍具有个性出行的可持续性。出行服务概念，也称为共享服务就孕育而出，它将部分取代汽车拥有权。

如果这可以实现，到 2030 年，私人汽车的拥有数量将大大减少。取而代之的是城市景观中将出现各种无人驾驶交通工具，比如，共享和拼车之类开放型出行方案。其中一个前提条件是区域性广泛覆盖，高效率的充电基础设施。另外，随着电动车续驶里程的增加、蓄电池容量的提高和重量的降低，电动汽车的接受程度也将提高 [12]。在现代化城市中，拥有汽车将不再是社会时尚。但是这还不适用于新兴的发展中国家，当然也不适用于美国。在纳米比亚、哥伦比亚、印度和中国等国家，以及美国的乡村地区，也将会出现电动车买方市场。但是，这些车辆的外观会有所不同，即使不是电动车辆，这些车辆也将配备有高效率的、小型的燃油发动机。

简单地讲，移动服务可以通过智能手机应用软件进行预订，也可在互联网上在线预订。它不仅能提供车辆机动性服务，还将提供其他服务项目，例如，联运服务。联运是利用各种类型的交通工具，规划和预定最短距离，或最经济的行驶路线。根据给定起点和终点，可为客户提供多个交通工具，这可包括火车、轮渡、汽车，甚至最后 1 千米内的电动踏板车。对不同的交通工具，可以选择所提供的不同服务级别。这可包括带驾驶员的豪华车，例如，接送一位女客户前往购买豪华手袋 [13]，还考虑到车辆乘客容量，设置多个停靠点，使多名乘客共享乘车。共享服务的价格结构将取决于各自的服务水平。如今，Lyft 和优步（UBER）等提供商已经有了收费定价方案。这种趋势将导致开发出更进一步的新型商业模式。

5.1.4　电动汽车（E）

在大城市中，人口密度和车辆拥有量仍在稳步地增长，已造成了严重的空气污染。这种空气污染主要是由越来越多的二氧化碳和细小尘埃颗粒引起的。另外，交通噪声程度也在不断增加，造成危害性的精神压力。特别是从全球气候变化的角度来看，已不能再容忍这种无控制发展。还有医学研究表明，颗粒物污染的增加导致了诸如糖尿病等慢性疾病。为了改变这种环境状况，人类已不断地付出了许多努力。其中，电动汽车是最有希望的发展趋势之一。电动汽车发展的另一个推动因素，就是地球上化石燃料（Fossil Fuel）的储量是有限的。

自 1900 年以来，电动汽车就曾在美国出现。其实在早期时，大多数车辆甚至是电动的。但是这以后，出于客户难以接受的问题，内燃机汽车愈发盛行。另外，矿物燃料具有很高的能量密度，因此内燃机驱动的汽车更加普及流行。另外，内燃发动机的续驶里程很长，这意味着加油站网络的建设成本也较低。如今，电驱动仍在与内燃机展开激烈竞争，而且人们仍在质疑电驱动对自然环境和地球气候的影响，是否真正优于内燃机。如果不仅要考虑驾驶过程的能耗，还要兼顾车辆在其整个生命周期（即从生产、检查、维修，到最后回收）的总能耗，就会提出一个问题，即仅从环境保护角度来评估电驱动是否全面、客观和合理。当然，如果电动汽车的能源来自非再生能源，例如，燃煤发电厂，那么这也将是一种虚假性的评估。另外，为了回答燃料电池是否比蓄电池驱动更有意义，大众汽车集团模拟了数百种这类情况。其明确的答案是：只有电动汽车才有助于实现全球环境和气候保护目标。大众汽车希望和努力尝试将二氧化碳排放量减少 1%[15]。此外，德国在可再生能源领域也已经取得了良好的进展。

天然气、生物燃料和合成燃料可以是内燃机燃油的替代品。这些虽然被认为是清洁干净的能源。但是与电驱动相比，它们的能源效率低很多，大约仅为 35%。而电驱动的效率超过 90%[14]。另外，电动汽车的结构简单，生产过程也要容易得多。不再需要特别复杂的零部件，例如，排气系统、燃油系统和变速器。这就大大减少了所需零部件和系统的数量，整车系统越发简单化，检修维护就越容易。再者，车辆结构复杂性降低，对于客户而言，其操作和维护的复杂性和成本费用都将降低。另外，电动汽车可以采用所谓的电动机制动机制，从而能源利用效率可高达 90% 多。还可减少制动器的机械磨损，并将制动能量转换成电能，用以为电池充电。这样制动能量不会像燃油车辆那样白白地损失掉。

电动汽车的最基本组成部分就是蓄电池。如今，投入使用的蓄电池相对化石燃料（例如，柴油或汽油），其能量密度低很多。低能量密度造成所需蓄电池体积加大且笨重。这反过来又加剧了电动汽车的续驶问题。目前，世界上有大量的研究项目，试图针对性地解决这一问题。估计它们成功的机会很大。另外，人类思想认识也要有一个明确的共识，那就是电动汽车仍是目前的首选驱动方案，且对保护环境气候而言，属于较为适中合理的解决方案。现在，许多国家资助电驱动计划，政府发放了大量鼓励性补贴。可以乐观地判断，预期到 2030 年，相当一部分新车将是电动汽车。

另外，电动汽车还有一点也引起了汽车行业的关注，它可充当数字化主题的催化剂。电动汽车更像是一个移动式智能手机，而不仅是一个仅固定在金属底盘上的复杂驱动装置。所有内燃机车辆都有非常复杂的驱动机构。这的确是传统汽车制造商的研究和生产的历史发展结果。因此，电驱动是一个汽车行业的游戏规则改变者。一方面，汽车制造商将要面对软件和信息技术问题，当然，另一方面，如果未实现这一变革，那它也可能成为一个消极因素。基于所采用的电驱动技术，车辆中（例如用于控制电子设备）的软件数量将显著增加。因此，车辆功能（例如驾驶行为）和软件参数，都需要有新的配置和多个选择。随着这类软件数量和复杂性的迅速增加，就必须解决所谓无线更新（Over-the-Air-Update）问题。汽车制造商所提供的传统性维护方法，比如，汽车行驶 25 万千米，计算出其故障出现数量，对电驱动车辆将不再适用，因为从测试覆盖率的角度来看，这已不再有足够的合理性。而且出现错误的可能性很大，以至于在售出车辆后，仍会发生难于预知的错误，这就必须通过在线更新进行补救。因此，借助无线更新技术，电动汽车将可逾越过这一进入市场的障碍，并且从长远来看，它将彻底改变整个行业和市场。

5.2 新型的行业价值链

为了能更好地理解第 5.1 节中提出的技术发展趋势对汽车行业的影响，让我们简要地看一下传统的汽车行业价值链，作为第一步（图 5.1 中空白箭头），研究与开发（R&D）是汽车价值链中的第一个环节。这里的工作重点是创建新型的车辆模型和利用当前的新技术（所谓的产品升级）。与价值链中的许多其他环节相比，汽车制造商本身是这方面的主要推动和操作者。

就研究和计划生产中的车辆而言，对此还需要某些外部零部件，这就涉及价值链中的第二个环节。采购是从外部供应商那里购买的。此处就已建立了具有不同层级的供应商层次结构。三级供应商将原材料加工成半成品，并提供给二级供应商。然后，二级供应商将半成品加工成零部件或子系统，向一级供应商供货。一级供应商将其生产成组件、模块或系统，直接供应给汽车制造商。比如，这些可以是零配件、驱动器或底盘电子设备，或空调系统。与研发领域相比，价值链的这一部分主要是将其经营外包给紧密相关的供应商。自 20 世纪以来，这种供应商层次一体化程度日益提高和成熟，已得到整个行业的充分认可。例如，通用汽车有大约 1500 个直接一级供应商 [11]。

这种发展的主要原因在于车辆个性化、客户定制要求的增加。为了更好地服务于客户，满足其个性化的需求，尽可能摆脱与竞争对手在同一产品领域的博弈，并能够从行业竞争中，一家独秀脱颖而出，多年来，汽车市场上已经推出了许多车型。但是，这都需要高度的灵活性和多面性。结果，汽车制造商越来越不得不将其某些经营活动外包。

汽车行业价值链的巨大变化，除了种类繁多的汽车产品外，另一个主要原因在于产品的生命周期越来越短，企业成本压力越来越大。产品模块化趋势、产品本土化和采购完整的解决方案，都将清楚地体现在增值份额中。在过去的几年中，可以看到汽车的开发和制造过程正逐步向供应商转移，本身的价值创造已出现了重大转变。在 2010 年，汽车制造商的平均内部研发份额仍为 60%，而 2020 年仅为 40%。在制造领域也可以看到类似的趋势，同时期的平均制造深度从 30% 下降到 25%。

对于汽车制造商本身而言，他们仅还保留了车身、发动机及其核心组件、传动系统和外部设计方面的核心能力。因为只有通过这些核心关键技术要素，一个制造商的品牌才能在本质上实质性地与其竞争对手区分开来，这代表着一个产品的关键性能和独特设计要素，因此汽车制造商仍试图保留这一核心部分的价值领域。

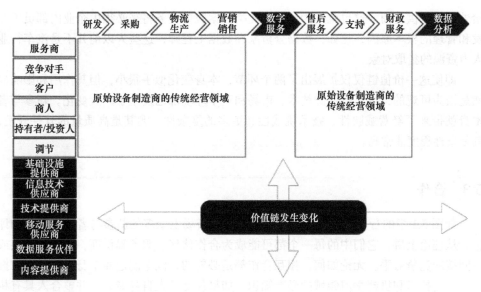

图 5.1 汽车行业的价值链的巨大变化

车辆上许多组件，如果其外表特征区别并不明显，不会引起客户过多关注，例如电气系统，已几乎完全外包。最终，所生产的汽车通过销售渠道和零售公司，例如制造商拥有的销售公司、独立授权经销商或混合形式，出售给最终客户。

毕竟售后服务环节代表了汽车制造商价值链的最后一部分，这其中包括诸如维修车间和备件业务之类的经营活动。尽管其销售份额相对较小，但是这部分的增值是汽车制造商的一个重要领域，并为其经济利润做出了巨大贡献。通常，销售的回报率约为5%。这里的支持过程包括企业信息技术、人力资源和财务等主题。直到现在，信息技术才被汽车制造商视为汽车工业的支撑要素。接下来是金融服务领域。除传统式销售外，汽车银行还提供其他形式的融资，例如租赁。这里的销售回报率超过10%。

在汽车价值链中，新添加入的两个环节是数字服务和数据分析（数据分析和人工智能技术应用）。客户对数字增值服务有很高的需求，其业务范围可以从导航服务到交付服务。这个领域非常令人感兴趣，因为数字产品具有其生命周期，必须先开发再运行。通常，初始的数字产品仅包含有约20%的需求。在信息技术主题中，有80%是在方案、开发和运营中。这一当今的经营模型会与先前的服务供应商之间，产生非常强烈的冲突。开发高质量的数字产品应属于产品开发领域。这不再是通常意义上的服务业务。

在下一个崭新的环节，即数据分析（Data Analytics），这是分析和评估所有先前环节所产生的数据信息。要开发增值性数据服务，其中80%的工作量与收集、了解、清理数据有关。为此，就需要具备良好的大数据领域知识。这通常取决于开发数据收集、处理和提供服务的系统，即传统意义上的服务供应商。在汽车价值链中，许多数据信息（例如，采购和购买数据）通常被视为企业内部或机密性数据，可能无法提供给外部服务供应商。这也就是为什么，此类数据服务业务将来必须由企业内部员工开发和管理的根本原因，比如，数据分析家和数据工程师，这些人以前并不是汽车行业人力资源的猎取对象。

即使这一价值链仅仅扩展出了两个环节，本身变化似乎很小，但其作用和影响显然是极为可观的，汽车行业的技术、市场和竞争环境都已发生了巨大变化。新参与者本身就带来了经营威胁性、技术挑战性和更多的复杂性，尤其是高质量的软件开发，其复杂性程度非常高。

5.3 合作

如图 5.1 中的行业价值链所示，首先需要对市场上众多的新参与者进行分析和评估。从理论上讲，它们中的每一个都可能成为合作伙伴、服务提供商，或者是直接或者间接的竞争对手。无论如何，相互合作都是必要的，汽车制造商本身无法完全掌握人工智能技术和机器学习领域的必要知识。如果仅是扩大自身能力，并整合入具有相关知识和经验的员工，那么在这种前提条件下，建立与一个专业性服务提供商的合作还是可能的。为了分担研究和开发成本，越来越多的汽车制造商选择与直接竞争对手进行合作，比如，大众和福特。在未来几年中，在轻型商用车领域将会有更深入的合作。

除了纯粹的技术性资源问题，一个战略性合作伙伴关系是提高自身技术知识水平和短期性运作能力的重要手段。这也可用于确保初始性地接触、感知和了解重要的技术领域，例如云技术和基础架构。但是，对当今的汽车制造商而言，这种伙伴关系仍然是完全陌生的，还必须从中摸索、学习和积累必要的正反两个方面经验。通常，信息技术仍被视为属于汽车制造商的采购领域，如同外部供应商提供的零部件，企业只关注其价格和质量，而非关心背后的技术内涵。甚至对质量下降而导致的成本增加，也并没有进行可持续性的分析。

到目前为止，这种合作战略已使汽车制造商处于极为多样化且难以掌控的信息技术格局中。在这种格局下，因为需要多种非核心技术，就涉及众多的服务提供商。通常，汽车制造商甚至没有自己的数据，以及服务提供商开发的软件原代码。软件通常仅作为可直接运行的工具交付。信息技术、人工智能和数据将成为未来车辆的核心技术，如果从这一观点考虑，汽车制造商和零部件及其系统供应商，都必须进行必要的业务转型。不仅仅要考虑软件开发服务的价格和质量。在理想情况下，将来在某个时候，汽车制造商要自己承担这些核心业务。但是，当今只是为了能够适应行业的快速发展，汽车制造商不得不进行合作和外包业务，即使最初存在被供应商控制和依赖的风险（Vendor-Lock-in）。这很容易理解，例如在云环境中选择基础架构服务商时。比如，如果汽车制造商现在完全依靠 Amazon Web Service Cloud，并在此平台上启动和开发其车辆项目，则在随后的现场运行时，要将车辆操作转移到另一个云平台，这种可能性就非常低。这就或多或少地依赖于这个伙伴。但是，必须首先承担这一风险，否则将无法进展，达到所需的转型速度。

基于价值链和整个行业的转型，以人工智能和数据为重点，可以考虑的战略合作伙伴和联盟，例如，可以在以下领域：

- **基础设施提供商**：云技术提供商，例如，亚马逊（Amazon），微软（Microsoft）等。
- **信息技术服务提供商**：软件环境中的大型服务提供商。
- **技术参与者**：芯片制造商，电信提供商，谷歌（Google），苹果（Apple）等。
- **移动提供商**：多式联运提供商，开发和运营商移动平台，优步（UBER），Lyft 等。
- **数据服务合作伙伴**：停车场运营商，城市交通管理部门，收费运营商，维修车间，车辆保险公司，零售商，连锁酒店等。
- **内容供应商**：天气信息，股市数据等。

5.4　人工智能的潜力

在汽车行业价值链中，使用数据和人工智能将为汽车制造商带来经售扩大和成本节约的潜力。这大约是汽车制造商年成本的 5%～10%。在这个行业内，最大的成本支出仍是在生产、物流和采购环节。但销售潜力一般很难估计。但基本可以肯定地说，可大约带来 10% 的额外净利润[13]。表 5.1 列举出了德国三大汽车制造商的经营潜力。在此，必须说明这些只还是非常粗略的估计，还要通过具体的措施来实施，其详细说明可参见 7.5 节。

表 5.1　德国三大汽车制造商人工智能技术的经营潜力　　（单位：10 亿欧元）

制造商	销售额	税前息前利润	可能的费用支出	潜在的费用（7.5%）	利润（10%）
大众	252.6	19.3	233.3	17.5	1.9
戴姆勒	172.8	4.3	168.5	12.6	0.4
宝马	104.2	7.1	97.1	7.3	0.7

潜在的销售和成本节约，其组成来自三大部分（图 5.2）：

- 人工智能支持的流程自动化和优化。
- 驾驶员 / 车辆：通过车辆内部和外部数字服务，提供更好的客户体验。
- 新型市场，尤其是在出行领域。

在人工智能支持的流程自动化和优化领域，监控和无监督的学习流程本身就仍存在着巨大的发展潜力。无监督的人工智能方法可对数据进行分析，从而产生新的见解。这些见解可以帮助优化流程，降低运行成本。例如，预测性维护通常会采集和记录机器设备中的图像、声音和振动信息，并尝试识别其中所出现的异常。异常虽是未知行为，但可以使用大量数据计算正常行为，来识别出现的异常。在监督学习过程中，如果有标签数据可用，则学习任务就可以自动化。这使以前不可能的过程可以自动化了。到目前为止，在汽车价值链的许多环节都伴随有数据和信息。但是，其中一些尚不能以数字形式提供，例如仅存在纸质报告的形式。由于全球数字化进程在不断发展，越来越多的数字型数据可用。就人工智能支持的流程自动化和优化而言，另一个很好的例子，就是研发中基于仿真的验证。例如，可以完全通过计算机模拟，对新车模型进行虚拟碰撞测试，而不需损坏真实的物理原型。

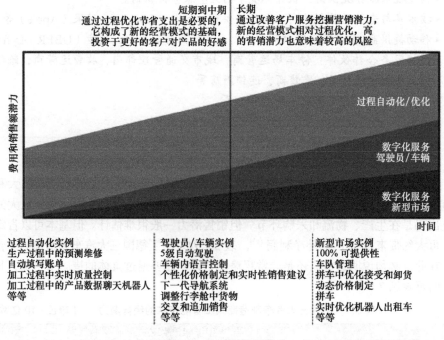

图 5.2   人工智能的潜力

另外，在数字服务方面：驾驶员／车辆领域也还有一定的销售潜力。在这里数据和人工智能可极佳地用于开发以客户为中心的各类服务，这些服务项目均具有重要的战略意义。即使在初始阶段，可能不会产生可观的销售份额和经济效益，但从长远来看，它仍然是在未来市场上，能保持持续性成功的一个重要因素。自动驾驶无疑就是一项服务，它将彻底改变车辆的使用方式，因为驾驶员甚至不必自己驾驶。这使驾驶员多出很多时间和注意力，在行驶过程中从事其他活动，例如阅读报纸或处理电子邮件，从而极大地丰富了出行内容。但所提供的服务不仅局限在车内体验。汽车制造商还可以使用数据来创建交叉性和追加消费功能（Cross-and Upselling-Function）。类似于亚马逊，可向客户推荐和建议其他客户已购买的服务功能或附加产品。对于汽车制造商来说，这如同是非常老式的车辆配置器，但能充分发挥其销售作用，并且取得更多的经济效益。

新型的市场有望带来更多种形式，但目前仍无法确定其销售潜力。如能在城市地区实现4级或5级自动驾驶功能，出行领域的新型商业模式将可带来大量的经济利益，并从根本上改变汽车行业的价值链。然后可能出现的是数字服务、按需提供无人驾驶汽车或班车。这可以实时性满足客户的移动性需求。尤其是穿梭式、往返式交通车不再需要驾驶人员，这类交通工具，每个驾驶员每年的人员费用支出估计在30000～40000欧元。新型的商业模式可创造前所未有的经济效益。现在，星巴克（Starbucks）等咖啡连锁店就提供此类服务车，在外出售其咖啡饮料和甜点。我们还可以想象出许多这种服务类型，移动性提供了更自由的增值模式，使其他产品的追加销售成为可能。在公共交通并不经济的地区，也可考虑灵活地使用4/5级自动驾驶。这都可创造新的商业模式，打开广阔的服务经营空间。当然，在这里重要的是融入当地公共交通系统，其形式主要是共享乘车（Ride-Sharing）或拼车（Ride-Pooling），即有效地捆绑多个客户的移动需求，就可以减少给定时间内所投入使用车辆的数量，这就是对减少城市二氧化碳排放的一项有益措施。

目前，汽车行业正经历着这一颠覆性过程，没人知道5～10年后的情况会怎样，但是大多数业内人士都认为，未来出行服务将发挥一个重要作用。到2025年，仅在美国，估计出行市场的营业额将达到3800亿美元。例如，使用人工智能技术，提供出故障时间最少的运输车队服务。未来的汽车制造商可能将向城市或区县提供这类运营公司，这肯定是一个令人兴奋、差异化的服务项目。

这种行业的颠覆性肯定早晚会到来，人工智能和大数据技术将对此推波助澜。跨国电商亚马逊在过去一年中的经营业绩，已令人印象深刻地意识到了这一点。它整个的业务模型都是基于人工智能技术，持续性地改善客户服务，并基于所收集的数据开发新型的业务构想。在第6章，我们将更详细地说明上述三个领域，这些领域将是这种颠覆性变革中的一个重要部分。

参考文献

1. Kastl, W. Neuwagenkäufer über 60: männlich, markentreu, mobil. (DPA). https://www. t-online. de/auto/neuvorstellungen/id_84304022/neuwagenkaeufer-ueber-60-maennlich-markentreu-mobil.html. Zugegriffen: 18. Aug. 2019.
2. Bertoncello, M. Setting the framework for car connectivity and user experience. McKinsey Quarterly. https://www.mckinsey.com/industries/automotive-and-assembly/our-insights/setting-the-framework-for-car-connectivity-and-user-experience. Zugegriffen: 18. Aug. 2019.
3. La Rocco, N. Hardware-Upgrade: Alle neuen Tesla können vollständig autonom fahren. https://www.computerbase.de/2016-10/hardware-upgrade-tesla-autonom-fahren/. Zugegriffen: 18. Aug. 2019.
4. Brockman, G. Scale.ai.: The data platform for AI. https://scale.com. Zugegriffen: 18. Aug. 2019.
5. Zimmer, H. (1990). PROMETHEUS – Ein europäisches Forschungspro-

gramm zur Gestaltung des künftigen Straßenverkehrs. In: Forschungsgesell-
schaft für Straßen- und Verkehrswesen: Straßenverkehrstechnik. Bd. 34/1.

6. Cacilo, A., Schmidt, S., Wittlinger P., et al. Hochautomatisiertes Fahren
   auf Autobahnen – Industriepolitische Schlussfolgerungen, Fraunhofer
   Institut für Arbeitswirtschaft und Organisation IAO. 2012. https://www.
   bmwi.de/Redaktion/DE/Downloads/H/hochautomatisiertes-fahren-auf-
   autobahnen.pdf. Zugegriffen: 18. Aug. 2019.

7. CNNMoney. Waymo tests self-driving cars without safety drivers. https://
   www.youtube.com/watch?v=WxZDc2BTQh4. Zugegriffen: 18. Aug.
   2019.

8. SAE. SAE – Society of automobil engineers, standard J3016: Taxonomy
   and definitions for terms related to on-road motor vehicle, automated dri-
   ving systems. https://web.archive.org/web/20161120142825/http://www.
   sae.org/misc/pdfs-/automated-_driving.pdfs. Zugegriffen: 18. Aug. 2019.

9. Grimm, M., & Tulloch, J. Allianz Risk Pulse, Leben in der
   Megastadt: Wie die größten Städte der Welt unsere Zukunft prä-
   gen. AllianzSE. https://www.allianz.com/v_1448643925000/media/press/
   document/Allianz-_Risk-_Pulse-_Megacitys-_20151130-DE.pdf. Zuge-
   griffen: 18. Aug. 2019.

10. Dobbs, R., Manyika, J., & Woetzel, J. (2015). *No ordinary disruption: The
    four global forces breaking all trends*. New York: PublicAffairs.

11. Seeberger, M. (2016). Der Wandel in der Automobilindustrie hin
    zur Elektromobilität – Veränderungen und neue Wertschöpfungspo-
    tenziale für Automobilhersteller. https://www1.unisg.ch/www/edis.nsf/
    SysLkpByIdentifier/4563/$FILE/dis4563.pdf. Zugegriffen: 18. Aug. 2019.

12. Thielmann, A., Sauer, A., & Wietschel, M. (2015). Produktroadmap Ener-
    giespeicher für die Elektromobilität 2030. Fraunhofer Institut für System-
    und Innovationsforschung ISI; Karlsruhe. http://www.isi.fraunhofer.de/isi-
    wAssets/docs/t/de/publikationen/PRM-ESEM.pdf. Zugegriffen: 18. Aug.
    2019.

13. Thielmann, A., Sauer, A., & Wietschel, M. (2018). Artificial Intelligence –
    Automotive's New Value-Creating Engine. McKinsey & Company.
    https://www.mckinsey.com/~/media/McKinsey/Industries/Automotive
    %20and%20Assembly-/Our%20Insights/Artificial-%20intelligence-
    %20as%20auto%20companies-%20new%20engine-%20of%20value/
    Artificial--intelligence--Automotives--new--value--creating-engine.
    ashx. Zugegriffen: 18. Aug. 2019.

14. VDI. (2015). Elektromobilität – das Auto neu denken, Bundesminis-
    terium für Bildung und Forschung, Redaktion VDI Technologiezen-
    trum GmbH. https://www.bmbf.de/pub/elektromobilitaet_das_auto_neu_
    denken.pdf. Zugegriffen: 18. Aug. 2019.

15. Volkswagen AG – Mobility for generations to come (Annual report
    2019). https://www.volkswagenag.com/presence/investorrelation/publica-
    tions/annual-reports/2020/volkswagen/Y_2019_e.pdf.

6

第 6 章

汽车行业新型价值链中的人工智能技术

概要

在本章中，我们将研究汽车行业中人工智能和数据相关的应用可能性。这可以从汽车价值链的前期环节优化运作成本的用例（Use-Cases），到在车辆中改善客户体验的功能，直至新型的商业模式，以获得更佳的企业效益等。对所有列举出的典型用例，本章都在各小节中给以定性分析和客观评估。同时，本章对它们的发展潜力（成本节省或销售潜力）、经营效益、人工智能建模、软件集成及其数据要求方面，进行了概括性评价。

6.1 评估用例的方法

我们主要从以下四个方面评估所有用例（这意味着显然我是作者，但还是用复数：我们）：

- 潜力
- 建模
- 集成
- 数据

节省成本和同时增加销售，将这作为企业要挖掘的潜力，这是一个非常主观的评估指标。在对用例评估中，我们可用一个简单的 ×，意指较低的潜力。这都是些所谓"要有就好了"（nice-to-have）的用例，但对于企业的生存并不重要。具有中等潜力的用例，可以用两个 ×，即 ×× 表示，说明这一用例可能有明显的竞争优势。如果一个用例可获得三个 ×，即 ×××，则它将对汽车行业产生巨大的经营影响（Business Impact）。

建模应该能作为一个粗略的概括性指标，以评估所要创建的第一个最小可行产品（Minimal Viable Products，MVP）的复杂性。当然，可以用较少的花费（这里意指精力、时间、费用、资源等），针对每一个用例建立一个简单的演示器。对复杂度较低（×）的用例，主要是涉及一般性数据处理、统计方法和简单的人工智能方法。中等复杂度的用例（××）主要基于其数据复杂性。例如，这可以是地图数据或复杂的企业数据。高度复杂的用例（×××），就需使用非常复杂的人工智能方法，例如神经网络和优化流程。最好使用一个简单的演示器，预先验证具有较高建模复杂性的用例，以便可以在早期就能确认和评估风险。对具有低或中等建模复杂性的用例，通常可以随时进行处理。

集成指标在于大致地评估，如何对用例的集成工作所需的资源和经费进行分类，以便将最小可行产品整合到汽车制造商的信息技术环境中。集成复杂度较低的用例，可用 × 标注包括：可以是实现某一简单服务，用于独立性的网络服务或自动生成报告（Report）。中等复杂度（××）的用例，一般就需要有图形界面，或可独立地实现与上面类似的功能，例如，网站。高复杂性（×××）用例，就需要能访问现有的接口，例如，车辆中的导航系统，或者销售中的客户管理系统，例如 Salesforce。

对数据的要求，这里是指建立一个用例所需的数据量。× 意味着仅需单一性数据记录，最多可包含 500 个。如果标注为 ××，就是需要更多的数据，例如，运输车队或生产系统的数据，最多可有 15000 个数据记录。超过上述数据量的用例，可以是汽车制造商在相应环境中的全部可用数据量，例如，整个车队、所有生产型数据等。

6.2　过程自动化与优化

作为过程自动化和优化的一部分，我们将重点介绍汽车价值链中与其相关的每个阶段环节。

6.2.1　研究与开发

在研发中，存在许多过程自动化和优化用例，现在只考虑那些最为重要的（表6.1）。

表 6.1　研发用例评估

用例	潜力	建模	集成	数据
虚拟车辆开发	×××	×××	×	×
虚拟车辆验证	×××	×	××	×××
使用现场数据，用于在设计中确定零部件尺寸	××	×	×××	×
磨损 / 故障或错误检测	××	×××	××	××
制造过程中修改零部件的成本分析	××	××	××	×××
自动存档开发过程数据和企业内部数据查询	×	×	×	××
车辆设计中创意性人工智能	××	××	×	×××

虚拟车辆开发：当今，许多汽车制造商已经在很大程度上使用虚拟车辆开发技术。在这里，主要是运行计算机辅助设计模型和仿真，通常是动力学、流体力学、振动和热力学，以及声学领域，模拟产品的物理模型。不断增加的信息技术和计算能力，有助于加速有限元方法的计算速度[4]，使用更为复杂的仿真模型。可以模拟整个零部件和系统，加速确定组件更改后的产品特性，而不是简单地将一个真实零部件安装在车辆上。例如，安装在驾驶员座椅后面，然后使用真实的物理原型，来确定当该零部件受热时，温度持续上升，当超过某个极限值，是否会有潜在的火灾危险。现在，这个过程完全可用计算机进行模拟。开发人员能够更快地获得模拟结果，并且将开发成本大幅度降低。此外，可以组合零部件的不同版本，进行大量仿真试验。这样就可进行全面的产品特征研究，从中选取最好的结果。这其实是传统的优化过程。不必创建真实的物理原型。而这通常要花费 50000 ~ 100000 欧元，进行产品仿真试验，其成本远远低于物理原型测试。

虚拟车辆验证：虚拟车辆验证对于自动驾驶和新软件发布，已经变得越来越重要。由于车辆的开发周期越来越短，并且其车载系统复杂性越来越高，不再可能仅通过真实驾驶测试来给予验证。优步和特斯拉等企业使用车辆记录仪，收集了大量驾驶和环境数据，以便每当软件算法更改时从从中学习和训练算法。这当中有城市内驾驶，人行横道，交通信号和标志，高速公路，以及许多实际场景，可以借助这些场景数据，开发和训练新的算法，例如，用于自动驾驶。这一点很重要，产品开发人员希望在越来越短的时间内，尽可能进行更为广泛的功能测试，因此唯一的选择就是虚拟车辆验证，这不再需要原型车和测试驾驶员。可见，这里蕴藏着巨大的开发潜力。

使用现场数据，用于在设计中确定零部件尺寸：得益于车辆网联技术的稳定增长，汽车制造商也越来越多地从实际客户那里获得大量驾驶数据。现在可检验客户的真实驾驶行为，例如，制动的频率和次数，打开行李舱的频率等，由此可以更好地设计和确定许多零部件的功能参数，比如几何尺寸，并使测试方法更针对实际客户的行为。在传统上，许多汽车制造商通常都会进行过多的测试，这意味着，车辆的各种设计参数比所必要的要保守得多，安全性过于夸大。车辆通过传输所谓的实用直方图（Histogram），就可降低信号通信的数量和成本。例如，在一天的制动过程中，不必每次都发送一条数据信息，而是将这一天内的制动次数累加起来，然后只发送一条数据信息。汽车制造商通过其测试程序，所设计零部件参数的功能越接近真实的客户行为，原材料和能源就都得到了最佳利用，这样车辆生产的经济效益也就越大。

磨损 / 故障或错误检测：零部件的磨损和故障通常会对汽车制造商造成高昂的经济损失，特别是在保修期内。在批量生产前，车辆测试进行得越少，或者测试用例与客户实际行为的偏离越大，则零部件发生故障的风险就越高。人工智能技术可及时识别车辆磨损、故障和缺陷，并在其失效以前，及时发出提醒信息，比如，需要进修理车间进行保养，零部件维修或者更换。今天，已经有可能使用控制器局域网 CAN 车辆数据来预测可能出现的零部件故障，而在这以前就必须要进行实际车间级测试。比如，废气再循环阀是一个很好的例子。现在，环境保护法律规定越来越严格，要求进一步减少废气排放。这不仅针对柴油发动机，也包括汽油发动机。借助所谓的废气再循环，就可减少氮氧化物的排放。对于汽油发动机，在部分负荷范围内，这使燃油消耗也降低了。但是，废气再循环阀的一个典型问题是污垢。由于废气中的油雾和积炭影响，废气再循环阀口变得越来越脏污，阀的横截面积随着时间的流逝而缩小、狭窄，直到完全堵塞为止。其结果就是返回的废气量不断下降。高温热量负荷促进了该过程的急剧发展。其实无须昂贵的测量方法，就可以简单地通过废气数据检测到这种现象。还有一些计算模型可以识别出柴油颗粒过滤器的磨损。如果汽车制造商在保修期内，出现的零部件故障越少，企业的成本费用也就越低。

制造过程中修改零部件的成本分析：一个车辆可以有数千个零部件。如果零部件本身的成本越低，则整个车辆的造价就越低，汽车制造商的利润就越好。因此，车辆零部件的外部采购和内部生产，始终是一个令人感兴趣的优化问题。如果对一个零部件，已委托一个供应商，则总是会发生这类情况，即在生产过程中仍必须更改零部件，例如，决定使用可替代的零部件，或者因为产品要求出现了变化。这可以是计划内或计划外的。产品的更改被定义为后续的调整和改进，这是在产品发布之后，对产品具有确定的约束 [1]。这始终包括对技术性文档，或者数据库数据的修改，更重要的还包括所有与之相关的产品和过程。根据当前的企业标准，要更改的零部件必须经过申请、更改、测试、获得批准和存档管理流程 [2]。即使产品在变更中处于首要地位，但由于产品间的依赖性，相关的流程也必须要给予考虑。与产品类似，流程承担了变更的实施工作，也可以成为变更本身的主题。零部件更改不仅可在生产启动期间出现，而且在整个产品生命周期中都可能发生，这就包括了在开发过程之后，产品要经历的各个生命阶段。为了能够对各个阶段的产品变更进行评估，汽车制造商就必须保存所有更改文档，作为相应的人工智能系统的输入数据。借助产品更改管理（Product Change Management）技术，可以查询先前的零部件版本，在此基础上进行某种程度的更改，这种更改方式的工作成本完全可以预测和控制。每个车辆项目都需要处理大约 1000 ~ 100000 个更改，每个更改可能要花费数千欧元，甚至更多。使用人工智能技术，可使该过程易于管理和系统化，节省大量生产成本。

自动存档开发过程数据和企业内部数据查询：车辆项目如同是一个极为复杂的工程项目。在这个过程中，将生成数千页的产品规范，而且这些规范必须随时都可以更改，即使规范实际上已经完成。要求能够对这些规范数据进行搜索查询，同时还要维护上下修改过程的管理性数据，这的确需要高效、迅速和低成本的查询功能。如果您使用过谷歌搜索引擎，可能以为这一切都很容易，但事实并非如此。这些数据或多或少地都非常难于搜索，并且彼此之间没有链接。借助于人工智能技术，就可以解决这类数据搜寻问题，并链接相关的数据文档。还可以识别文档内容类型，并将其分配给相应的主题。

车辆设计中创意性人工智能：人工智能可以辅助新车型的设计。现在神经网络能够基于学习，进行相似的新设计。例如，可以将所有先前的车辆模型输入神经网络，然后指定您想要的一种设计。比如，所希望的车型是越野车与跑车模型的特性交集，神经网络算法就可以创建出无数种混合形式。就是使用这样的方法，在计算机游戏产业，图像设计师可创造数百万至数十亿个不同的图像[3]。简单地说，汽车行业也可以从中受益。人工智能将越来越能辅助和支持未来的产品设计。

6.2.2 采购

采购过程要处理大量的企业内部数据信息，比如，有关采购价格、批量、供应商、折扣、交货可靠性、小时费用、原材料规格等。同时，要对不同的供应商进行评估，就需要定量地计算出许多关键指标，从而可对供应商进行优选排名。借助来自监督学习领域的人工智能方法，比如使用现有的数据集进行预测计算，确定每个供应商的基本特征，可获得其绩效指数，对交付可靠性也可以进行预测。

除了企业内部数据之外，还可以使用公开数据，或可以购买的外部数据，比如来自咨询服务机构的统计数据。这里可包括货币汇率、原材料价格之类的数据，以及有关供应商信誉度之类的信息等（表 6.2）。

表 6.2 采购用例评估

用例	潜力	建模	集成	数据
建立一个可自我优化，全公司范围的采购数据湖	×××	×××	×××	×××
预测性采购	××	××	×	××
数字购物助手	××	×××	××	×
自动化合规检查	××	××	×	×××
文档可比性	×	××	××	××
交付可靠性的预测	××	××	××	×××
供应商记分卡	×××	×××	××	×××

建立一个可自我优化，全公司范围的采购数据湖：汽车制造商的采购部门，每天都会生成大量内部业务数据，其中某些数据存在差异。特别是在国际化大型企业，采购业务多是分散性的，部分地由所在国家 / 地区的分支机构运作，因此在整个企业中，数据库内容并不总是同质的（Homogeneity）。借助人工智能方法就可协调这些数据，创建一个企业范围内统一、无差异化的数据库，该数据库可以进行实时更新。这可节省成本，仍有很多业务潜力可挖掘（例如，通过批量捆绑），并且可以确定造成成本过高的原因，例如，特立独行的采购（Maverick Buying）。这可以带来强大的竞争优势，但是在建模、集成和数据需求方面，其实际实现却非常复杂。

预测性采购：在采购过程中，外部因素的影响作用也很大（比如，货币汇率风险、原材料价格波动），采购部门都必须对此迅速地做出反应，避免犯下原可避免的错误。借助基于外部经济信息的网络数据库，可以实时获得各种关键性采购信息，从而可以提高采购的反应速度，及时做出应对决策。预测性采购的目的是预测未来的可能风险

（例如货币风险），并将其纳入企业的采购战略之中。这就同时提高了企业和供应商的计划安全性。依据可靠的、由数据驱动的采购计划，可推导出具有指导性意义的、关键性的采购数据。可见，在预测性采购的背景下，就有可能采取有远见的采购行动，降低企业的经营风险。

数字购物助手：数字购物助手可以在整个购买过程中，为购买者提供各种形式的支持。一方面，它可以被理解为一种聊天机器人，它可以自动写信给服务提供商，进一步进行价格谈判；另一方面，它可以为购买者收集产品和服务的报价，进行性价比评估。根据内部和外部可用的数据资源，它还可以向购买者提出购买建议和最佳供应商。这就使得在购买过程的每个阶段，它都可有效地提供所需的支持，因此可以购买节省时间和工作成本。

自动化合规检查：采购文件和报价都必须符合法律和商业规范，当然还要符合企业内部的规定。在这里，人工智能可以提供某些支持，比如，以合规的方式起草报价。迄今为止，可以根据许多成功和合规的报价数据来训练这种神经网络。然后，可以在收集报价信息时，提供实时性支持。利用这一完全相同的过程，也可以来评估不同的供应商报价，获得快速的信息反馈，并向其提出需要改进的建议。这可减少不必要的交流手续和后处理，通过流程优化就节省了运作成本。

文档可比性：在采购中，自动评估采购文件具有重要的实用意义。当今，许多数据信息是纸质文档形式。可将这些文档翻译成电子文本，以可以实现数字化自动评估。例如，可以找到内容类似的文档，这就可实现可比性，从而采购者可获得经营历史经验，就能够更快地做出采购决策，因此可以提高工作效率。

交付可靠性的预测：确保交付可靠性对于供应商的信誉来说，这是至关重要的，采购部门可根据可靠性，预测可能出现的交付风险。基于先前的实际交货日期记录、双方约定的交付日期等其他指标，就可评估出某个供应商的交付可靠性，而且还可与其他现有的或新的供应商进行对照比较。为此可以使用人工智能方法，引入有关交付指标参数，用所有内部和外部数据，对算法进行学习训练。在此基础上开发出数据驱动式采购模型，降低企业采购风险。

供应商记分卡：除了供应商忠诚度之外，对供应商进行综合性的评分，还可有助于供应商选择，并及时地进行风险管理。这些可作为主要的评分标准：遵守供货的截止日期，产品质量，被投诉数量，相对竞争对手的价格，服务水平。此外，对特殊要求的处理，也是一个重要的标准。这些标准的汇合，就可以构建出一个供应商的概况。对于采购而言，就是要及时地可视化供应商的报价优势和劣势，或者所存在的问题，能确切地分析出原因，并立即做出决策和采取实际行动。人工智能方法可以从大量的数据中，识别出评估参数的定量值，建立实时性的记分卡，对供应商进行分类排队。基于这种人工智能型记分卡，还可以在互联网进行搜索，自动找到新的潜在服务提供商。

6.2.3　物流和生产

在物流业务本身，还可以细分为采购物流、生产物流、配送物流和备件物流（表 6.3）。

表 6.3　物流和生产用例评估

用例	潜力	建模	集成	数据
采购物流	××	××	××	××
生产物流	×××	××	××	×××
配送物流	×	××	×	×
备件物流	×	××	××	××
优化供应链	×××	×××	×××	×××
通过参数监控，实现基于人工智能的优化制造过程	×××	×××	×××	×××
预测维护/零故障时间	×××	××	×××	××
虚拟检测	××	×	××	××

采购物流：在采购物流中，主要涉及从采购货物到提供运输，直至进货入仓的整个过程。在采购时，可以参考大量企业内部的历史数据信息。这些可用于创建初始价格预测，评估交付可靠性，并评估供应商可信度。在采购物流中，很有经济意义的一个方面，就是所谓兼顾成本的优化运输。这里可以使用传统的优化方法，例如，理想性地优化规划和投入运输能力。另外，何时发放订单，以及货物何时到达，这也至关重要。在这里，人工智能技术可用于实时跟踪货物，并识别所谓的异常现象，即与预定系统行为的偏差。

生产物流：生产物流类似于上述采购物流。但它主要是企业内部运输、转运和存储过程的计划、管理和控制。在这里，要确定物流瓶颈环节，优化库存资源，最大限度地实现准时（Just in Time）提供。对此，可以使用自动/无人驾驶运输车辆，用人工智能技术规划最佳运输路线，这都是优化内部物流的一部分。另外，预测物料交付量，估计库存水平和识别瓶颈环节，都可减少不必要的存储成本，并且降低物流过程的复杂性。根据物流管理学理论，库存过多的情况下，就会产生额外的存储成本，而在库存不足的情况下，就会造成存储资源过剩，人员效率和经济效益下降，并且在无库存的情况下，可能会导致生产中断，造成难以估量的经济损失。在企业内部物流领域，每年所需的运营费用，至少为 6 位数字。目前，汽车制造商经常仍然只简单地接收供应商交货，而未认真地将其与原始订单进行比较。人工智能技术可以帮助解决这一问题。

配送物流：在汽车行业，配送物流主要的业务就是向客户交付新车和二手车。此处的重点是成本和交付可靠性，还必须考虑多式联运供应链中的各个环节。多式联运包括铁路、船舶和货车运输。它还可以是将多个要配送的车辆，组合到一辆货车进行运输。谈到二手车的配送物流，就要考虑到二手车通常价值低廉，经营利润如何最大化问题。应用人工智能技术可优化车辆分配中的各个销售渠道，例如拍卖行、互联网。通用汽车公司曾进行过一个这类销售收入的预测，并在2003年实施了这一相关计划。

备件物流：在备件物流中，就是要提供零配件或备件及其仓储服务，可以根据车辆实用车龄、类型和型号（或销售量）来预测将要生产和保留的备件数量，这的确有其经济和实用意义。使用人工智能技术就可以大大降低零部件的存储成本。采购物流方面类似的用例和优化潜力也适用于此领域。

优化供应链：如上述用例所示，在预测交付流程的守约性方面，物流还存在很大的优化潜力。在这里，人工智能方法必须与仿真技术相结合，因为整个流程无法用一个模型来映射。可使用仿真来模拟物流链的各个环节。根据结果，可以进行供应链评估，从中可以得出具体的优化措施。当然，这里最大的潜力是供应商网络分析和优化，如果能够做到这一点，就可以发现潜在的薄弱和瓶颈环节。在供应商网络中，关键路径上的交付错误和延迟，都会导致汽车制造商的生产停滞。利用供应商网络仿真技术，不仅可以寻找出这种可能的瓶颈，而且可以及时确定对策来进行疏通。但是为了实现最广泛且细致的仿真，就要求尽可能准确地映射所有子过程和相互作用。在理想情况下，这甚至应包括2级和3级供应商。由此可见，这在软件集成、建模和数据要求方面，都提出了极高的要求，并带有很大的操作复杂性。

生产过程将在其各个阶段从人工智能技术和数据处理中受益。具体讲，人工智能技术应用领域可包括金属加工（传统材料以及新型材料）、车身构造、涂装、动力总成系统和最终装配。还可以考虑所有具体的生产步骤。这里，总体目标是对所有过程和步骤进行效益分析，并考虑到所有潜在的干扰因素，及其可能造成的影响后果，这里正是可挖掘出巨大的潜在成本。这就要求收集，分析和集成所有子流程中的数据，工业4.0和物联网就使之成为可能。

通过参数监控，实现基于人工智能的优化制造过程：在生产过程中，所有阶段都可从人工智能技术受益。这里对所有制造流程而言，重要的是连续地记录，并保存所生成的过程参数。通常，将质量下降和产品缺陷作为优化目标，因此这些类型的生产数据就很重要。必须要正确地分配过程参数，尤其是对新的生产过程（例如碳纤维生产流程），这里有相当大的改进潜力。其他的优化目标，就是减少能耗或加快物流速度，人工智能技术应用不仅可离线（在所谓的批处理Batch中），也可在线（在所谓的流式Streaming中）进行。

离线（Offline）意味着，首先要收集所有可用数据，然后还要细心地检查。在离线式人工智能技术中，通常会首先缩小计算模型尺寸，例如使用自动编码器网络。在此尝试检测所有相关的参数。此外，还要确定过程影响变量与目标变量（质量或其他指标）之间的关系，在此基础上，定义调整措施以优化目标值。在实际中，这种检验通常是针对一个过程中的某一个尖锐问题，而且大多数情况下，也能提供切实可行和有效的解决方案。但是，还很少考虑整个过程的持续优化。其原因在于，如果要真正理解所能产生的结果，并制定出有意义的优化措施，这就需要大量专业领域的深层知识。尽管通过优化，促使节省成本的可能性非常高，但实际上，业界并未采取和实施。

在线（Online）人工智能方法，其数据是实时性的，并且数据准备流程从一开始就是自动进行。对此，工业4.0和物联网是实现此目标的关键推动力。这两者都为人工智能技术的数据获取和集成、数据预处理、建模和实时应用铺平了道路。这样可以自动实时地提供过程和其质量数据。例如，如果现在有了集成数据库，则可以使用人工智能方法来检测过程中出现的变化和偏差，这包括所谓的漂移（Drifts），乃至潜在的过程故障。然后，可将人工智能技术支持的预测方法用于优化流程。同样，通过在每个过程中实施预测，就可以预知和输出各种过程参数（例如，质量），并在此基础上确定改进措施。

预测维护/零故障时间：可以基于先前用例，建立监控系统来实施预测性维护。除了分析所有相关的过程参数外，还可以使用各种传感器，例如图像和音频传感器。这当中，一种常用的方法是所谓的异常检测。这是一种人工智能技术，它可从系统运行数据中诊断系统的健康状态，然后可以实时地识别出现的偏差。与先前的用例相比，预测性维护用于早期发现系统中的错误，而并不是优化整个生产过程。但是，由于大型过程故障，以及由此导致的停产与经济损失直接相关，因此这里有巨大的经济潜力可挖掘。

虚拟检测：基于现场摄像机的视觉检查设备，可用于在生产过程中，监控中间产品和最终产品的质量。这就必须收集大量的合格产品，以及最终产品的图像信息，然后将这些数据输入神经网络中。在这种学习和算法训练基础上，人工智能型检测就能够识别出产品的质量偏差，甚至能以超出人的准确性检测出所存在的缺陷。在这里，及早发现零部件缺陷，就可防止将有缺陷的车辆交付，就可提高客户的满意程度。

6.2.4　市场和营销

在市场和营销领域，人工智能技术也有许多成功的应用。复杂的数据收集、企业数据保护和数据质量等问题，这都需要进行长期的规划和实施。当涉及优化"软"实力因素时，比如品牌形象之类，情况将变得更加复杂。这时数据存在很高的不确定性。人工智能方法仍可以借助足够的数据，来降低此类不确定性，并提供某些经营潜力（表6.4）。

表6.4　市场和营销用例评估

用例	潜力	建模	集成	数据
预测线索打分	×	×	×	× ×
动态定价	× ×	× ×	× ×	× ×
客户流失管理	× ×	× ×	× ×	× ×
购买后交叉和追加销售	× × ×	× ×	× ×	× × ×
自动在不同渠道发放广告	× ×	× × ×	× × ×	× × ×

预测线索打分（Predictive Lead Scoring）：这一做法可以减少处理客户（潜在买家）流程的工作量。可以使用人工智能方法，从每一个成功的新线索以及外部来源的新线索中学习。这使得可以相对准确地预测潜在顾客的购买意图。这样，市场营销和销售部门的员工仅需重点关注购买可能性很高的潜在客户。这可以提高销售效率，尤其是可能会提高销售额。

动态定价：这个用例在于解决如何为单个客户定制产品或服务价格，从而提高他们的购买意愿，而又不会给整体营业额带来过多成本费用支出。为此，可以使用回归分析领域的人工智能方法，例如，分析客户的人口统计学特征，其个性生活行为，以及基于不同参数但相似客户的成功经验。

客户流失管理：在销售和市场营销中，可使用人工智能技术的一个典型主题，可以说是"客户流失"主题，这多直接与客户忠诚度相关。在已相当饱和的消费市场中，对于汽车行业而言，最重要的当务之急，就是最大限度地减少客户流失。这意味着必须制定应对计划和实施最佳对策。当然，这就需要有关客户的详细信息，这些信息应尽可能地个体化，可以将客户分类继续细化，主要考虑客户的满意度，以及对车辆的市场中的声望和知名度，以及有关竞争对手信息，比如车型、价格、功能等数据。某些数据具有主观性，例如个人满意度值。个性化的客户流失预测和最佳对策，例如个人折扣、加油票或购物券、附加奖励措施，这是一个高度复杂且经常引发关注的问题。基于国家颁布和制定的个人隐私保护条款，就同时必须保证最高的个人数据机密性，因此一般很难计算出既能最大限度地防止客户流失，又有利于客户的个性化报价，同时还要兼顾企业的经营效益。这就是说，决不能任意搜集客户的私人数据，除非客户本人明确表示同意，否则人工智能方法只能用于分析汇总数据（即某个特定的客户群体）。每个能保留住的客户，都可以节省用来获取新客户所要支出的成本，并有可能确保未来的销售。

购买后交叉和追加销售：可以使用人工智能方法，研究另一个令人振奋的主题，即如何在现有客户中实现销售潜力最大化。这里涉及的是所谓"追加销售"（Up-selling）话题。追加销售描述了一种想法，即尝试向现有客户提供更高质量的产品，比如可能是下一辆汽车，当然这就需要一些优惠报价。这是一项非常复杂的工作，必须考虑和分析大量的数据，例如有关客户群数据、营销活动和相关销售成功的数据。但是，这些数据大多无法再使用，而且难以系统地收集，并且存在高度不确定性，人工智能方法可能在此有助于帮助解决这些问题。

自动在不同渠道发放广告：在营销和销售中，首要目标就是尽可能有效地吸引最终客户。这主要是针对客户获取或维持。营销活动的成功，最终可以通过销售数字来定量衡量。但是，如何在日常经营中，衡量营销活动是否成功，这是非常复杂的，因为有许多影响因素。通常，目标就是通过营销活动获得最大的回报率，同时预算支出最小化。这就要求，不仅营销的搭配，而且其时间上实施顺序都必须互相适应和匹配。人工智能方法可以有助于开发营销预测模型。例如，基于特定的市场营销活动，可以持续地提供销售数字的预测。除了易于衡量的在线广告外，还存在离线广告，例如参与交易会、信函广告或印刷广告。但这当中数据收集工作要复杂得多，这就必须在较长的时间内收集数据，以便对其进行评估，并从中得出结论。也有可能通过所谓的网站"小甜饼"（Cookie），通过多个营销渠道来锁定客户。

6.2.5 售后

长期以来，售后业务一直是制造商、供应商和维修公司的可靠销售渠道和经营利润来源。但这一时代即将结束，数字化正在颠覆性地打断原始零件制造商和供应商、零部件经销商和维修车间之间的传统价值链。作为新的竞争参与者，电子商务正在进入这个后续市场。但是数字化也提高了服务价格的透明度（表6.5）。

表 6.5　售后用例评估

用例	潜力	建模	集成	数据
预测性维护	××	×××	××	××
维修车间经营优化	×××	×××	×××	×
备件仓储优化	××	×××	×××	×××
故障远程维护／车辆"心电图"	××	××	×	××
基于人工智能视觉技术识别车辆损坏	×××	××	×	××

预测性维护： 通常在研发领域中，出于设计目的进行零部件的磨损、故障或失效检测。在售后和交易阶段，预测性维护可以预测车辆可能要出现的故障，从而使客户有所准备，以提供最佳的售后服务。这也可以与一个前瞻性的车辆维护相结合，在维修车辆时，可为客户提供保养建议，其费用甚至可打一定的折扣。这主要是基于其他同类型车辆的维护和故障历史记录，来建立这样的人工智能分析和预测技术。

维修车间经营优化： 如果汽车制造商能够及时预测车辆可能发生的故障，及时向客户提出维护建议，那么他们还可以提高自身维修车间的利用率。具有人工智能技术支持的对话机器人，可以自动与客户取得联系，并建议维护时间，这就类似于谷歌在2018年展示的一个机器人，它可预订发廊美发师的日期[5]。另一方面，基于修理工的工作时间安排，以及其他车间管理参数，就可优化维修车间经营，达到最佳车间利用率，并使其保持在最新状态。

备件仓储优化： 根据维修车间对备件的需求，还可以在备件管理方面，优化备件仓库库存。如果可以识别出一台车辆发生了故障，并需要更换新的变速器，则维修车间可以主动地检查库存，是否有所需型号的变速器。如果没有，则可以订购或请求供应商提供。除了这种主动式规划备件外，还可以根据对车间的历史记录，扩大可优化服务的范围。对此，人工智能需要事先访问车间的现有数据库数据，索取所要配置的备件数据。基于这些数据，对预测性人工智能算法进行训练，可以预测今后对备件的需求。

故障远程维护／车辆"心电图"：如果车辆出现故障或问题，客户可以将车辆数据传输给汽车制造商的维修车间。类似于在医院中做心电图，维修车间可在线访问车辆数据，并分析和诊断所出现的问题。这可以是所谓控制器局域网车辆数据，也可以是声学或图像数据。例如，如果自动车窗调节器出现问题，则客户可录制下带有声音的视频，人工智能技术可以评估这些录音数据。基于正常的车窗调节器的声频信号，就可确定该调节器是否损坏，或进行更深入的分析。

基于人工智能视觉技术识别车辆损坏：尤其在售后和零售服务中，图像数据有多种可能的用途。客户可以为自己的车辆拍照，转发给车辆经销商或者维修车间，比如，询问和咨询是否需要更换轮胎、进行喷漆维护等。这样的过程相对很容易创建。经销商可使用人工智能技术，轻松地访问现有数据，用来培训此类智能方法。这就可以对常见的车辆状况进行远程初步检查，并有可能进行协调，与所需的汽车制造商授权车间建立联系。

6.2.6　支持过程

支持过程主要是针对车辆生产部门，对汽车制造商而言，主要包括以下三个领域：

- 财务
- 人力资源（HR）
- 企业信息技术

财务部门为人工智能技术应用开拓了许多用武之地。这里有大量的企业内部数据，这其中有关于企业经营成功或者挫折的关键数据信息。财务监督和控制尤其掌握有大量此类信息。这些数据可以很好地用于开发财务业务预测模型，以自动生成下周或下个月的财务状况预测。另外，企业的人力资源部门也可以从中受益，可以用人工智能方法进行分析，以实现系统化的人员上岗配备，并提高员工忠诚度。从长远看，实现信息系统运行监测自动化，企业信息技术部门也可从中受益（表 6.6）。

表 6.6　支持过程用例评估

用例	潜力	建模	集成	数据
预警系统，减少风险（财务）	××	×××	×××	××
方案比较（财务）	×	×	×	××
亚马逊员工培训功能（人力资源）	××	××	××	××
员工职能分析（人力资源）	×××	××	××	××
解约预测（人力资源）	×××	××	××	××
预测性实时监控（企业信息技术）	×××	×××	××	××

预警系统，减少风险（财务）：许多工业企业，包括汽车制造商，都积累有大量的财务数据。基于此类数据，可创建人工智能方法以预测企业的关键绩效指标（Key

Performance Indicators）。比如，车辆的销售状况就是一个关键绩效指标，人工智能方法可以每天、每周、每月或每年对销售量进行预测，并自动地将其与实际销售量进行比较。除了实际销售数据之外，还可有许多其他数据，例如折扣活动、市场份额、市场增长、索赔和广告措施。目前，企业进行此类经营预测和比较仍然非常耗时，可能要花费数十万欧元。借助人工智能方法，预测准确性也将大大提高。

　　方案比较（财务）： 所有汽车制造商都要进行系统性的竞争分析。购买竞争对手的车辆，系统性拆卸和研究，这也包括对其零部件的成本进行分析。但在财务方面，进行这种工作就非常耗时。过去使用人工方法，现在就可由人工智能方法替代，并自动进行，从而降低工作成本。人工智能方法还可以做更为复杂的比较分析，这主要是在多数据维度状态空间，并具有高组合性，通常对于人类来说，这类分析几乎是不可能的。

　　亚马逊员工培训功能（人力资源）： 汽车制造商通常会为其员工提供各种资格认证，这可以是专业技术，也可是跨学科的认证（通常会上千人）。对此有所谓的培训顾问。这些其实是人力资源部门的工作人员，他们根据培训要求，分别为员工提供各人的发展建议。参照电商亚马逊向客户提供经常要购买的产品，这一方法可以转移到职业教育措施上。这将使员工可以经常地了解到企业提供的职业进修措施，以及后续的再教育内容。这样，员工可以间接地互相进行指导。每个员工都会从大家的智慧中受益，培训顾问也可以专注于其他活动。

　　员工职能分析（人力资源）： 汽车制造商的未来将取决于一个重要的因素，就是企业能否保证员工具备与日俱增的职业能力。为了获得新型的知识和技能，可以提供进一步的培训措施，并且可以雇用新员工。在这两种情况下，企业首先要清楚，企业内现有的员工是否具备所需要的知识和技能，并且可以将其投入到所需要的部门领域。在此处，人工智能方法可以通过记录和跟踪企业内员工的职能和技能信息，来提供人力资源支持。可以建立一个大型的员工资格数据库，并将其与所要求的能力数据进行比较。这样可以减少雇用新员工的数量。当然这也可以通过外部自由职业者来降低人员成本。

　　解约预测（人力资源）： 当前，企业要保留优秀的员工，尤其是信息技术专业员工，变得越来越困难。而且能雇用到新型领域、特殊专业的员工更为困难。因此，对汽车制造商而言，要尽可能地留住现有的高端人员，这也要比雇用新员工更为重要。这通常需要花费很长时间，比如解约期较长，而且很可惜，这也是因为猎头公司越来越多。新员工也必须接受职业培训，这通常也需要至少 3 个月的时间，才能在新职位上真正 100% 胜任。借助于人工智能分析，就可或多或少地了解到个别员工离职的可能性。为此可以使用已经辞职员工的数据。在大型企业中，通常有足够的此类数据可用。使用这些数据来分析员工辞职的原因。通过此分析得出的某些特征数据（例如，每年度劳资双方的满意度，当前职位的年限或每周的工作量）。这些特征数据可用于创建预测模型，以识别出近期内可能打算要离职的员工。

预测性实时监控（企业信息技术）：汽车制造商的预测性实时监控是一项安全措施，以确保所有必要的信息技术系统正常运行，以使其不对企业生产造成负面影响。这包括基础性的信息技术架构和所有的应用系统。但要监控如此大量的系统是非常复杂的。人工智能技术可以自动执行此类操作。企业的历史性数据就可用于此目的，在此基础上可以配置一种运行异常检测系统。整个系统的正常行为是通过人工智能方法学习的，如果观察到的运行行为有所偏离，则可及时发出提醒信息，直至警告。通常某个系统出现故障，就可能导致生产停顿，并造成巨大的经济损失。

6.2.7 财政服务

价值创造链的最后阶段，还包括财政服务。在这里人工智能技术也有其应用潜力（表6.7）。

表 6.7　财政服务用例评估

用例	潜力	建模	集成	数据
二手车动态定价	×× ×	×	×	×
财政资助	× ×	× ×	× ×	× ×
剩余价值预测	× ×	× ×	× ×	×× ×
基于使用程度的保险机制	× ×	×	× ×	×

二手车动态定价：目前，二手车的价格仍根据车辆出厂时间、类型和里程数进行粗略计算。但是，通常二手车购买者的支付意愿在金额高低上可能相差很大，因此这不会给销售者带来最佳的经济效益和经营利润。虽然汽车制造商通常每月都会收到成千上万的二手车购买询问，但是，真正能售出和签约的数量很少。通常可能是因为二手车要价过高。因此，这就有可能开发出一种人工智能算法，它不仅只是车辆的车龄和类型，还要考虑尽可能多的车辆评估参数，同时兼顾有关客户的数据信息，以便能够粗略地预测其购买意愿，这可能会大大增加二手车的销量。

财政资助：如今，许多汽车购买者都可获得贷款资助，汽车制造商各自的银行在这其中与购买者签约。人工智能方法可有助于制定个性化的购车资助合同。同样，还可以基于所积累的历史经验数据，来创建个性化的财政资助合同。这就有可能提高，双方签约的可能性，而且人工智能方法也可以用于在早期评估买方的个人信誉。

剩余价值预测：二手车业务，尤其是对运输车队或租赁服务，对车辆的剩余价值非常关注。通常，在这些行业中有成千上万的这类车辆，在相应公司的资产表中，仍显示为固定资产。如今，这种风险可由汽车制造商转移给银行或租赁公司，但它也仍是整个企业资产的一部分。在这里，人工智能方法可以在企业资产的评估中，起到一个决定性的作用。例如，可以使用人工智能算法，对特定于车辆级别、配置的个性化剩余价值进行预测。同样，可以个性化地优化销售渠道，比如，将二手车按地区分配给拍卖地点，比如东欧国家。

基于使用程度的保险机制：对于一个运输车队经营者来说，车辆保险费是资产负债表上重要的一项。在事实上，一些最终客户支付了比他们实际需要更多的保险金额，当然，这还取决于他们的驾驶行为。基于实际使用的保险形式（Usage-Based Insurance，UBI），可以通过人工智能方法简单地予以实现，这可能是一个新兴且将不断增长的保险业务。车辆数据可以实时进行传输，结合对驾驶行为的分析，可以计算出个人风险状况。在此基础上，可为最终客户提供个性化、定制的保险内容和价格。对于单个投保人来说，这是一个很具吸引力的服务项目。而对于车队运营商而言，这意味着可节省大量保险费用支出。

6.3 数字服务：驾驶员 / 车辆

本章所介绍的用例是针对数字服务领域，可以为驾驶员（尤其是在车辆行驶过程中）提供某些附加服务项目（表6.8）。

表 6.8 驾驶员 / 车辆用例评估

用例	潜力	建模	集成	数据
自动驾驶（5级）	×××	×××	×××	×××
语音控制车辆（例如 Alexa，Siri 等）	××	××	×××	×××
多站点路线规划	××	×××	×××	×
停车位 / 休息区搜索	××	×××	×××	×
个性化导航	××	×××	×××	×
寻车	×	×	×	×
车辆监控 / 盗窃检测	×	×	×	×
人性化辅助功能	×	××	×	×
社交匹配	×	××	××	××
同行协助式导航	×	×××	×××	××
驾驶中剩余里程显示	×	××	×××	×

自动驾驶（5级）：正如第4章中所述，自动驾驶中包含大量的人工智能技术，这些可用于车辆控制或环境感知。对于商业客户而言，自动驾驶具有巨大的经济效益。单单节省一名驾驶员，每年每辆车的成本就可节省30000～40000欧元。对于驾驶员而言，这意味着他每天可有40分钟左右的自由时间。在此期间，他可做其他事情，或只是放松一下。当然，他也可以利用这段时间去商场购物。这也是为什么亚马逊和谷歌特别在自动驾驶方面进行大量的投入，以确保驾驶员在这段时间可享受其他服务的原因。但是，这段时间对于汽车制造商来说也是很有吸引力的，因为这就可以为驾驶员提供各类数字服务项目。汽车制造商也可以显示按驾驶员定制的广告。如果能与其他行业合作，将会创造更多的附加值。例如，可以根据驾驶员的地理位置显示广告，以吸引其进入该位置附近的优惠商店。如果客户购物或消费，汽车制造商可获得一定的佣金。

　　语音控制车辆（例如 Alexa，Siri 等）：现在，许多汽车制造商开始将诸如苹果的 Siri 或亚马逊的 Alexa 之类的语音识别技术，集成到他们的车辆系统中。语音控制是提高车辆使用性的绝好工具。可以以简单且直接的方式，操作极其复杂的系统。例如，大众汽车已经与在线零售商亚马逊建立了合作伙伴关系 [6]，目的就是使用 Alexa 的功能，比如，打开家中的百叶窗或检查冰箱中的物品。也可以考虑，从家中将导航目的地发送到车辆系统，或检查燃油存量。由于汽车制造商具有与其内部系统通信的语音输入接口，就可以收集大量有价值的客户数据，随着时间的推移，不断添加和改进已有的服务业务。

　　多站点路线规划：当车辆的行驶路线要经过多个中途停留站点时，这就是一个很有实际意义的优化问题。例如，这可以是物流部门的业务，具体涉及快递投送人员、邮政包裹递送等。这一优化问题还涉及许多交通状况问题，例如，当前道路的车流量，这也随时间在不断变化，可以说是高度动态性的数据。现在，汽车制造商可以利用测试车队，来收集全球的交通流量数据，并根据这些数据提供多站路线规划。优化的人工智能算法可在此基础上提供一个优化功能，就是精确地计算各个站点的到达时间。这有助于驾驶员制定自己的行驶计划，并将到站时间通知给其他客户。

　　停车位 / 休息区搜索：在晚上，免费停车位（例如高速公路旁）就特别紧张和拥挤。但是按照交通法规，货车驾驶员必须在一定的驾驶时间后休息一下。同时还建议所有驾驶员，当感到疲倦时要及早休息，以免危害其他车辆和人员。对于货车驾驶员来说，这种停车位问题尤其严重，因为他们需要更大面积的停车位。借助人工智能方法，通过分析有多少辆车驶入一个停车场而尚未离开，就可确定停车位的利用程度，是否仍有空位或已爆满。如果超过某个确定的极限值，则可以认为该停车场可能已人满为患，并且可以及时通知驾驶员，并在导航地图上进行标记。

　　个性化导航：通过分析驾驶员的驾驶行为，例如，经常前往的目的地、所选用的交通路线等，导航系统就可以提出个性化的定制建议。人工智能方法可分析首选的交通路线，例如高速公路、乡村道路、次要道路等，并尝试从目标地址中获取其他信息。例如，如果要根据导航地图，寻找一个加油站的位置，人工智能方法可以评估已接近哪个品牌的加油站。在此基础上，该过程可以随着时间推移进行进一步分析，这是哪一个最常使用的品牌，并在计划路线时考虑到这一点，如果有必要加油的话。还可以评估正经过的各个餐厅或快餐店。然后，基于所有这些收集的信息，可以高度个性化的方式计划下一条路线，例如，加油站品牌、餐厅喜好、受欢迎的连锁酒店等。尤其是对于支付意愿高的用户，个性化服务就特别适用。对于经常在高速公路上行驶的用户，比如，货车驾驶员，这一服务可能特别有意义，因为他们必须定期休息和进餐。有了这样的服务，就可以将所计划的路线与剩余驾驶时间进行比较，并计划后面的加油站、用餐时间或合适的休息停车位。

　　寻车：这是一项相对简单的服务，几乎不需要人工智能技术。但是，它可以带来较高的附加值。比如在停车后，存储车辆所停靠的位置。如有必要，可以将该信息发送给家人。

车辆监控 / 盗窃检测：送货驾驶员、包裹快递员经常会遇到一个问题，即他们只能半合法性地短暂停车。人工智能技术就可以检测，他的车辆是否在停车期间移动，例如，可能已被拖走，如果现在是这种情况，可以迅速地通知驾驶员，或当超过一定时间后发出提示信息。人工智能技术也可以检测到非法的盗窃行为。可将人工智能甚至训练到这种程度，以至于它能熟知驾驶员的习惯行为，如果出现他人控制车辆操作，就能识别出行为偏差，则会向驾驶员或车主发送一条报警消息。

人性化辅助功能：基于人工智能技术，可以创建一个善解人意的、类似机器人的驾驶助手，它可与驾驶员交流沟通，以吸引他对增值服务项目的关注。一个可能的简单应用，比如，它可记录驾驶员是否正在使用导航系统。如果他没有用，但这一助手意识到他没有选择最佳路线，则可以及时地提醒驾驶员，敦促他更多使用导航服务。

社交匹配：社交软件中的人工智能算法可以分析出，车辆附近还有哪些其他可交往的驾驶员。这些驾驶员或乘客，可以是同一企业的同事（这仅对大型公司而言），或具有相同爱好和兴趣的人。这些信息可能来自社交应用软件（Social App），也可能是汽车制造商开发的社交软件。可以在地图上显示这些人的具体位置。人工智能技术还可以为这样一组人提供其他更有趣的分析数据（例如，双方都经常行经的路线），或者提出建议在某一餐馆共进午餐。如同人类，人工智能的想象力也将是无限的。

同行协助式导航：借助同行辅助导航，人工智能方法可以评估企业内驾驶员经常采用的路线。例如，如果包裹递送员接管了同事的路线，则他可以更快地获得有益的经验信息。他还可以查看到，他的同事经常在哪里停车，例如，休息或卸载包裹。这样的服务对于货车驾驶员很有实际意义，如果他要在陌生地区进行作业。他可以获得正确的装卸地点信息。

驾驶中剩余里程显示：在很大程度上，电动汽车的剩余驾驶里程取决于所规划的路线、海拔和气候条件等。人工智能方法可以将这些外界因素考虑在内，从而在计算时获得更高的准确性。比如，风力和风向是非常动态的数据，需要不断进行重新计算和调整结果。而对客户的优势就在于，充分地了解到剩余可行驶里程信息，这就会有更高的安全性，并且可以计划何时就需要停车充电。

6.4 数字服务：新市场

根据第 5.1 节所述，汽车制造商的经营环境发生了巨大的变化，可能会出现新型的市场。一个市场总是由一个目标群体组成的，这一群体对某个细分市场中所提供的产品和服务有付费的倾向和意愿。我们认为，未来的汽车制造商将能够为以下市场提供服务，并且在这些市场中，可以很好地利用人工智能技术创建强大的竞争优势。

- 车队管理

- 个人 / 公共数据
- 出行服务

6.4.1　车队管理

在表 6.9 中的用例，对于拥有小型、中型和大型车队的管理人员，以及物流服务提供商，都特别具有意义。

表 6.9　车队管理和物流服务提供商用例评估

用例	潜力	建模	集成	数据
车队统计数据	× ×	× ×	×	× ×
车队统计数据优化	× × ×	× × ×	× ×	× ×
车队统计数据优化（考虑租赁合同）	× × ×	× × ×	× ×	× ×
驾驶员监控	× ×	× × ×	×	× ×
紧急服务支援	× ×	× ×	×	× ×
优化物流（订单管理）	× ×	× × ×	× ×	× ×
100% 可用性 / 预测性维修	×	× × ×	×	× ×

车队统计数据：这一用例说明了可提供给车队经理的多种管理功能。借助统计数据和人工智能技术，车队经理每月可收集到各个分车队的运营数据。然后，车队经理就可以基于这些参数做出明智的经营决策。例如，通过数据分析，可以知道整个车队行驶了多少千米，市区内外各行驶了多少千米，或者高速公路上的里程数（出于高速公路要收取通行费的原因）。人工智能方法也可以支持此数据的可视化。例如，可生成热图（Heatmap），以可视化车队车辆经常来往的地方。还可以提供所谓的"深入分析"，这意味着，车队经理可选择性地查看每个分车队的具体现状，在必要时可获得更详细的信息。

车队统计数据优化：进一步扩建车队的统计数据信息，这将对车队管理者颇具意义，这可以是人工智能支持的经营优化功能。然后，管理人员可使用这些新的功能，更有经济效益地经营车队业务。例如，可以查看车辆的平均利用率和行驶里程等，以及哪些车辆的运输效益好，哪些车辆的情况还不尽如人意。现在，车队经理就可有针对性地与经营欠缺的车辆驾驶员交流沟通，寻找问题的症结，积极地面对和解决所出现的问题。这样，运输车队可以降低经营成本，提高经济效益。车队管理人员可查看车辆的技术现状，哪些车辆需要维修或彻底更换，哪种类型的车辆更适合于自身的经营目的和特色。根据这些数据，人工智能方法可得出评估结论，引入电动汽车是否有实际意义。如果是频繁地远距离运输或乡间区域行驶，这可能是无利可图的。但是，如果多是市内短程行驶，这可能是有意义的。还可以识别出哪些车辆可能尚没有得到充分利用，需进一步提高和改进其利用率。

车队统计数据优化（考虑租赁合同）：车队管理的进一步扩展可能是，除了先前的驾驶数据外，还可在经营优化中考虑租赁合同因素。在这里，人工智能方法可以监控每个车辆的寿命状态，比如，可行驶里程的上限和定期维修保养的时间段，以确保车辆均匀利用。还可以根据驾驶行为数据来计算最佳租赁合同，从而为车队运营节省成本支出。

驾驶员监控：说到驾驶员监控，可以想象，这种应用面临大量法律规范和道德观念问题，每个汽车制造商都必须在法律和道德方面，认真思考这个主题。根据车辆数据，人工智能技术可以评估驾驶员的驾驶安全性。可以与其他驾驶员的数据进行比较。例如一个驾驶员的车速是太快，还是过慢。他是否遵守所有法律要求和交通法规，例如速度限制？他是否正确地驾驶，还是突然加速和制动过多？可以监控驾驶员是否经常无故掉头，或错过高速公路出口。还可评估驾驶员的实际到达时间，比导航系统预测的早还是晚，并且与其他驾驶员比较对照。还可以查看车辆停运时间，即驾驶员休息的时间。对于出租汽车公司而言，还可以判断驾驶员的操作是否节能环保和安全驾驶，并给予一定的物质奖励。另外，驾驶员是否精心地、负责任地使用车辆，以避免粗心大意操作造成损坏和维修。对这一点，估计车辆租赁公司基于自身的利益就非常关注。所有这些都涉及所谓的总体拥有成本（Total Cost of Ownership）。所有这些在技术上都是可行的，但是还必须有相应的数据保护和道德法规来约束和检查。

紧急服务支援：人工智能技术可以对紧急服务（无论是救护车、消防队还是汽车俱乐部）提供支持性功能。出现紧急情况时，快速的响应是一个决定性的标准。紧急服务车辆的管理部门肯定对基于人工智能技术的最佳定位服务感兴趣。因此，此类车队的运营商当然会使用基于这类技术的车辆。这种信息可通过对历史数据的分析得出。

优化物流（订单管理）：物流服务提供商可以借助于人工智能技术，对其服务业务提供支持，例如计划交货路线、优化订单管理等。人工智能同样可将空程行驶尽可能缩小到最低程度，这种空程对物流服务提供商而言，造成了大量无益的经营成本。为此，可以建立一种收益管理（Yield Management）机制，这意味着可将空行程，以动态定价方式出售给客户。这样可以提高物流过程中车辆的利用率。人工智能方法还可以协作制定最佳的总体行驶路线。今天，许多邮政和包裹投送员，仍还是盲目地规划在交付区域中的行程路线。很容易证明，这不会是最佳的结果。如果先不考虑这种局部性、小范围交付区域内投递路线的优化，而是在整个大范围区域内进行粗略性的优化，则可将车辆数量减少约30%，从而可以节省大量运营成本。

100% 可用性 / 预测性维修：这一主题已在业界被广为谈论。如前面所描述的，这通常涉及经营过程或车辆维护。特别是对于运输车队，始终希望确保所有车辆的可运行性，以便获取最大的经营收入。除了使用人工智能技术以确保100%可用性之外，在预测性维护领域还有众多的用例。人工智能技术可以收集有关发动机、变速器、制动器等的使用情况数据，并以此为基础计算车辆保养或维护时间段。同样，根据车辆行驶的里程数和天气情况，可以计算是否应进行一次车辆清洗，以保护车体漆面或者外观。另外，轮胎磨损也可以用所行驶的里程数和制动次数，来进行计算和预测。

6.4.2　个人 / 公共数据

表 6.10 中的用例可提供大量的数据。汽车制造商可自己使用这些数据，也可出售给私人企业和公共机构，例如城市和地区的市政当局、政府部门等。

表 6.10　个人 / 公共数据用例评估

用例	潜力	建模	集成	数据
完善导航地图数据	×××	×××	××	×××
B2C / B2B 商店用于客户分析	×××	××	×	×××
新的商业场所选址建议	×××	××	×	×××
交通状况优化	××	×××	××	×××
灾难应急管理	××	××	××	××
检测错误行驶的车辆	×	×××	××	×××
动态租赁空地	××	×××	×	××
带有位置信息的传感器数据	××	×××	×	××

完善导航地图数据：根据车辆所行驶过的路线和 GPS 信息，汽车制造商在理论上，可以使用人工智能技术生成最新的地图。人工智能技术还可实时分析，何处出现了交通拥堵，何处或在什么时间，有建筑施工工地，以及在一周中，哪一天出现交通拥堵的风险最大。另外，可以使用所识别出的交通标志，与当前导航地图进行比较。汽车制造商可以使用这种不断更新的地图，借助其导航设备来产生可观的附加值，或将其出售给第三方。特别是对于电动汽车，可以从所记录的数据中得出所行驶过的路线数据信息，比如道路坡度和路况。同样，也可识别和发现新的充电站点，因为电动车曾停靠在这里，并且充电站状态发生了变化。人工智能技术可以识别许多环境实物，可增强和完善导航地图数据。

B2C / B2B 商店用于客户分析：大型百货商店，例如食品行业 / 家具行业等，都希望能了解到他们的客户来自何处。这里，在特定日期和特定时间的停车位占用情况，这类数据信息就很能提供些帮助。人工智能方法可以基于车辆数据收集此类数据。从 GPS 数据中可收集到客户最经常驾驶出发的位置信息，然后可以从中分析出客户所在位置的邮政编码，并且当客户进入此类商店市场时，B2C/B2B 商店就可获得这类邮政编码信息。

新的商业场所选址建议：基于许多客户的泊车数据，例如在高速公路附近的商业环境中，人工智能算法可以识别出所谓的商业性热点（Hotspot）。这些热点可能是开办汽车旅馆、快餐连锁店和小型超市的理想位置。

交通状况优化：根据从客户处收集到的数据，汽车制造商可以使用人工智能方法计算出交通流量，并确定可能经常出现的堵塞和瓶颈路段。比如，这就可能确定在交叉路口的等待时间、交通频繁的时间段、交通拥堵路段等，还可以计算交通流量周期，以便在规划出行路线时将其考虑在内。这样的数据对于汽车制造商，以及城市和区域性交通规划而言，都是很有实用价值的。

灾难应急管理：在出现交通事故、自然灾难等类似的情况下，救援车辆能尽快到达现场是非常重要的。基于卷入交通事故车辆的实时数据，人工智能方法可提取出非常有意义的信息。例如，缓慢前进的车辆，如果想要改变方向或倒行，就有可能造成交通事故，造成本身和其他车辆的损坏。所以，应急车辆在规划其行驶路线时，应尽量避开此类危险区域。由此就可以得出，应使用哪种类型的应急运输工具（例如车辆、直升机等）。可见，城市市政当局是此类数据的潜在客户。

检测错误行驶的车辆：错误行驶的车辆和不合格驾驶员，对交通运输是一个巨大的危险。人工智能方法很容易识别出错误驾驶的车辆。所需要做的，只需将车辆的行驶方向与导航地图上的车道进行比较。一旦发现错误行驶的车辆，就应将这类数据转发给所有交通运输的参与者，以及交通管制系统。

动态租赁空地：未来，自动驾驶汽车将配备大量传感器。同样，拼车的形式也将大量投入城市交通。这就为动态管理空闲区域提供了巨大的使用潜力。借助于车辆上的传感器（激光雷达、照相机等），车辆过往过程中就可识别出这类区域。这就为动态性租赁这些临时性空闲区域提供了巨大的经营潜力。因此，可以将这些临时性、短时间空闲的区域，在线预订和出租。比如，租给搬迁公司、快递和货运车辆等。

带有位置信息的传感器数据：除了空旷区域外，自动驾驶汽车还可以收集各类传感器数据，这类信息中包含有地理位置信息。例如，这可能是在相应地区的 WLAN，噪声或颗粒物污染。基于这样的信息，就可以创建许多新型的商业模式。例如，城市的房地产经纪人，可能会对噪声程度感兴趣。例如在低噪声的房地产地区，他们可以将这一优势当作额外的销售要素。另外，全市范围内的颗粒物污染情况，可能就引起城市政府部门的关注。

6.4.3 出行服务

如果部分地转型为出行服务供应商，汽车制造商可以尝试实现表 6.11 中的用例，也可为潜在的出行服务商提供各种支持。

表 6.11 出行服务用例评估

用例	潜力	建模	集成	数据
对每一行程都可动态定价	× ×	× ×	× ×	× ×
拼车中优化上下车点	× × ×	× ×	× ×	× ×
基于实时路况信息，优化机器人出租车路径	× × ×	× ×	× ×	× × ×

对每一行程都可动态定价：优步现已经在使用了这种功能，这很容易解释[7]：例如如果您人在巴黎，除夕夜晚需要出租车，您支付费用的意愿应该比平时高得多。同样，当您急于寻找到一个搭车机会，而恰恰可能您的智能手机电池电量不足。人工智能技术能够考虑到这些细节，并在此基础上动态调整服务价格。

拼车中优化上下车点：在拼车时，能够计划好上车和下车点并不容易。共享提供者必须能够尽可能早地到达接客地点，而又不能在路途上过久。还必须正确地选择客人的下车位置，以免给客人带来不必要的危险。人工智能方法可以自动地计算出最佳的接送站点。一方面，这就要考虑当前的接客位置和附近交通状况，另一方面，也可以从周围的车辆，通过传感器获取更多的信息。现在，许多车辆已经配备有超声波传感器，可以检测停车位，以进行自动泊车。如果可使用人工智能方法进行此类分析，就可以提供各种上下站点的建议性信息。

基于实时路况信息，优化机器人出租车路径：如果能在最短的时间内，对客户的出行要求做出反应，这样的机器人出租车就能取得良好的经营效益。这个道理很简单，只有第一个抢到客户，才有生意做。人工智能算法就需要时刻了解实时交通信息，把这些信息考虑在客户需求、路线规划和计算中。人工智能方法应该能够解决这类问题，这其实是一个带有多个评估指标的优化问题。

6.5　四种可能的结局

进行过程自动化和优化，以节省成本和开发新型市场，汽车制造商可选择四种方案，如图6.1所示。

① 科技巨头（右上象限）。

② 汽车行业中的富士康（右下象限）。

③ 信息技术辅助的钣金件制造商（左上象限）。

④ 钣金件制造商（左下象限）。

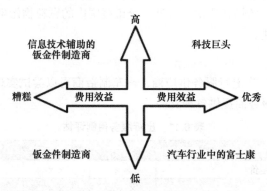

图6.1　汽车制造商未来的四种可能结局

每个汽车制造商将来的目标，就应该是成为像谷歌或亚马逊一样的科技巨头。为此，就必须使用数据和人工智能技术，改造和优化整个自身的价值创造链。这就需要降低每个环节的潜在成本，并最大限度地减少最终客户的总成本费用。还必须使用大数据和人工智能技术，以便仍然具有一定的竞争优势，进入到新型市场。这意味着必须开发新型的数字型服务，以便仍能获得丰厚的利润。但是，要使这些行之有效，就必须有尽可能高的客户关注度。事实上，客户都希望被关注和理解，企业就应该将这作为一种社会职责，尽管还存在仍可良好运行的过程、过时的信息技术系统、各种法律规范限制，例如数据保护法律，汽车制造商仍有希望和可能，开发出客户所希望的新型产品、功能和服务。汽车制造商仍有机会，长期性地发展成为出行服务提供商，塑造世界的未来出行。

如果汽车制造商不能成功实现以客户为中心，而是仅利用价值链中的所有成本潜力，它将可能成为汽车行业的富士康。由于当今汽车制造商的高度自动化水平，还没有其他新的竞争参与者能像它们那样大规模、高效和低成本地生产。因此，这类企业将购买技术平台或半成品车辆，在此基础上进行开发和定制，生产以客户为中心的产品。然而，这样就存着一个问题，就是汽车制造商将无法拥有整个与客户交互的界面，这将导致对其经营利润率的严重限制，这就是富士康公司当前的现象，或者说是发展困境。富士康在全球范围内为苹果公司生产智能手机，但苹果公司从中获取了巨额的利润，因为它提供了生态系统，并占据了客户界面。

如果汽车制造商设法以客户为中心，开发新型的数字服务，但无法改善和优化其现有的价值链，那么从长远来看，这样的企业将要逐渐走向衰落和分裂。汽车制造商虽拥有了一定的信息技术，但仍可如同传统的钣金件制造商一样经营运行。只要新引入的信息技术不必访问现有的外围信息技术系统，就可保证以客户为中心。然而，这样汽车制造商将丧失许多可能的竞争优势和机遇。这种定位虽然提供了在某些部门领域重塑企业未来的机会，但是传统的经营运作仍将不断侵蚀和阻碍企业的转型发展，可能使生产成本增加，产品价格昂贵。因此这种定位将不会是一成不变的。

如果汽车制造商既无法使用大数据和人工智能技术来优化其价值链，又无法实现以客户为中心，那么它将仍然如同是一个传统的钣金件制造商，其经营效益和市场份额将逐步减少，新的市场参与者，或者竞争对手将瓜分未来的市场。

在第7章中，我们将探讨汽车制造商如何才能成为科技巨头。

参考文献

1. Zanner, S., Jäger, S., & Stotko, C. M. (2002). Änderungsmanagement bei verteilten Standorten. *Industrie Management, 18*(3), 40–43.
2. Niemerg, C. (1997). Änderungskosten in der Produktentwicklung, Dissertation, Technische Universität München.
3. Statt, N. (2019). How Artificial Intelligence will revolutionize the way video games are developed and played, TheVerge-Website. https://www.theverge.com/2019/3/6/18222203/video-game-ai-future-procedural-generation-deep-learning. Zugegriffen: 1. Apr. 2020.
4. Roylance, D. (2001). Finite element analysis, PDF. https://ocw.mit.edu/courses/materials-science-and-engineering/3-11-mechanics-of-materials-fall-1999/modules/MIT3_11F99_fea.pdf. Zugegriffen: 1. Apr. 2020.

5. Welch, C. (2018). Google just gave a stunning demo of Assistant making an actual phone call, TheVerge-Website. https://www.theverge.com/2018/5/8/17332070/google-assistant-makes-phone-call-demo-duplex-io-2018. Zugegriffen: 1. Apr. 2020.

6. Discherl, H. C. (2020). Alexa im Auto: Das bieten Audi, BMW, Seat, VW, PC Welt-Website. https://www.pcwelt.de/a/alexa-auto-audi-bmw-vw-mercedes-seat-toyota-mazda-ford-tesla,3463971. Zugegriffen: 1. Apr. 2020.

7. Martin, N. (2020). Uber charges more if they think you're willing to pay more, forbes-website. https://www.forbes.com/sites/nicolemartin1/2019/03/30/uber-charges-more-if-they-think-youre-willing-to-pay-more/. Zugegriffen: 1. Apr. 2020.

第三部分
逐步转变成科技巨头

第 7 章

愿　景

概要

本章将介绍汽车制造商应该追求什么样的愿景，以成功地将自己转变为科技巨头。这里至关重要的是，必须将产品或者服务的交付时间从几个月缩短到几天。为此，就必须首先消除企业内部的障碍和瓶颈，进行从单纯项目到产品业务的转型。与一个时间有限的项目相比，产品必须覆盖其整个的生命周期。在经营战略驱动的产品换代基础上，要找到正确的企业主题，从而转变为科技巨人。

7.1　亚马逊的人工智能飞轮

现在，让我们先研究一下所谓的亚马逊人工智能飞轮（AI Flywheel，图 7.1），以从中获得些灵感和经验。这个理念实质上是亚马逊的经营战略。即以最低的商品价格，为客户提供尽可能多的选择，杰夫·贝佐斯（Jeff Bezos）的成功之道就是基于这一"飞轮效应"，该术语可能要追溯到他的战略顾问杰夫·考斯林（Jeff Collins）。

从物理学角度讲，飞轮效应是一种自增强性、反复循环的现象。只要飞轮一开始旋转，它就会逐渐地加速，形成连续性旋转。飞轮自身会加速，其转动速度越来越快，亚马逊正是借鉴了这种效应，来促进企业的持续性发展。亚马逊的商业飞轮模型：亚马逊以客户需求为导向，准确地创建正确的报价（选择）。这样亚马逊也被

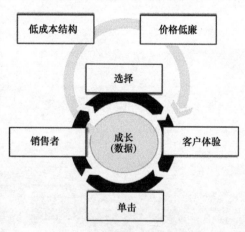

图 7.1　亚马逊的人工智能飞轮

称为"客户痴迷"（Customer-Obsessed）。这一切都围绕着创建正确的报价，从而为客户带来巨大的经济效益。为此目的，亚马逊有几个内部审核流程，仅专注于真正地解决客户问题。然后，尝试通过最好的客户体验，来解决这些问题。通过正确的选择和完美的客户体验，越来越多的客户开始使用亚马逊，并且其点击数（Traffic）也随之迅速增加。

在亚马逊在线商店中，客户可以用惊人的速度，寻找、选择并购买合适的商品。有时只需一两分钟的等待，亚马逊还可提供商品的简单概述，并可显示其他客户购买同一商品的数量，以及对产品质量和服务的评分。作为客户，都知道亚马逊通常提供的都是最优惠的价格。如果您购买了其一流（Prime）商品，则你也将成为一流的顾客，那么可以保证该商品第二天就寄送到家。这是亚马逊试图通过其所有产品（不仅仅是在线商店）和服务，以实现良好的客户体验。现在，客户需求的增加反过来也吸引了第三方提供商（代理商 Reseller），从而扩展了产品的多样化。

这就可以提供更多的选择可能性，可以吸引更多的客户，亚马逊的经营呈螺旋式增长，如火如荼。基于其大规模数量效应，亚马逊就可以提供最好的成本构成。产品价格的不断下降或者最低价格，这都有利于吸引客户购买和尝试体验。不仅如此，亚马逊在后台还使用了大量的人工智能技术。由于其客户数量、访问和购买次数的不断增长，亚马逊就拥有大量的客户数据。人工智能流程现在正使用这些数据来优化其经营措施、降低运行成本、扩大经营范围或改善客户体验。可用的数据越多，就可以更好地训练人工智能算法。借助这种自我增强型飞轮，亚马逊的人工智能技术变得越来越强大。

例如，使用人工智能方法就确定市场中一个销路好的产品，然后将这些产品的说明，自动地翻译成其他语言，还可检查是否有很高的客户需求，如果是的话则可以进入市场。人工智能算法使用客户的先前购买行为数据，建议和推荐给客户额外与其相关的各类商品。这也可用于物流计划中。因此亚马逊在其价值链的每个环节，都使用人工智能技术来加速其飞轮的旋转。

7.2 汽车行业的人工智能飞轮

汽车行业也可以构建出类似于亚马逊的飞轮（图 7.2）。在这里汽车制造商必须制定正确的报价，而且是在选择阶段。除了目前已生产的车辆，汽车企业还必须为将来的客户提供各种选择。这也包括数字服务，在这里，客户为中心至关重要，必须围绕这一中心开发新型的服务。就像亚马逊一样，车辆和服务还必须具有良好的客户体验。对于汽车制造商而言，这是一个全新的重大挑战，因为至今为止，汽车制造商的重点不是数字服务和客户体验，而是最小化经营风险。

如果对数据保护以及相关问题的法律要求，仅进行了过于保守的解释，通常就只能提供有限的客户体验服务。这种尽可能降低风险的保守思维，深深植根于许多汽车制造商（尤其是大型汽车制造商）的 DNA 中。但是，创新就意味着要承担一定的风险。如果能提供与客户体验相吻合的正确选择，这也可能引发大量的客户兴趣，吸引客户大量使用。现在，汽车制造商的服务提供商，就可以承担类似于亚马逊经销商的角色。

在汽车制造商的生态系统中，它们可以提供自己的服务和应用，这将进一步提供更多的产品和服务选项。这可以通过提供公共应用程序接口 API 来完成。第一步，此应用程序接口仅可提供给与服务提供商建立良好信任关系，且有着悠久历史的服务提供商。

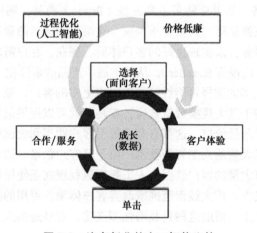

图 7.2 汽车行业的人工智能飞轮

基于车辆的连通性和网联，就可创建大量的车辆数据，以及其他客户数据。同样，车辆生产过程本身也产生了很多数据（工业 4.0）。拥有了这些数据，就可以使用人工智能技术，优化先前的行业价值链，奠定企业信息技术的基础。这将会导致产品和服务价格降低，而经济效益和投资回报提高。

人工智能流程使用这些数据，以改善客户服务和优化客户体验，比如，可以记录客户是如何使用车辆和服务。汽车制造商还可以将各种新异的功能，添加到车辆信息娱乐系统中，作为所谓的 A／B 测试（可参阅第 8.3.2 小节），这正如脸书在其网站上，对每个新功能所做的一样 [3]。

7.3　转变为科技巨头的愿景

一个美好的愿景将赋予企业组织及其所有团队，引起更多的关注、精力和资源投入。因此，对于每个汽车制造商来说，转变为由软件驱动的企业和科技巨头，这是至关重要的。

如图 7.3 所示，可以使用关注和精力这两个维度来评估一个愿景。关注强但精力低属于不佳的协作,这类企业或团队处于一个相对安逸的环境。比较典型的就是一些保守的部门和传统的行业,因为远离竞争,对它们来讲尚无经营压力,比如官方部门和保险业,保险公司拥有稳定的收入,所以其变化过程非常缓慢。

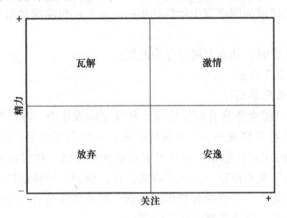

图7.3 有效愿景的评判标准

在放弃区域中,企业或团队对愿景兴趣索然,集中关注的很少,甚至这里出现内耗和相互对抗。这里有一个很好的例子,就是某些大型的多财团项目。例如,德国通行收费 Toll Collect 项目。这个项目受德国联邦政府委托,运营德国国内高速公路的货车收费系统。这个项目曾有许多启动和实施问题。因为,一方面参与者的关注点不明确,另一方面,当项目进行出现问题时,内部互相谴责,推卸各自的责任。还有另一个更典型的例子,就是德国首都柏林的勃兰登堡机场兴建。它是欧洲最大的机场建设项目,同时也算是最大的交通基础设施项目之一。原计划应于 2011 年 11 月正式启用,后来进行日程调整后,修改为 2012 年 6 月。但由于各种技术缺陷,开业日期被推迟了好几次。机场的建设至今仍未能完成,前后被推迟了好几次。2018 年,当局表示工程费用会再增加 10 亿欧元,比原先预估费用多出近 50 亿欧元。

所谓的瓦解区域,主要是指那些没有强烈关注,但各种情绪很高的企业。这些企业经常容易陷入危机。这里,员工有强烈的负面情绪,例如恐惧、指责和愤怒。团队成员更可能相互对抗,而不是彼此合作。一个典型的例子就是在 2008 年股市崩盘后,投资银行业务或者汉莎航空,当时在汉莎航空内部,地勤人员和飞行员经常出现冲突和交锋。同样,许多汽车制造商目前的处境也是如此,他们虽想转型为科技巨头,但在实际上,并不知道如何正确地去启动它。

在激情领域中,企业、员工和团队对将来要实现的目标都有清晰的共识。这些团队都充满热情、积极向上地投入和追求自己的愿望。可见,要创建一个能激发团队和企业激情的愿景,最重要的是建立起共同一致的专注,同时投入充沛的精力。

为了实现这一目标,就一个可实现的愿景而言,它应包含理性和情感两个部分。一个很好的例子就是德国国家足球队,从 2014 年开始设计的愿景:

"我们渴望成为世界冠军，每个孩子都应该有这样的愿望，将来也成为国家队的选手。"

这一愿景就具有明确的关注和强烈的情感成分。当然每个国家队选手仍然都记得，他们当年是如何成为国家青少年队选手的。他们也想唤醒并激发下一代孩子们这种热情。

在定义一个愿景时，基本上可以分为两类：

① 积极性："赢得公主"。

② 被动性："杀死巨龙"。

"杀死巨龙"可能会非常有震撼效应，并且充满战斗力。在汽车行业中，许多汽车制造商当然都将特斯拉视为一条新兴的巨龙，一个强悍对手。但是，从长远来看，"赢得公主"这样的积极性愿景，估计可有长期的持续性。过多地关注一个对手，就会导致另一条"龙"突然出现，并立即吞噬掉你。例如，对特斯拉的过多关注，可能就意味着汽车制造商，甚至都没有意识到谷歌、苹果和亚马逊，他们也正在这一领域乘虚而入，大举进军，攻城夺寨。

因此，在本书中我们将为汽车行业定义更适用于汽车制造商的积极性愿景：

"我们每天（不是每3年）都要有一个数字化的SOP。这意味着，我们的客户早上开着一辆车来上班，晚上可开着一辆新车回家。"

SOP一词是指批量生产（Start of Production）的开始，如同我们开车时的起动发动机。如果更确切地讲，就是使用系列性生产工具、系列零部件，开始大规模生产所制造出第一款车的时间。就汽车制造商的现状而言，通常这要在三四年前给予计划。而我们的这一愿景指出，每天都要对车辆进行更新。这可能会涉及和影响数字产品中的任何一个部分。这就给客户提供了优势，如果在经销商处购车就不会迅速地丧失其价值。车辆功能将持续性地给予更新。特斯拉就是如此。最近，特斯拉召回了许多车辆，安装了英伟达（NVIDIA）的高科技计算机，因此，即使在5~10年内出售，仍可以卖个好价钱，车辆经过更新可进行自动驾驶。特斯拉汽车会定期进行软件更新，即数字SOP。

上述愿景是将其重点放在与科技巨头保持同步，这是最基本的要素。表7.1列举出了成功的科技巨头的若干经营指标。他们都能够快速地实现新功能，并将其提交给客户。例如，亚马逊每天就可以向其客户交付23000次功能更改。这相当于每4s就进行一次更改。现在让我们假设在亚马逊商店购买了一双新鞋，整个过程需要3min，在这3min内，我们就可获得45个新版本的网站。为了快速地将更改交付给客户，集成时间就必须非常短，要在几分钟之内完成。而对那些著名的大型企业，以及汽车制造商而言，将一个数字化更改交付给客户竟需要数月之久。这通常是由于企业内部复杂的变更管理流程所致，在这其中必须协调多个外围系统。

而汽车制造商的传统系统，其外围系统还都是过去的旧系统，可能是历史悠久的企业软件。并非所有外围系统都具有真正意义的测试自动化功能，因此必须执行人工测试。在这里,软件程序可能处于一个比较脆弱的信息技术环境中,这可能导致软件集成时间拖延。如果汽车制造商想跟上科技巨头的步伐,他们必须能够迅速为客户带来所期望的变化。因此,这一愿景:我们每天(不是每 3 年)都有一个数字化的 SOP,这意味着我们的客户早上开着一辆车来上班,晚上可开着一辆新车回家。可以说是完全正确和必要的,这正是一个在与科技巨头进行比较时,需要面临的最大差异化因素。

表 7.1 科技巨头的软件部署率 [4]

企业	更新频率	整合时间	稳定性	以客户为中心
亚马逊	23000 次 / 天	分钟	高	高
谷歌	5500 次 / 天	分钟	高	高
网飞	500 次 / 天	分钟	高	高
脸书	1 次 / 天	小时	高	高
推特	3 次 / 周	小时	高	高
典型大型企业	每 9 个月	月 / 季度	低 / 中等	低 / 中等

7.4 数据产品还是数据项目

汽车制造商需要明确地面对这一事实:他们不再是实施信息技术项目,而是开发信息技术产品和服务。从现在开始,我们将此类产品称为数据产品,因为它们基于数据和人工智能技术。

项目和产品业务的不同之处在于,项目是处在传统的项目管理三角形中,它的 3 个顶点是:

① 时间。

② 成本。

③ 质量。

作为一个项目经理,您必须并行平衡这 3 个参数,才能使所有的团队成员满意。而产品开发只关心一件事:质量。因此,质量之所以至关重要,因为它对于客户满意度起决定性影响。如果希望一个数据产品开发过程,它能具有各个阶段重要的里程碑(即也要考虑时间方面),则必须缩小产品的功能范围。这时通常提及所谓的最小可行产品,英语简称为 MVP(Minimal Viable Product),也称之为"最简可行性产品"。它是产品开发中,第一次最小功能迭代结果,必须以最小的投入,令客户满足,实现市场或功能的最基本要求,并保证兼顾了客户的初始反馈。

如图 7.4 所示,一个数据产品由几个部分组成。由于它是数据型产品,所处理的数据可能来自数据平台或其他外围系统的接口。另外,它具有所谓的后台(Backend)和前端(Frontend)部分。后台是客户看不到的软件程序代码,这是必需的核心部分,以便数据产品可以操作和处理数据，与其他外围系统对话，可将数据写入数据库。这就像一个数据产品的引擎。数据相当于汽油，前端为车身。前端部分是客户可以看到的外观。这可以是车辆中的网站、应用程序接口或用户界面。在此基础上，数据产品能够将数据传输给人工智能算法程序，并从中得出所要的输出信息。

　　例如，这可能是某个国家/地区的所有销售数据，它储存在一个后台运行的销售系统中，然后通过数据接口传递。另外，可以从外部系统接口导入天气数据，因为许多数据是相关的。基于此销售历史数据和将来的天气预报数据，人工智能算法就可以预测今后的销售情况。这就是一个数据产品的示例。最后，但并非最不重要的一点，就是每个数据产品都必须经过大量的客户体验（User Experience）和持续性的业务流程完善。可将它作为一个指导性项目，如同一个灯塔，为后续产品提供指南。

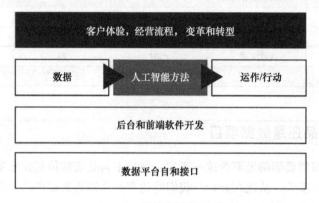

图 7.4　数据产品的组成

　　如图 7.5 所示，数据产品还具有不同的生命周期阶段。这就是产品与项目的区别所在。数据产品通常从设想（Ideate）阶段开始。这是一个具体化的构想过程。在此要根据企业的专业潜力，粗略地评估这一设想。另外，开发者应检查所必需的数据是否确实可用，以及数据质量是否给予了保证。在上面销售和天气数据的示例中，这将意味着要大致查看从两个系统获得的数据集，并确认接收到这些数据的时间频率。可能会每天都能获取销售数据。天气形势数据可能是每小时一次。由此可以很好地收集大量的数据。

　　如果感觉到已有足够的业务潜力，并且数据质量有保证，这时进入验证（Validate）阶段。在此阶段对设想通过实际数据进行验证。基于真实的数据就可开发人工智能模型的原型，并初步验证其结果。这一过程，最好是与真正的客户一起进行。比如，在上面的示例中，这可使汽车经销商的销售人员参与研发过程，并征询他们的反馈意见。在此还要进行法律规范性评估（例如可基于所计划的用户界面），以便在产品研发早期，就可识别出可能的缺陷和薄弱环节。

　　这一阶段结束，假设已获得测试验证和确认，在开发（Develop）阶段，进行最小可行产品研制就没有任何障碍了。通常，一个开发周期不应超过 6 个月。最小可行产品的性能范围必须是预先定义和给予确定的。开发出最小可行产品后，应由少数客户进行测试。

在此阶段中，应该使最小可行产品适合于企业环境。为此，就必须检验企业中最小可行产品与哪些信息技术部分（外围系统）存在有依赖性。必要时就必须对外围系统进行更改。在这之后，就是测试（Pilot）阶段。在这里，最小可行产品是实时交付给客户的，还必须启动数据产品。这其中仍可能需要进行某些少量更改。这就是数据项目和数据产品之间的最大区别。数据项目是一次性开发的，一旦完成就被认为开发结束。而数据产品可能多次更新，可供客户使用多年（使用阶段）。

但是，此类数据产品的开发通常非常复杂，不能简单地就移交给运营部门。因此，一些开发人员必须在试验和运营阶段仍提供技术支持。由此可见，数据产品将长期占用开发人员资源和精力。因此，确定数据产品中功能的优先级，并仅提供最首要的订单功能，这一工作方式非常重要。

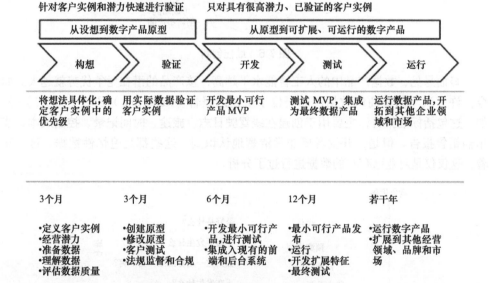

图 7.5 数据产品生命周期中的不同阶段

7.5 建立数据产品的列表

确定数字产品列表及其优先级，对于实际实施运作，进而真正成功地转型为科技巨头极为重要。因此有必要正确地识别和定义具有人工智能技术含量的数据产品。一个正确的数据产品必须兼顾以下三个方面，如图7.6所示。

- 可行性
- 经济性

• 客户要求

一个高质量的数据产品必须最大限度地满足客户要求。正如在图 7.2 中所要求的，就是要在客户关注和选择方面，满足其应有的功能。除了单纯客户使用价值外，产品当然还必须有技术可行性。技术人员必须能够估计到，对应于产品列表的设想，是否可以在技术上实现。归根到底，最终还要回到产品的盈利能力，这意味着，数字产品应该节省成本或推动销售。

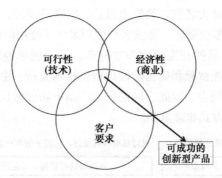

图 7.6   最佳创新

显而易见，数据产品中的人工智能水平越高，该产品的潜在竞争优势就越大。如今，许多汽车制造商的数据产品仍位于所谓的报告（Reporting）区域（图 7.7）。例如，这包括标准报告，主要用于创建在线驾驶日志、旅途、时间记录、控制成本，或车辆销售报告。但是，开发者要非常清楚地认识到，这些都是追忆性数据。这意味着，这仅仅是对业已存在的数据进行过了分析。

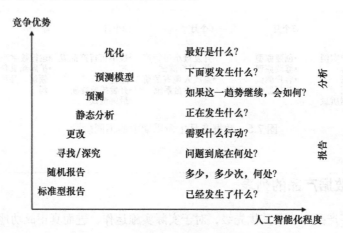

图 7.7   通过人工智能流程所获得的竞争优势

要了解当前的市场情况，就需要进行统计分析。这是科技巨头真正启动其服务的地方。谷歌最擅长于数据统计分析。基于其海量数据，它就也可以提供比汽车制造商更好的数字服务，例如：Google Maps 的导航服务，Google Now 提供交通信息，或两者结合。再例如，如果你忘记了早上要去上班，而谷歌服务就会向你的手机发送一条推送通知，告知您预计到达上班地点的时间。谷歌是如何知道这一切的？这正是因为它是数据统计分析大师。

最大的竞争优势主要出现在分析（Analytics）领域，即预测（Forecasting）、预测模型（Predictive Modeling）和优化（Optimization）。在这里，人工智能技术同样也可以给汽车制造商的客户带来巨大的便利和收益，从而提高制造商本身的竞争地位。比如，优步（UBER）的优食 UBEREats 就是一个很好的例子。优食于 2014 年以 UBER-Cargo 的名义开始运营，其目标是在尽可能短的时间内运输货物。但 UBER 很快就发现，客户宁愿为易腐食品多付款。UBERCargo 就成为 UBERFresh，最终成为优食 [1]。优食使用了人工智能技术，主要预测送货服务中，所订购食物的确切到达时间。这听起来似乎很简单，但是必须进行精确预测和优化整个交付链。例如，如果客户通过优食在一个餐馆下了订单，送货员必须开车去该餐馆，可能要在那里等待食物，接收到食物后，再开车将其交付给顾客。为了能够领取食物，送货员就必须找到一个停车位，当然要尽可能在餐馆附近。然后，送货员必须去餐馆，必要时在那儿等候，取到食物回到停车处，然后开车尽快地赶到顾客处，这当中要考虑到当前交通状况，到达后，还需在客户附近找到一个停车位，最后上门去找客户。优食开发了一个人工智能算法，试图对此过程进行优化。它能够随时根据最新路况信息（例如交通状况），重新计算所有交付数据。这一算法基于决策树算法（请参见第 3.3.2 小节），它主要考虑了以下数据：

① 平日。

② 一天中的时间。

③ 目的地的 GPS 位置。

④ 一个饭馆最近 7 天的平均等待时间。

⑤ 在前一个小时，这一饭馆中菜肴的平均准备时间。

基于这些数据，优食的人工智能算法可以准确地计算到达时间。客户通常愿意为这类准时性服务多付费。优食服务就是一个很好的例子，它说明了科技巨头如何按照图 7.5 中的流程进行运作，以识别出具有竞争优势的服务项目，并使用人工智能数据产品来提供这类服务。

如果要使汽车制造商能够系统地开展这项工作，以创建和评估必要的数据产品构想，建议使用人工智能支持的数据产品的业务模型画布（Business Model Canvas），如图 7.8 所示。商业模型画布 [2] 是一种工具，用于可视化实现商业模型的一个设想，并根据其盈利能力对其进行测试。如今，许多初创企业使用它来更改过时的业务。如果要长期、持续地吸引尽可能多的客户，则对每个构想都需要建立一个业务模型。而业务模型画布有助于将一个成功的业务模型中所有的基本要素，转换为一个可伸缩扩展的系统。因此可以基于业务模型画布，开发具有人工智能技术数据产品的业务模型。

与通常的业务模型画布不同，它不包含与初创企业相关的类别，例如客户关系（即如何与客户联系）和渠道（所计划的销售渠道）。以下五个方面构成了创新产品的特征指标，并且特定地用于数据产品：

① 经济性。

② 愿望。

③ 可行性。

④ 数据。

⑤ 数据产品接口。

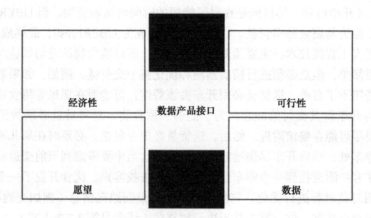

图 7.8　用于人工智能支持的数据产品的业务模型画布

借助于人工智能数据产品的业务模型画布，通过所谓的系统性"松露菌狩猎（Truffle Hunting）"，就可以在价值链中的所有业务领域中，都能找到重要的实用用例（图 7.9）。"松露菌狩猎"描述了一只松露菌猪，如何尝试在野外找到松露菌的过程，这是模拟了整个一个过程，即制定符合公司战略的规划，使之具有高销售潜力和成本优势的数据产品。传统上讲，这是借用"松露菌狩猎"方式，而这里是一到两天的研讨会，研讨会邀请对此有兴趣的、来自各个部门的员工参加，第一

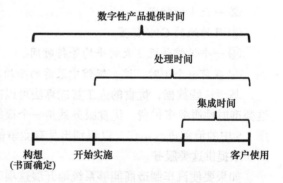

图 7.9　将"松露菌狩猎"过程映射到客户用例

步是进行有关人工智能和数据技术的培训。在下一步中，将解释和说明所有专业性术语。实际上，这是根据有关参考实例（Use Case）进行的。这里重要的是，这些实例要介绍给参加会议的代表，以便所有与会者都有一个简单的了解。随后进行粗略分析，确定在各个部门中，都有哪些数据和资源可用，可用于开发数据产品。然后，根

据现有的数据，各个业务领域的流程，来生成产品构想。再将这些构想，借助人工智能数据产品的业务模型画布，转换成为正确的客户实例（图 7.8）。

为了使一个构想成为客户实例，必须根据当前的成本开支、潜在的储蓄 / 利润，以及与公司战略相关的经济性，对其进行效益评估。因此，一个客户实例必须要能节省开支，或者创造利润，并与企业战略相匹配。企业战略在这里很重要，否则这些项目虽然可以优化流程或者开拓新市场，但总体并不适合企业的经营发展方向，对企业转型也没有任何实质意义的帮助。

在进行过上述经济性评估之后，还应确认存在有强烈的客户需求。考虑到节省成本，可将各个部门看作客户。当涉及数字服务时，真实的最终客户（车辆客户）也可能是客户。从客户的角度来看，现在必须评估客户的要求所能得到满足的程度。这就是要自问，是真正在解决一个现实问题吗？为此，就必须评估到目前为止，究竟如何解决客户问题（例如，哪个流程，自动化程度），以及所计划方案的实际执行情况。它还要确定企业需要哪些关键性资源，以及今后的发展路线。

随后，必须进行可行性评估。为此可邀请技术人员和人工智能专家，共同粗略地构造出可能的产品模型，以获得各方详细的反馈信息。比如，哪些现有存储能力和计算资源可供使用。基于这一粗略模型，就可得出结论，现有的信息技术资源是否足够，可否保证能满足所要开发的数字产品的需要。

为了获得数据质量的总体概况，就必须仔细地检查各个客户实例中的数据。当然，最好还是请一名律师。法律人士可以从数据保护的角度，协助评估数据保护和功能的合法性。例如，可以很快地确定，所使用的数据是涉及个人隐私，还是非个人数据。例如，这取决于是否使用了匿名数据。因此，就需要根据数据的初始来源、所有者、格式和提供性来分析。数据的可用性（Data Availability）能很好地保证数据质量和模型开发。例如，如果每小时都有数据可供使用，则可以开发出完全不同的算法模型，这就与只有每天或每周才能提供有数据可用的算法的功效和质量完全不同。

最后，用户界面也是一个不可忽视的方面，它可视化地显示将要呈现给客户的内容，进而更有针对性，并兼顾到产品的经济效益。在过程优化的情况下，这些内容都必须存储在汽车制造商的现有系统中。在这里，当要在一个完全新开发的数据产品中描述所有的数据时，软件集成工作需要更多的时间和费用。例如，要在车辆的信息娱乐系统中向最终客户显示数据（例如，实时交通信息），则就需要调整制造商系列中的一部分用户界面。这可能是最高级别的复杂性。如果使用智能手机应用程序 App 可以实现相同的附加值，则可以大大降低用户界面的复杂性，必须要考虑到这些可能性。

这一类似于"松露菌狩猎"的结果，可以用作构想阶段的基础。然后可以进一步完善客户实例。基于"松露菌狩猎"的结果，就应该可以粗略地进行优先级排序，以识别出能够"快速盈利"的实例，既符合公司发展战略，且相对易于实施，成本低，并具有销售潜力。因为，部门领域要确认相关的客户实例，拥有相关的领域知识是很重要的。因此与科技巨头相比，汽车制造商就会有更大的机会。另外，汽车领域的特殊性知识对于评估一个构想的创新程度很重要，汽车制造商必须充分地发挥这种优势。

7.6 加快节奏

精益生产（Lean Production），也称精益制造，这是最初由日本汽车制造商使用的系统化生产组织。它与美国和欧洲企业的生产形式形成了强烈的对比。在美国和欧洲使用的是所谓的"缓冲生产" [6, 7]。精益生产被认为是一种优化系统，其主要目标是消除资源浪费，通过减少或最小化供应商，减小客户和内部人员之间的运作波动性。

准确地说，这些精益理念已逐渐地进入到软件开发中 [5]。在传统的软件开发中，开发流程是按顺序进行的，即首先要存档客户的需求，并在此基础上编写规范，再加以实施。通常，存档工作量很大。此外，如果在早期阶段，客户的需求并不固定，那么后期的修改和返工成本就很高。在使用精益生产之前，这种方法如同就是传统的生产方式。显而易见，如果在早期阶段就没有明确客户要求，那么后期将就要占用额外的经费和企业资源。

因此，软件开发试图在很大程度上使用精益生产的原理，并且最大限度地减少浪费。这是通过高度地以客户导向和迭代式软件开发来完成的，进而软件开发也将很精简，并尽可能地避免了无谓的资源浪费。例如，软件测试自动化来完成。因为是迭代式开发，始终可将精力投入于软件质量上。还可以迅速地识别错误，及时纠正。因此，这种开发过程是灵活的、快速的、以客户为导向的和高质量的。现在，软件开发中令人兴奋的效应，就是使数字交付时间（图7.10）最小化。这就增加了软件部署（Deployment）的频率，即向客户交付新版软件的速度。数字交付时间是上述五个步骤时间的总和：从最初的构想到作为所实现功能的软件代码，直至最终的客户体验。在以书面形式确定了将要实现的构想之后，就必须逐步在技术环境中落实，以启动软件编程实施。然后，程序员开始接手代码编写任务。最后，为了将所开发的软件作为一个功能发放，还必须将其集成到汽车制造商的整体软件系统中，最后交付给客户使用。

困难、障碍和瓶颈可能出现在每个步骤中，这些都必须给予解决和疏通。这意味着，我们需要研究可能出现问题的环节：

• 构想（以书面形式确定），直到实施开始为止

• 处理时间

• 集成时间

在实际过程中，每个步骤中都可能会出现瓶颈。例如，可能是重要的决策者（例如董事会成员）、主要的开发人员、数据访问或者所集成的外围系统。如果出现这类问题，例如董事会做出错误决定，则可能会对整个数字交付时间产生不同程度的负面影响，如图 7.11 所示。例如，假设某个资源（比如，董事会成员、外围系统或开发人

员）已满 50% 的负荷，平均需要等待 1 个时间单位（比如一周），才能处理一项工作请求。那么一个冲刺的时间单位就可能是 2 周。如果更为夸张些，上述资源已满 90% 负荷，则冲刺的等待时间就是 10 个时间单位，即猛增到 20 周。当一个外围系统出现问题时，工作就可能要拖延几个月。

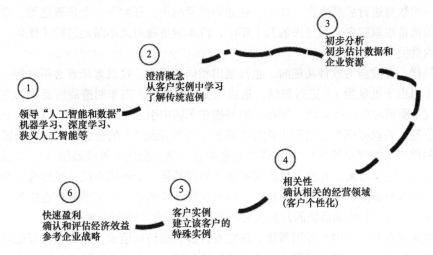

图 7.10 数字交付时间

等待时间 =（占有时间%）/（空闲时间%）

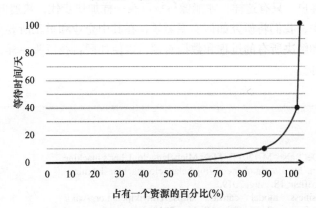

图 7.11 瓶颈的影响：等待时间成倍增加

在集成时间，通常也容易出现障碍和瓶颈，在传统软件开发中，这是第一次对功能进行完整的测试。这一测试时间开始得越晚，可能发现的错误数量和严重性就越高。就汽车制造商开发的软件而言，通常都有数百万行代码（请参见图 8.1），并且数百个汽车制造商的外围系统都要受到不同程度的影响，因此软件集成时间可能要长达数月。这实在是太长了。见表 7.1 所列，将来这个时间必须控制在分钟范围内，而这恰恰是科技巨头成功的秘诀。

但是，如何才能将软件集成时间从几个月缩短到几分钟呢？与精益生产一样，这就必须尽可能地降低批量的大小。在传统生产中，如果在继续下一生产步骤之前，一个加工步骤中生产了一定数量的产品，则在小批量（例如批量1）的情况下，就可以以较少的数量进行后续生产。如果所规划的批量越小，开始下一个步骤之前，必须交付出的批量也就越少。在过去的几十年中，汽车制造商对此不断地进行了优化，因此现在的批量多为1。

同样，开发新的软件功能时，也再现出相同的机理。这就意味着必须对每一行新代码（相当于批量为1）进行测试，集成和交付给客户。汽车制造商所面临的主要问题，就是所依赖的外围系统。例如，如果想在车辆中引入一项新功能，以展示上次停车的位置，则就必须要能访问上次停车位置（外围系统1）的数据，而且要验证是被授权的用户（外围系统2），并且该功能必须在车辆上应用（外围系统3），以显示此位置信息。这样看来，开发人员必须要能访问到其他三个外围系统，虽然这三个系统都处在汽车制造商的信息技术环境中。如果这些系统的接口不完整或存在瓶颈，则开发人员必须与这些外围系统的开发人员协商，并要求他们进行必要的更改。

如果现在有一个中央外围系统，对它有许多这类访问请求，那么它将可能成为瓶颈。这样的话，一项请求就需要几个月的等待时间，才有可能被处理和给予答复。这意味着，如果希望软件集成时间只能在几分钟的范围内，则作为汽车制造商，就不能让外围系统成为阻碍开发人员的瓶颈，以便于迅速地发放新的数字产品或者功能，并及时地交付给客户。只有这样，才能像科技巨头一样加快步伐，快速向前。

在第8章中，我们将研究如何实现愿景，在其中企业和员工所要承担的使命。愿景就是要疏通和解决所有的过程和数据瓶颈，以便如同科技巨头一样，实现尽可能迅速的数字化交付。

参考文献

1. Hermann, J., & Del Balso, M. (2017). Meet Michelangelo: Uber's machine learning platform. https://eng.uber.com/michelangelo-machine-learning-platform/. Zugegriffen: 18. Aug. 2019.
2. Wikipedia. Business model canvas. https://en.wikipedia.org/wiki/Business_Model_Canvas. Zugegriffen: 18. Aug. 2019.
3. Nolting, M., & von Seggern, J. E. (2016). Context-based A/B test Validation, ACM Proceedings of the 25th International Conference Companion on World Wide Web. https://dl.acm.org/doi/10.1145/2872518.2889306. Zugegriffen: 18. Aug. 2019.
4. Kim, G. (2018). *The Phoenix Project: A Novel about IT, DevOps, and Helping Your Business Win, Buch von IT Revolution Press.*
5. Poppendieck, M., Poppendieck, T., & Poppendieck, T. D. (2003). *Lean software development – an agile toolkit.* Boston: Addison-Wesley Professional.

6. Monden, Y. (1998). *Toyota Production System - An Integrated Approach to Just-In-Time, Norcross.* GA: Engineering and Management Press.
7. Womack, J. P., & Jones, D. T. (2007). *The Machine That Changed the World – The Story of Lean Production – Toyota's Secret Weapon in the Global Car Wars That Is Now Revolutionizing World Industry.* Free Press.

第8章

重任：拥有自己的代码，自己的数据，自己的产品

概要

为了在数字产品和服务交付时间上达到同科技巨头一样的水平，并实现"每天一个数字化批量生产"的愿景，就必须消除企业中所有可能的障碍和瓶颈，就要肩负起重任：拥有自己的代码、拥有自己的数据、拥有自己的产品（Own your Code、Own your data、Own your product），能够访问所有外围系统的代码库、自动测试的集成环境、企业组织内部的批准流程、来自其他领域的数据信息，以及最后的重要决策者的反馈，例如部门负责人乃至董事会成员。

8.1 代码所有权

科技巨头都具有自身强大的技术能力，开发、管理和运行大规模软件代码。如图8.1所示，就开发的软件代码量而言，谷歌当今处于世界领先地位。到目前为止，估计已经拥有大约有20亿行代码[2]。一只老鼠大脑的基因组也只有1.2亿个碱基对，也可以解释为代码行，通过这些碱基对为信息和操作进行了编码。一辆现代型汽车具有类似数量的软件代码行。一架波音787飞机有1400万行代码，这只相当于鼠类的14%。因此，在本章中我们将更多地关注和考察谷歌，并研究谷歌是如何进行源代码开发、处理和应用的。

这一重任的一部分：拥有自己的代码，就是必须落实组织性的目标，重新获得软件代码的所有权。在过去的几十年中，汽车制造商将大量的软件开发委托和移交给服务供应商，其结果就是丧失了评估和修改代码的能力。可惜，如今许多汽车制造商仍很少关注自主开发软件。通常，唯一的说法就是坚持地认为，服务供应商可以提供完整、可运行的应用软件，也称为软件工件。但是，企业对代码本身却毫无兴趣。服务供应商把它发到某个地方，然后在那里封存枯萎。实际上，所有汽车制造商都只有一些自己的、分散式的代码库。但是，科技巨头是怎么做的呢？例如，谷歌成功的关键是什么？你可能不相信，谷歌自己有一个中央代码库！

因此，作为一个汽车制造商，希望重新获得自己对代码的所有权，可以采取以下三个措施步骤，这些步骤将消除所有与软件开发相关的技术性瓶颈：

- 代码集中化
- 动态测试架构
- 功能切换

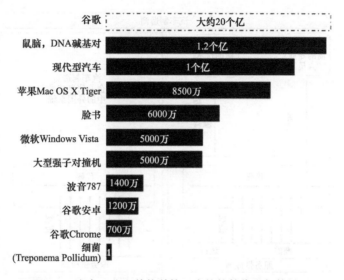

图 8.1　汽车工业和其他科技巨头的软件代码行数量

8.1.1　代码集中化

如图 8.2 所示，传统的汽车制造商委托其相关部门的专业人员，他们对外部服务供应商提出对所需软件工件的具体要求，并在功能上验收所提供的软件。这是几十年来汽车工业中常见的软件外包过程。服务供应商根据需求编写代码，开发软件，并自行存储和管理，大多采用代码存储库（Code-Repository）的形式。代码库是版本管理中的核心内容，当前代码被集中并安全地存储在此。对软件代码的所有更改，都要在代码存储库中进行管理和结构化，又称版本化。

在现代化应用程序开发中，人们已很少需要复杂且全面的软件版本管理。现在的软件开发工具允许跟踪对代码的更改历史，比较代码的不同版本，并且最重要的是，所有软件开发人员可同时对相同的代码进行修改，而不会覆盖各自的更新。软件代码中的每个更改都称为是一个提交（Commit）。通常，成千上万个提交在应用程序的开发过程中时时都在发生。在企业技术人员完成并验收软件之后，服务供应商仍要负责对软件的维修和更改，因为只有他对软件结构和内容最熟悉。

多年来，汽车制造商和外部软件开发商，双方仅根据所谓的工作合同，将软件后续服务作为义务，由软件开发商承担全部责任。如果双方过去是以服务提供合同的形式，使服务提供者履行义务，那么这是必要的，因为根据商业法律规范，服务提供者不会被视为伪造、欺骗性的个体经营者。两种类型的合同，工作合同（Work Contract）和服务提供合同（Service Contract），内容基本上非常相似。这两个合同之间的决定性区别在于，在工作合同的情况下，软件的完成应由创建者负责。但是在服务合同的情况下，仅同意提供软件服务，但不能保证具体结果。就工作合同而言，服务提供商应要保证软件能够运行。

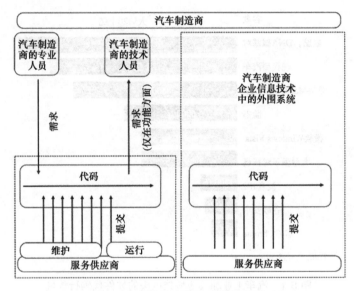

图 8.2　多数汽车制造商的代码库

　　由于汽车制造商以这种方式与软件服务商合作，至今已进行了数千个软件项目，由此就在不同的软件服务商中创建和维持着这种分布式代码库。通常，每个软件项目，或者每个外围系统都有一个甚至多个软件服务提供商。如果现在需要在自己的软件应用中对现有的外围系统进行某些更新修改，则汽车制造商的专家和技术人员必须与软件服务提供商进行协商，并以产品规范的形式提供必要的更改需求。这里出现的挑战，就是企业内部自己的员工几乎无法承担这类任务，因为这两种合同形式的应用软件对他们来说都如同一个黑匣子，他们无法从软件技术实现和结构上理解其内容。结果就是，通常就只能将这种工作交付给软件提供商。因此，汽车制造商的员工虽然对软件具有一定表面性、使用层次的了解，而这一核心知识，或称 Know-How 却在服务提供商一方。这造成的结果就是企业本身采取主动和直接性的能力逐渐降低，并且出现对服务提供商的业务依赖性。这导致服务供应商拥有技术能力，但对企业而言，却是一种发展瓶颈。简言之，除了服务供应商以外，企业中任何人都无法，或者说没有专业能力去理解和访问代码，也就谈不上修改了。

而与此相反，硅谷的科技巨头各自采取了不同的战略。例如，谷歌从一开始就专注于集中式代码存储，为此构建了一个中央代码库，至今已存储了数十亿行代码，每个谷歌研发人员都可以访问代码库。例如，谷歌每天都有 40000 多个代码更改（提交）[1]。谷歌代码库中存放有 10 亿多个文件，所有文件都组织在一个目录中，并分配给相应的研发人员。如果研发人员想要对某些文件进行更改，则必须首先向有关负责人提交更改申请，说明其更改方式（所谓的取出／合并请求）。如果负责人对更改进行审查（Review）后，认为符合代码质量保证要求，它将被转移到中央代码库。

如前所述，这就是在一个中央代码库中管理代码。代码库可以支持多个研发人员对代码同时进行更改，并管理不同的版本。如果现在将整个代码库想象成一棵树，那么中心代码库就是其主干（Trunk）。主干包含有软件中最基本和关键的代码部分。在谷歌中，为这条主干配置有相应的管理负责人员。现在，如果一个研发人员想开发一个新功能，则可以打开一个所谓的分支（Branch），并且只能在该分支上进行更改。仅当该分支代码经过测试、运行、就绪并被验收后，它才会传输到主干。

通常，汽车制造商在企业组织形式上，多个分支部门也同时工作。可以有一个用于开发的分支，一个用于测试的分支，只有在测试和验证成功后，最终状态才被推回产品管理主干。但是，像谷歌这样的科技巨头，它的与众不同在于，它根本不在分支组织上工作，而只在树干上工作，这是所谓的基于主干的开发（Trunk-Based Development）。这就是谷歌的运作秘密，这就可以解释，为什么谷歌能够有效地管理数十亿行代码，并保持很高的代码质量，掌握全局，而又便于管理。

如果希望将谷歌的软件代码管理方法移植到汽车制造商，其布局情况可能如图 8.3 所示。为此，汽车制造商要委任自己的负责人员（软件专家），他们要专业性地审查服务提供商的代码，这些必须是真正的软件技术专家，他们本身就掌握代码开发技术并且具有丰富的信息技术经验，才有能力确定和评鉴服务商所提供的代码是否真正正确，是否满足了事先约定的合同要求。这些技术人员将负责具体的功能验收。服务供应商还必须交出所有的代码，提交给汽车制造商的中央代码库。

如果这些代码和更改都已转移到汽车制造商的中央代码库，这就可如像谷歌一样发出软件代码提取／合并（Pull/Merge）请求。如果现在的汽车制造商，例如其外围系统，还依赖于其他软件，服务供应商就可以通过中央代码库访问和索取所需的代码，进行必要的更改。这就消除了现在服务供应商能力的瓶颈，这些外围系统代码由服务供应商进行修改。同样，其他专业性的软件服务供应商，也有可能访问和提取代码。现在，也就可以解除软件服务商所承担的维持软件运营和维护责任。这一点非常重要，因为具体运营必须在汽车制造商自己的组织内进行。如果汽车制造商不承担运营责任，就不可能评估其软件的性价比。如果汽车制造商现在开始，仍要求每个软件服务供应商都达到 24/7 的服务水平（也就是说，服务供应商必须能够全天候提供技术服务），那么运营费用、企业支出将无可估量地上涨。简而言之，如果汽车制造商真想成为科技巨头，就必须对自己的软件代码和运营负责。

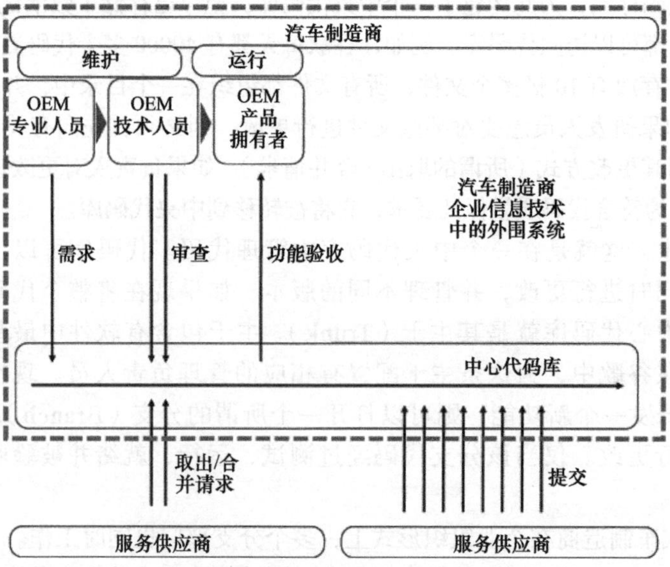

图 8.3 以中央代码库为起点

8.1.2 动态测试架构

谷歌的另外一个秘密，是汇总集成所有的代码更改，随时都可生成一个可正常运行的新系统，这全是通过一个自动化的动态测试架构，被称为预提交架构（Presubmit Infrastructure），它用于解决软件集成中的瓶颈。

由于在谷歌内部，成千上万的研发人员同时在中央代码库（即基于主干代码）上进行工作，为此谷歌提供了多种辅助性工具。借助这些软件工具，就可避免研发人员彼此冲突，或因代码更改造成整个系统的临时性瘫痪。对此，谷歌更高度地依赖于其测试自动化架构。每次更改代码后，谷歌的测试系统都会分析，哪些代码之间存在依赖关系，代码更改完全建立在云服务器上，自动部署整个应用程序。这确实需要发生在每次代码更改时。当然，这只能通过使用云计算技术来实现，因为需要大量的计算机资源、存储和基础架构能力。为此，就需要在云中的动态测试架构上，安装完整的谷歌软件，然后可以像谷歌的真实实时系统一样对其进行测试。如果代码的更改结果导致该环境中不能像实时系统那样运行，则此代码更改将不会转移到代码库的主干。还可以在动态测试架构上进行有关代码质量、测试范围、组件测试、集成测试、应用编程接口（API）测试、图形用户界面（GUI）测试等大量软件性能分析。这样一来，谷歌就可以很好地检验代码更改，确定更改是否提供了良好的结果，并且可以持续地、最大限度地保证了代码质量。

如图 8.4 所示，像谷歌这样的科技巨头可以使用理想化的测试工具来建立其软件开发过程。通过使用自动测试，以尽早发现可能存在的错误。在软件集成中，通常会出现最多的错误。目前，仅是在所有自动化测试通过后，才真正进行人工测试。如今的汽车制造商仍在使用不太理想的测试过程。而且还很少有集成和图形用户界面测试，仍然有很多测试需要人工进行。正是由于汽车制造商还不能使用动态测试架构来实现其测试过程的自动化，只好人工设置测试环境，这本身就是一项耗时的巨大工作，通常需要数周时间，然后才能将所有代码更改，汇集和集成入测试环境，开始进行人工测试，以确定究竟可能会出现哪些错误。再次将所发现的错误进行收集，逐一在一个纠错过程中给予解决。然后，再次确认和收集必要的代码更改，有可能在几周后，才完成所有的修改，再都上传到测试环境中。这整个过程又重新开始大循环。这种方法所面临的严重问题，就是该递归过程无法快速收敛结束。新安装代码更改可能导致生成新的错误。与此相反，谷歌的方法是一个收敛型的纠错过程。此外，汽车制造商采用的人工测试，不能保证测试人员每一次都能够保证真正以相同的方式、准确无误地执行测试流程。这就等于没有提供自动化测试的可能性，以及过程的可靠性。

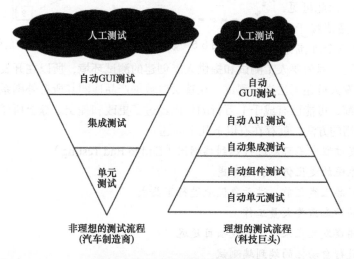

图 8.4 非理想和理想的测试流程

现在，我们来看一下如何将谷歌软件代码管理方法移植到汽车制造商的软件开发流程中。假设一个汽车制造商想要开发一种创新型的数据产品，它可以根据客户以前的驾驶行为，为其推荐一个更为理想、个性化定制的车辆。为此，汽车制造商收集、记录和分析当前车辆的行驶数据，然后，挑选出哪种车型最能满足客户未来的要求（电力驱动、旅行车等）。该数据产品可能包含有图 8.5 中所示的多个组件。客户可以通过制造商的门户网站（Portal），将其用作手机应用程序下载后使用。人工智能算法可评估先前的驾驶数据，后端（Backend）逻辑处理部分可将数据存储在数据库中。

这一后端服务包括有与该服务相关的业务逻辑，并覆盖所有业务流程。例如，驾驶员先前拥有的车辆信息也被存储在这里。为了使客户能够登录到门户网站和应用程序，他们必须进行一次登录（Login）。这些登录信息通常存储在所谓的身份管理系统

（简称 IAM）中。为了构建一个企业生态系统，就像苹果那样的科技巨头一样，身份管理系统是所有客户服务都必须访问的一个中央外围系统。

企业都希望将客户身份集中式管理，以最佳方式给予保护，且保证数据具有较高的数据质量。因此，门户网站和应用程序都依赖于汽车制造商的外围系统。通常，后端组件需要一段时间的车辆数据信息。这些数据也可以存储在一个单独的外围系统中，比如历史性数据、车辆的控制器局域网络数据。由此可见，一个数据产品依赖于汽车制造商的三个外围系

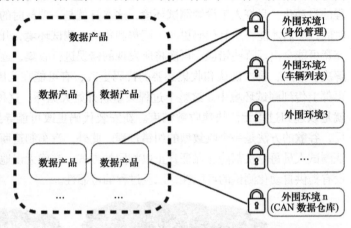

图 8.5　数据产品的开发以及对外围系统的依赖

统。如上所述，因为要人工测试和提供人工创建的测试环境，所以在开发过程中，数据产品的开发人员还无法进行测试。在首次对数据产品连同其所有外围系统一起进行整体测试之前，可能已有成千上万行的代码经过了更改和提交。综上所述，汽车制造商当前所采用的方法，就存在有以下几个问题：

- 在开发过程中不可能进行端到端测试（End to End Testing）
- 外围系统的变化仍未引起考虑
- 数据产品上线之前，过于急促地进行了集成
- 接口的仿真需要大量工作
- 每个错误发生在末端，导致项目延迟
- 无法进行自动化的端到端测试

为了能解决上述问题，以谷歌之类的科技巨头为榜样，并朝着转型方向迈出第一步，可使用所谓的模拟（Mock）方法，又称模拟对象，来抽象描述所有外围系统。模拟是软件开发中的一个环节。它是尚未实现的对象的计算机模型，可在早期进行模块测试。即使"模拟"一词的意思是虚拟模仿，对一个真实对象进行模拟并非出于它意，而是有其明确的意图和目的。在以下情况下，经常使用到模拟：

- 所涉及对象或所需要的接口尚不能使用
- 真实对象或真实的周围系统，不能通过测试操作受到损坏（例如，通过永久删除数据）
- 模拟难以触发激活的操作行为
- 真正的解决方案对于真实测试来说太复杂，太费时和费用高。例如，在每个测试之前都必须初始化完整的数据库

第一步，使用模拟技术，软件研发人员可以开发并测试整个系统的大致行为（图8.6）。为此，可以在云中建立动态性测试基础架构。但是，如果任何一个外围系统的接口在开发过程中发生了更改，则必须在模拟中对其进行调整。另外，这种方法的另一个巨大优势在于，可以自动测试与模拟集成的整个系统。就像谷歌一样，每次更改代码都可以做到这一点。这就可加速整个系统的集成。

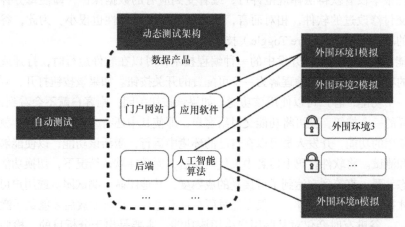

图8.6　步骤1：带有外围系统模拟的动态测试架构，用于软件自动测试

第二步，可以建立一个动态测试基础架构，将现有的质量保证（Quality Assurance）系统安装和连接到该基础架构上（图8.7）。这包括由汽车制造商设置的、用于人工测试的所有相关系统。通常，每个外围系统都有一个所谓的质量保证测试环境。这种测试环境通常有授权保护，通过数字密钥（Digital Key）安全地登录进入该环境。配置动态测试基础结构时，必须添加入这些数字密钥，并且必须建立与所需外围系统的问答（Q&A）测试环境的连接。为此，所有外围系统都必须具有数据接口，并可以由此请求数字密钥，以建立起与一个动态测试基础架构的临时性连接。这就能够在几

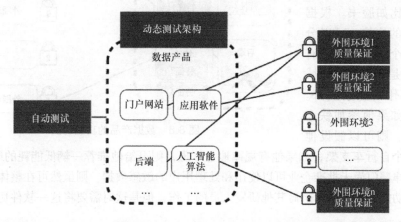

图8.7　步骤2：具有用于自动化测试的问答测试环境的动态测试基础架构

乎近似于现实的条件下自动测试整个系统。这样就可以解决集成过程中出现的技术瓶颈，并且可以大大缩短软件集成时间。

8.1.3 功能切换

现在来讨论一下，如何解决大型企业审批流程中存在的瓶颈问题。如果一个已完成的功能根本没有获得法律规范许可，或者受到应有的数据保护，即使每分钟都能够向客户交付修改过的软件，相对而言，其实际应用的可能性也很小。为此，谷歌采用了所谓的功能切换（Feature Toggle）技术。

功能切换是现代软件开发中的一种编程技术，可以在软件运行时，打开或关闭正在开发的功能。可以简单地理解为一个可配置的开关按钮。如果该按钮打开，则会向客户显示一个功能，客户可以使用该功能。如果该按钮关闭，则客户就不会看到该功能。有了这样的一个按钮，就可将功能交付给客户，即使其中还有未激活的代码，就是尚不能有效使用的功能。开发人员可以在自己的环境中运行，激活该功能，以便能够对其进行扩展和测试。将软件代码上传到中央代码库后，通常在默认情况下，切换功能将保持关闭状态，要一直等到它达到了可接受的成熟度，其他团队、测试团队或用户可以使用时，它才被打开激活。同样，它仅在经过所有批准过程、许可发放后才能最后激活。

例如，谷歌有时会仅对某些用户启用该功能，主要是出于分析目的，检验该功能是否适用于真实数据和真实客户。同样，谷歌有时会关闭该功能，因此客户看不到这一功能，这是用于功能测试和分析，软件开发人员观察这些软件代码的行为和结果。

因此，汽车制造商也可以使用这一功能切换，如图8.8所示。例如，一个应用软件将被扩展，开发出了特征1。这可能是一项新特征，它不仅要考虑用户的使用数据，还要兼顾来自使用社交媒体的数据，比如脸书。根据与脸书的连接，可以分析出一个驾驶员是否有家庭，是否每天通勤，或追求什么业余爱好。例如，如果他参加铁人三项赛，则可以假设他

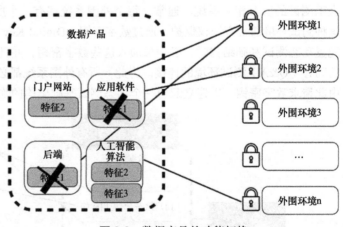

图 8.8 数据产品的功能切换

需要一个自行车支架；如果他有规律地上下班，则可给他推荐一辆低能耗的摩托车。如果法律部门尚未批准企业可以使用和处理用户的敏感数据，则虽然可在整体代码中提供此功能软件，以不阻碍其他研发人员的工作，但是这时需要将这一软件切换到关闭状态。

总而言之,功能切换有助于消除软件开发流程中的某些瓶颈,因为:
- 始终可以发布新的软件代码
- 可在真实条件下快速地进行测试,即使客户看不到该功能

8.2 数据所有权

汽车行业已拥有大量分散性的数据。例如,车辆保险业的服务供应商,他们在车辆中安装了所谓的数据记录仪。在车辆测试期间,已经以很高的频率记录了车辆生成的数据,并将其保存在硬盘上,几乎每小时都会生成千兆字节的数据。然后,服务供应商会对数据进行分析和评估。尽管这是一个庞大的数据宝库,囊括了众多激动人心的实际用例,但这些数据很少能返回到汽车制造商的中央数据库。原因是汽车制造商通常缺乏数据存储基础设施,无法将数据传输到自己的数据中心,而且也无法以较低的成本对数据进行保存和处理。但是,如果没有现成的数据采集和存储基础设施,最终将无法使用数据和扩展人工智能算法。这个基础性数据设施短缺造成的瓶颈,汽车制造商必须给予解决。

同样,在汽车制造商的外围系统数据库中,也有大量宝贵和令人感兴趣的数据,还有许多用于汽车生产的数据库,其内部也包含有客户的数据,以及如上所述的车辆数据库数据。这些数据虽然在汽车制造商内部,但它分散在企业内部的多个部门。因此,这些数据必须传输到汽车制造商的中央数据库。之后,在公司内部使数据"民主化",这意味着,每个相关人员都应赋给不同的权限,访问所准许的数据集。

开发数据产品和人工智能算法,需要大量的内存和计算资源。只有配备有足够的数据量和强大的计算能力,才有可能将人工智能方法训练得更为成熟和完善。为什么会这样?这是因为人工智能算法遵循一定的运作层次结构,如图 8.9 所示 [3]。

假设人工智能是在金字塔的最高层。则这一层次结构与马斯洛的需求层次理论(Maslow's Hierarchy of Needs)非常相似 [4]。马斯洛的需求层

图 8.9 人工智能运作层次

次结构是由美国心理学家亚伯拉罕·马斯洛(Abraham Maslow)提出的一种社会心理学模型。它以简化的方式描述了人类的需求和动机,并试图描述人类动机推移的脉络。其

中自我实现是最重要的，这对应于人工智能。自我实现是一件好事，也是每个人都希望得到的。但是，如果没有足够的食物和水（满足生理需要），这将毫无意义。还有，个人必须感到安全（满足您的安全需求）。只有满足了这两个需求，人类才开始关注自己的社会需求。这正是图 8.9 中的金字塔。人工智能技术虽然很好，但另一方面还必须有足够的数据，也就是说，必须能够进行数据采集和存储。另一方面，数据必须能够传输到所需要的地方。假如没有能够满足这两个基本需求，就无法开始最初始的数据准备、数据清理等工作。

数据采集和存储处理，就是要回答这样的问题，即哪些数据是必需的，哪些数据是可用的。例如，如果要评估所有在自己公司网站上生成的客户数据，就要确定，是否记录了所有相关的客户互动。在收集车辆数据后，始终要面临这样的一个问题，必须预先过滤掉哪些数据。因为车辆中的数据量实在太大，无法通过蜂窝网络（Cellular Network）传输。这就需要从所有数据中找出哪些数据与实际用例相关，因此车辆数据类似于经典的"鸡与蛋"问题。另一方面，数据过于泛滥，并不需要传输所有数据。

其次，数据必须能够传输到真正需要的地方，为此就必须建立可靠的数据流。这里的关键是数据的存储位置以及如何访问。数据的准备工作只能是在可以访问数据时进行。为此，必须清除和净化数据。数据清理占用了数据分析师的大部分时间，这对于后面的人工智能程序所生成的结果质量非常重要。在此阶段中，就可以发现数据量是否足够，传感器数据中是否存在测量错误，所安装的一个新网站版本可能并没有记录与客户的交互，等等。如果这时发现了这些错误，则必须将其作为反馈，传递给所在运作层次的下层，进行调整处理直到初始数据满足所要求的质量为止。

如果数据现在可以以足够的质量和数量流动，并且对预处理过的数据进行了验证，则可以开始进行数据分析，这是特征工程（Feature Engineering）启动的地方。通常，现在开始使用传统的商业智能（Business Intelligence，BI）过程和方法。许多企业以及汽车制造商对商业智能方法都很熟悉，因为传统意义上的商业智能，就是从企业可用的数据信息中获取知识以支持管理决策。借助于分析方法，以及或多或少的专用软件和信息技术系统，可以对有关本企业、竞争对手或市场发展进行评估。借助所获得的知识，企业可以使本身的业务流程，以及与客户和供应商的关系发展更加顺畅，例如，可发现削减成本和降低风险的环节。这样的方法可以很好地用于汇总数据。在商业智能环境中，首先应定义要关注的具体对象，然后进行统计性评估。例如，随时间变化的数据，比如季节变化，其相应评定指标的依赖性。这些指标的组合就构成了所谓的特征（Feature）。这样的特征可以是，例如计算出的客户忠诚度，而该忠诚度是由客户至今为止所购买的商品数量，以及购物车（在网购的情况下）中所预定的商品组成。如果现在有这样的信息，客户可能要转换到另一家公司，就可对此进行标志，即赋予所谓的标签（Label），说明客户是否已离开。简单抽象地讲，特征是做出某个判断的证据，标签是结论。

借助特征（Features）和标签（Labels），可以训练数据，这些正是人工智能中监督学习方法所需要的（请参阅第 3.3 节）。这些可以是来自机器学习领域的简单人工智能算法，如果数据质量合适，通常就可以提供非常好的计算结果。这些也可以用于复杂的方法，比如深度学习之类（请参见 3.3.6 小节）。

现在，将研究如何解决在上述金字塔底部出现的两个常见的阻碍性瓶颈：

- 提供足够的信息技术基础架构
- 进行数据"民主化"的数据治理

8.2.1　信息技术基础架构

为了给研发人员提供所需的信息技术基础架构，使用人工智能进行数据处理和存储，企业可以与云技术提供商签订合同。可以是大型的云技术提供商，例如亚马逊的 Web Services、谷歌云（Google Clou）或微软的 Microsoft Azure。但如果在云技术提供商处存储了拍比特（Petabit）级的数据，需要云技术提供商提供制造商特定的云服务，这就有一定的风险，可能会高度地依赖于一个云技术提供商。但实际上，这种风险还是可以限制和控制的。这是因为所有的云提供商都是使用开源软件，构建特定于汽车制造商的服务。这意味着基础是相同的，数据传输不会像预期的那样困难。

这意味着，可以迅速地解决需要提供足够的信息技术基础结构的问题。如果现有的信息技术市场上，云技术供应商越多，则其应用编程接口（API）和数据交换接口就越稳定和鲁棒，例如可在云中设置自动化测试环境。因此，即使对方的服务价格昂贵，也应首先选用已成熟的云技术供应商。在这里，运行速度比成本费用更为重要。

8.2.2　数据治理

企业组织的一个总体目标就是必须促进内部数据和人工智能主题的"民主化"。企业内部的每个经营决策都应以数据为依据。这正是优步（UBER）从一开始就在其信息技术平台"米开朗基罗"（Michelangelo）上实施的，这也是优步成功的重要原因 [6]。

汽车制造商也必须以完全相同的方式进行数据治理。为了将这一理念移植入企业的 DNA 中，就需要企业高层的大力支持。汽车制造商的首席执行官必须对此做出榜样，变革的思想必须在所有管理层和员工的头脑中扎根，数据和人工智能是企业内每位员工的共同财产。在各自的领域，每个员工都必须积极地提供参与的可能性，参与企业数据驱动项目的决策，不能容忍不合作的态度。

一开始就要打破部门或员工间不合作的局面，避免将数据仅保存在一个部门中，这就必须建立一个数据和技术监督委员会，其中各个部门都要有一名代表。然后可以将任何妨碍数据传播的问题都报告给该委员会。该机构有权，必要时直接向汽车制造商的首席执行官汇报。

另外，对于企业中央数据库中的每个数据记录，都必须明确由谁来具体负责管理。这就可落实具体的数据治理措施。除数据管理负责人外，还必须定义和确定数据的质量。比如，质量参数可以是频率指标，即多长时间就要发布一次数据更新，数据中必须包含哪些数据字段，以及如何计算组合性的数据指标。这种负责人员被称为数据管理员。对于公司中的每个数据集，都必须有一位对应的数据管理员，他100%的工作时间都是负责数据管理工作。另外一个数据管理任务，就是必须使汽车制造商的现有数据"民主化"。为此，必须将最重要的数据转移到中央数据库存储，并且必须为每个部门数据库分配一个负责质量的管理人员（Data Steward）。

8.3 产品所有权

在软件项目中，具体地讲，在创建人工智能技术支持的数据产品时，为了开发一个新功能，软件开发人员经常会花费数月甚至数年的时间。但是，开发人员可能从业务角度并不知道该功能的真正价值，以及该功能是否可取得商业成功。他们甚至都不知道，客户是否实际上真正地使用了该功能。

更糟糕的是：如果某个功能不能带来预期的效益。例如，不通过客户使用，就不会对该功能的改进继续给予投资。而这时，一个新功能将具有优先级。这意味着，对该功能无法进行修改或完善，以至于这一功能无法达到所预期的结果。这样就不可能开发出功能完善的融合性产品。要确定是否存在市场或客户需求，以开发完整的产品和进行测试，更明智的做法是逐步地构建有限数量的功能，并可对其进行精化和扩展。为了不必在收到客户反馈之前就启动开发整个产品或避免不必要的开发，功能分析和A/B测试可能会有所帮助。

因此，在下面章节中，我们将研究如何使用功能分析和A/B测试来避免以上问题：

- 能够快速可靠地做出决策（功能分析）
- 在开发功能时就可获得足够的客户反馈（A/B测试）

8.3.1 功能分析

如第7.6节所述，要在每日都可实现数字产品交付，就必须迅速地做出决策。但是，所谓最高薪水人士意见（Highest Paid Person's Opinion，HIPPO）的影响性，在汽车制造商中仍然很强。阿维纳什·卡什克（Avinash Kaushik）是第一个提出HIPPO概念的人[7]。HIPPO效应表明，当没有可靠的数据和证据帮助做出客观决策时，一个团队经常是听取职位最高者的主观判断。通常，职位最高者具有最丰富的经验，尤其是权利。当他们提出自己的意见后，所有的争论和讨论都会结束。在某些企业文化中，员工甚至都不敢坚持自己的意见，换句话说：领导怎么说的，我们就怎么做好了。

为了避免这种HIPPO效应，就需要客观性的数据。因此，对每个数字服务和数据产品来说，创建一个数据分析机制是至关重要的。第一步，就必须定义哪个是要创建的基本业务流程，以及用来衡量其正确性和后期成功的度量标准。也许是接受一项服务的注册用户数。这也可能是一个功能的有效期，即客户可能在多少天内使用该功能，随后就失去了兴趣。根据所要开发的功能，就必须定义和度量这些指标。然后，团队在此基础上做出决策。这样，就可以避免 HIPPO 的影响，并且可尽早地清楚客户究竟需要什么，什么功能可行，什么无效。但是，这种方法最大的挑战仍然是在企业内部，即员工互相之间要有很大的信任感。例如，企业中可能有某些部门，它们对数据产品持极度的批评意见，甚至有可能会滥用团队所提供的透明数据来诋毁中伤公司的产品。

还应该使用功能分析方法来确定将某个想法实现为软件代码，并将其交付给客户，这中间需要花费多长时间。对此，有所谓的事务跟踪管理系统（Ticket-System），批准开发人员的构想可进行具体实施。只有在有数据时，才能进行连续性的自我优化，这对于提高过程效率至关重要。如图 8.10 所示，第一步就是必须尽快提出产品构想，并将其交付给客户。为了优化这一流程，就需要将其规模明显地限制在一定程度上，这正是需要优化的数字交付时间。

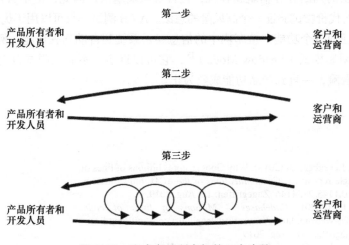

图 8.10　生成产品所有权的三个步骤

然后，在第二步中，必须确保客户的连续反馈可能性。开发人员和产品所有者必须有机会从客户操作和数据产品中接收到反馈信息。这样，就可了解到产品的可用性或操作问题，可以防止严重的乃至更为可怕的错误。这也确保错误只能发生一次，一定把这句话当成我们的座右铭："再聪明的人也犯错误，但愚蠢的人犯两次同样的错误"。

第二步构成了第三步的基础，即得益于客户持续的反馈，可以进一步缩短反馈周期，这样就可以建立起一种企业文化，就是公开地承担过程风险，并准备接受产品所有权，这是齐头并进的。正是由于工作周期缩短和客户反馈迅速，所以加快了决策和实现的速度。这样可以消除这些过程中的瓶颈，使企业在短时间内开发和拥有产品，创造经济价值。

8.3.2　A/B 测试

为了从决策和尝试中获得最大的收益，并让团队在短时间内快速学习，必须使用

A / B 测试。A / B 测试，也称为拆分测试，是一种用于评估产品功能的测试方法——一个功能分别由两个不同的变体实现，比如两个不同的软件版本。在这里，将原始版本相对于经过稍微修改的版本进行测试。这一方法主要用于软件开发，目的是优化特定的用户操作或反应。多年来，它已成为在线营销中最重要的测试方法之一。A / B 测试还可用于比较价格、设计和广告效应。

例如，脸书将其网络流量的 50% 以上用于 A / B 测试。对于每个功能和每个数据产品，都首先提出以下问题：我们是否真正应该开发该产品，它是否能为客户带来高附加值？然后才进行产品测试，而且以尽可能少的工作量和资源支出验证一个功能 /产品是否成功。这正是 A / B 测试的目的所在。根据真实客户的体验来开发和测试一个功能，并通过客户的意见和反馈信息评估该功能是否有实用意义等，就可以明确地做出决策，是否应进一步扩展和完善该功能。所进行的尝试和测试越多，最终结果越显著，所做出的判断和评估就越客观，且自身风险越低。因此，使用 A / B 测试就有可能以最小的代价尝试验证一个高风险的想法。A / B 测试不仅可以用于优化网站设计，还可以扩展任何一个功能，从车辆中的信息娱乐系统到自动驾驶功能。例如，特斯拉使用所谓的阴影模式（Shadow Mode）[5]，它可以逐步、不断地测试自动驾驶的新功能，而无须冒险，一直到产品功能成熟为止。

参考文献

1. Potvin, R., & Levenberg, J. (2018). Why Google stores billions of lines of code in a single repository. *Communications of the ACM*. https://dl.acm.org/doi/pdf/10.1145/2854146. Zugegriffen: 18. Aug. 2019.
2. Desjardins, J. (2020). *Codebases – Millions of lines of code*. Visualcapitalist-Website. https://www.visualcapitalist.com/millions-lines-of-code/. Zugegriffen: 18. Aug. 2019.
3. Rogati, M. (2017). *The AI hierarchy of needs*. Hackernoon-website. https://hackernoon.com/the-ai-hierarchy-of-needs-18f111fcc007. Zugegriffen: 18. Aug. 2019.
4. Maslow, A. (1987). *Motivation and personality*. Pearson Longman. https://www.amazon.de/Motivation-Personality-Abraham-H-Maslow/dp/0060419873. Zugegriffen: 18. Aug. 2019.
5. Golson, J. (2016). *Tesla's new Autopilot will run in 'shadow mode' to prove that it's safer than human driving*. The Verge Website. https://www.theverge.com/2016/10/19/13341194/tesla-autopilot-shadow-mode-autonomous-regulations. Zugegriffen: 18. Aug. 2019.
6. Hermann, J., & Del Balso, M. (2017). *Meet Michelangelo: Uber's Machine Learning Platform*. UBER-Website. https://eng.uber.com/michelangelo-machine-learning-platform/. Zugegriffen: 18. Aug. 2019.
7. Kaushik, A. (2007). *Web analytics – An hour a day*. Wiley. https://www.amazon.de/Web-Analytics-Hour-Avinash-Kaushik/dp/0470130652. Zugegriffen: 18. Aug. 2019.

第9章

企业组织和心态

概要

实现成为科技巨人的愿景和使命，其中一个重要的组成部分就是，一个企业要具备必要的组织结构，能鼓励所有员工积极地参与转型过程。在此，就必须确保企业员工和部门组织，不再沉醉于旧的思维和行为模式。但是，当今在许多汽车制造商中，所盛行的企业文化仍然是传统价值观，企业组织呈等级结构。而现在这种旧式的企业结构必须解除。新型的组织形式必须要激励起员工对变革的好奇心、改变的自身意愿和快速的决策过程。这是确保以客户为中心、提高发展速度和敏捷性的唯一方法，这在诸如亚马逊、谷歌或网飞之类的科技巨头中，已经得到了大规模推广和实际应用。但是，创建必要的组织形式只是问题的一方面。在企业内部树立必要的心态同样很重要。这是构成正确组织形式的思想基础。本章的内容，就是试图从加强企业的数据业务和人工智能技术，以及建立正确的价值观角度，概述性地讲述哪种企业组织形式是有益的并具有成功转型的可能性。

9.1 领导能力

企业文化是所有员工对客户、合作伙伴，以及彼此之间的自我形象。这种自我形象包括集体价值观、公司氛围和团队伦理。这种文化也强烈地反映了企业的 DNA。这个 DNA 中蕴含了企业根源和发展历史。公司形象、产品、服务，以及客户的反馈，都对企业文化产生直接影响。这种文化是企业的精神基础。即使到目前为止，它仍然被低估和忽视了，但它是成功进行企业变革的一块基石。

汽车工业已有近 100 年的历史，"可只有上帝知道"，100 年后会发生什么事情。鉴于至今汽车工业仍在不断发展壮大，仍有稳步增长的销售数字，致使某些企业或部门已经有些狂妄自大。许多经理和员工几乎不再质疑他们的企业文化和行为，他们认为，自己做的都是正确的事，否则企业的收益几乎不可能持续上升。同样，工作现状、职业发展和自我形象在过去的几十年中都没有大的改变，还部分地存在有家庭经营式的感情纽带。通常是几代人之后，子女们继承父业，继续在同一企业工作。整个城市中的几代人都为一家公司效力，比如，沃尔夫斯堡，德国大众的汽车城。但是，从长远来看，就应该打破这种先前建立的传统文化，以便汽车制造商仍能跟上拥有多元化员工队伍的科技巨头。

根据一项研究报告表明，企业文化受到以下因素的显著影响 [1]：

- 沟通和领导力
- 灵活性和变革意愿
- 多样性
- 透明度
- 所有权

该项研究的重点是员工工作的发展变化，尤其是数字化带来的就业影响。这些都是对人工智能技术和数据应用的驱动力。它分别从定性和定量的角度，详细研究了对就业的影响。除此重点外，还对人力资源的发展趋势、员工招聘和员工保留等主题领域，进行了长期的观察和具体分析。该研究每年进行一次。几乎每年都会涉及一个相同研究方向，就是交流沟通被视为企业文化变革中最重要的因素之一。第二个更为重要的因素就是领导力和变革意愿，即告别目前仍是安稳舒适的现状。

特别是在交流沟通方面，要开诚布公地讨论关键性问题，这在许多企业仍然是一个敏感性问题。当前，开放性反馈文化尚难以被员工接受，但这对企业是极为重要的，以能推动进一步的发展和积极性改变。另一个敏感的问题是上级的表扬和赞赏。许多员工抱怨，他们的上级对于员工的努力、投入和贡献，并没有给予足够的承认或赞赏。因此，今后不应该回避这些敏感话题，不应闭口不谈或继续互相隐藏，这才是一个要倡导的企业文化。应该在各个组织层次，各级员工都能积极地讨论这些主题，领导层要予以支持、承认和表扬。这种企业文化只有在管理层以身作则的情况下才能实施，俗话说：鱼都是从头开始臭。

因此，领导层必须首先重塑自我。管理人员必须能够协助、控制和管理变革流程。他们还必须能够应付日益增加的复杂性，并保证举止言论的透明度。只有当领导层首先做出榜样，积极地参与改革，各种上级要求才可以落实到下级员工身上。随着新一代员工的不断加入，工作与生活平衡（Work-Life-Balance）和家庭办公（Homeoffice）等主题也显得极为突出，这些话题因尚缺乏上下级间的相互信任，仍然还未受到重视。由于新冠疾病的大流行，对这些理念也起到了一定的正面推动作用。在这里，管理人员虽被迫让雇员在家中工作，企业不得不推进数字化，可谓是因祸得福！但是不管新冠疫情如何，它仍还在全球大流行，但只要有可能导致这种相互信任，这也是求之不得的。

为了提高公司转型的能力，管理人员必须能够以事务（即传统意义上）型领导风格，以及转型（即情感上鼓励）型领导风格实施管理（图 9.1[2]）。还有人说，高级管理人员必须掌握组织灵活性（Organizational Ambidexterity），虽然这一概念来源于医学界，又称为灵巧性。这意味着，除了在已成熟的业务领域和产品市场中，推进传统的优化措施外，高级管理人员还要负责开发新的、颠覆性的业务模式和产品。例如，具有人工智能技术支持的数据产品。迄今为止，汽车制造商一直在关注本身产品和生产过程的不断优化。这就也是传统意义上，以事务式风格实施领导的原因。它具有以下特征：

- 强烈的理性思考和经济驱动力
- 兑现奖励或惩罚
- 指挥与控制：管理人员如同在演木偶戏
- 建立在员工的外在动机上（从外部到内部）
- 将人视为理性的，追求个人利益最大化（homo oeconomicus）

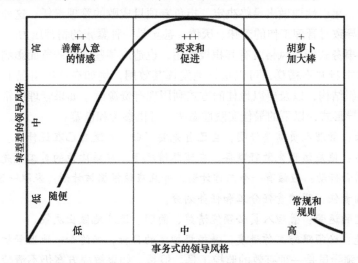

图 9.1 两全其美 - 转型型和事务式领导风格

事务式领导风格的一个基本特征，就是管理人员对员工实施积极的控制。为此目的，管理人员预先设置了一套系统。为此，还必须定义相应的流程、职责、规则和规定。然后，根据该系统所定义的目标，对其进度进行度量和监视。然后，根据目标的实现程度，给出相应的反馈。所有这些都体现了事务式领导风格中的主动控制性。另外，使用了条件性的奖励的措施。这意味着，将根据先前达成的协议，对绩效进行评估。这就是根据一个逻辑："如果……，则……"。如果明显错过了目标，则使用以下措施：条件性干预（惩罚）。如果出现重大偏差和错误，将会采取组织纪律措施。

事务式领导风格的积极作用是给予员工指导和安全感。这在危机时刻和工作压力下特别有益。另外，它可导致系统的持续改进，因此导致系统趋于稳定。通常，持续改进就是确定系统中薄弱点。它还支持目标的明确性，因为一个目标始终是先前目标的后续目标。因此可以基于某些条件开始，即使迈出第一步较为困难，这种事务式领导风格可促进管理的透明度和可比性。通过预先定义的绩效标准和对员工活动的微观管理，就可以清晰地进行管理。

但是，事务式领导风格的负面影响是有时会使员工产生一种无助感。员工将只听从上级管理人员。这意味着，他们不太愿意主动采取行动，也不善于独立思考。如果现实情况与先前制定的计划相去甚远，则员工就会很快汇报给管理人员，然后等待领导的指示。当然，这种方式保证了遵守企业法规的心态，但这在过去几年中，却使一些汽车制造商陷入某些难堪的问题。通常员工们只需按照预期计划工作，没有兴趣和愿望去加倍努力。此外，即使有某些诸如奖励或罚款之类的措施，但员工的工作热情仍难以调动。他们丧失了投入工作的激情，并不把待解的问题或困难的工作当成一种乐趣。这对发挥员工的创造力所产生的多是负面影响。最终，事务式领导风格给管理人员本人带来很大压力和烦恼，他们自己成为决策的关键组成部分。一切都必须经过他们单独、集中性地做出最终决定，担负着项目成败的管理责任。这种情况持续下去，就可能导致对管理工作的乏味、厌倦，甚至是一种紧张的精神压力。

因此，事务式领导风格既有其积极作用，也造成某些消极的负面影响。首先，这种领导方式本身并不糟糕，可以很好地发挥其效用，例如在危机情况下，有时间压力，缺少组织结构，以及要以最佳的方式利用现有资源时。如果管理层希望采用这种事务式的领导形式，以下的最佳实践性做法，可供参考和借鉴：

① 专长：管理人员需要证明，自己首先要明白，知道自己在说什么。

② 准备：他应该预先做好准备，在理想情况下，应该比他的员工领先一步。

③ 计划和行动：应该有一个工作计划，并且应该根据该计划，采取一致性的行动。

④ 明确责任：明确责任分工和任务划分。

⑤ 卓越的运营：管理人员必须能清楚、简明、迅速地做出决策。

⑥ 跟进：必须跟踪工作进度，并根据拟定的目标，始终如一地监督执行。

事务式领导虽是一种有效的监控工具。但是，如果解决方案仍不清楚，则很难在此基础上解决一个新的问题。这就是转型型领导方式发挥作用的地方，它是一种强调人类情感和积极的领导风格。领导者通过启发、远见和感召力来激发员工，旨在释放员工的内在动力。

转型型领导风格，可以用以下四个特征来描述：

- 鉴别自身（Identifying）：管理人员能够激励出员工的积极性。这样的效果可能好于预期。通过他们自身的榜样、信誉和正直来实现这一目标，对员工给予应有的赞赏和尊重。

- 鼓舞人心（Inspiring）：管理人员以充满情感和令人信服的远景去鼓舞员工，使员工自愿和积极地参与变革。

- 开发智力（Intellectually）：管理人员鼓励员工要善于思考和构想。这就给企业带来了新的理念和见解。员工以新颖的方式工作，并发挥出自我解决问题的能力。

- 兼顾个体（Individually）：每个员工都应受到鼓励和挑战，管理人员要在员工的个人发展中担任教练和导师。

为了能够实现转型型领导方式，管理人员必须明确认识到每位员工的特征和优势。然后，根据每个人的具体情况，建立一支多元化的团队。该团队应致力于使其成员热衷于所确定的主题。现在，管理人员还必须使每个人脱离他们的惰性区域和抛弃其消极情绪。他必须使员工具备伸缩性。脱离了现有的舒适环境，员工可能处于一定的压力下，在此他们既受到新的挑战，又应给予支持鼓励。不应让员工感觉到不知所措，而应给予他们个人事业发展的机会。通常，当员工遇到一个浪潮时，这种情况就最容易发生。当一个浪潮或趋势，比如技术更新，虽然使人感觉已超出自身的能力，但是要让员工仍有机会获得必要的技能，当然，前提是已经掌握相关的基础知识。

现在，汽车制造商的高管们必须要将这两种领导方式，尽可能两全其美地结合（图 9.1）。两种领导风格不应被视为是矛盾互斥的，而是可以很好地互补完善的。重要的是要理解，无论是事务式还是转型型领导风格，这还都不是成功地转变成科技巨头的唯一秘诀。单纯的转型型领导风格能促进和发挥员工的创造力，但缺乏结构化。纯粹的事务式领导风格可提高流程效率，但缺乏创新性。这两个风格的完美结合，才能进入图 9.1 中的理想区域，称为要求和促进。

9.2　心理安全与明确性

一个团队的力量总是强于一个人，而且解决任务的能力也更高。自行车运动中的车队，比如环法大赛，就向我们清楚地展示了这一点。但是，即使较为复杂的难题，多项研究结果也表明，多元化的团队要胜过个人。但是，一个团队也必须具备一些重要的前提条件。首先，每个成员都明确知道自己在团队中所处的位置，但彼此之间不是相互竞争对抗，而是相互协调合作。只不过每个人都是在发挥自己的优势。为了调查研究一支高绩效团队之所以能取得成功的原因，谷歌就曾进行过一个代号为 Aristotle的研究项目 [3]。

它主要找出了以下几个因素：

① 心理安全。

② 可靠性。

③ 组织结构和清晰度。

④ 工作的影响和意义。

该研究项目的结果是，最重要的一个成功因素是所谓的心理安全。员工必须在企业内感到安全。这并不意味着，他们必须要受到人身保护，而是他们愿意承担某些风险。他们希望能够做到这一点，而不必担心可能的负面后果。例如，这必然包括公开发表自己的看法，参与讨论新想法，并在会议中可以大胆发表自己的意见。如果员工有顾虑，担心他提出的问题，就此会被其他同事认为是愚蠢和无知，那么他们是不会大胆地公开自己观点的。但是，从不同的角度创造性地提出一个想法，这在企业文化中也至关重要。当然，人们在承认自己的错误时，也需要有一定的安全感。

只有这样，整个团队才能互相学习。如果一个团队成员只因做出错误的决定而受到歧视、排斥甚至惩罚。今后，他们将回避提出任何建议，或者掩盖错误。这对开放式的企业文化和倡导"拥有自己的产品"而言，等于是无情的否定，将这一愿望判处了死刑（见第 8.3 节）。总而言之，团队成员之间必须彼此信任。信任是任何一个群体相处的基础，无论是在私人关系还是在职业领域。图 9.2 中的公式就描述了信任函数 [4]。这里，利己主义是分母。任何一个只考虑自己利益的人，通常有较低的团队信任度。

每个团队成员都会认为，一个利己主义者无论与何人共享知识，例如讨论一个想法，他只会考虑到他自身的利益。同样，可靠性也很重要，真正地面对和应付各种问题。从长远来看，谁都不会相信只会空谈阔论却无所事事的人。大家都会认为，这种人并没有真正合作的意愿，去实际性地投入解决共同的问题。此外，员工的忠诚度也起着重要作用。那些仅是试图讨好上级的团队成员，相对于在所有等级层级上保持正直的团队成员，这些人被认为所获得的信任和尊重更少。

$$信任 = \frac{可靠 + 真实 + 行动}{利己主义}$$

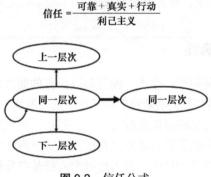

图 9.2　信任公式

这里，另一个重要的因素就是可靠性。团队成员必须能够相互依赖。每个人都必须始终了解团队任务、各自扮演的角色和组织结构。这最好通过透明的项目计划来完成。项目的进度必须具有透明度，以便每个成员都能够了解到项目状态，临时性和最终目标，以及截止日期。

团队的结构和清晰度与可靠性密切相关。目标、角色和项目计划不仅要对每个人都要透明，而且每个人的责任和任务也必须明确定义。每个团队成员都需要知道，什么是所期望的目标，以及如何实现。他还必须清楚，他个人对整体成功的贡献部分是什么。

最后两点涉及具体的工作。在这里，团队成员需要知道，他为什么每天上班和投入，以及为什么值得离开舒适和已知的环境。赚钱并不是最主要的原因，只有当每个团队成员都感到，自己正在创造有意义的价值时，才能实现最佳的自我。因此，工作的意义非常重要。如果每个团队成员都具有相同的愿景，并为此个人和集体都团结一致地投入工作，那么这种成功的团队合作，将达到与过去完全不同的高水平。只有当工作对每个人都有意义时，团队成员的工作效果才能达到最佳。这是一个创建企业内在激情的好方法。这里重要的是要求每个人都要有清晰的视野，明确自己的职责和任务，在团队中树立各自被认可的身份。此外，还必须明确每个人都还有其各自的目标，他们也希望通过自己的工作，来实现个人的愿望。这既可以是经济上的安全性，也可以是不断发展自己，职业成长的机会。管理者应该对此做出反应，并协助和指导员工，最终在团队中实现自我（参见第 9.1 节）。

　　如图 9.3 所示，还必须考虑清晰度和心理安全，这两点是创建一个团队最佳氛围必不可少的两个标准。但是，传统企业的管理特征还仍然是事务式。就其清晰度而言，这是很好的，但是员工通常害怕犯错误，这会直接影响到员工的心理安全。在研究型单位中，例如在高等院校中，虽然一个相对自由、民主和无序的环境是不可避免的，但这并非是弊端。在这里，科研问题的解决方案尚不清楚，仍然需要研究和探讨，所需的组织结构也不明确。当然，如果科技人员与他人交流想法过早，也可能会有某些难言的烦恼和遭受痛苦，因为他人可能会窃取和复制其先知先觉，指导和充实自己的研究课题。通常来讲，初创企业（Start up）具有良好的文化氛围，员工具有较高的心理安全性，也不存在事务式的领导风格。总而言之，必须能够将事务式和转型型领导风格，有机地相互结合，来创建一个可以实现的、高效益的企业文化环境。

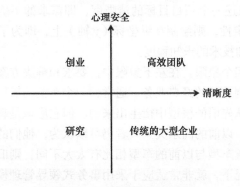

图 9.3　心理安全和清晰度

9.3　敏捷式开发

　　处于变革之中，许多科技巨头和企业都优选敏捷式开发方式。敏捷式开发包括敏捷方法和过程。这样就可以开展跨部门合作，消除闭关自守现象，并缩短研发中的决策过程。这是一种将研发所有权（德国：拥有权或责任）转移给开发团队的方式。最初，敏捷开发的方法来自于软件开发领域，但现在它们也越来越多地应用于其他领域，例如销售、采购等。这种方法主要是针对和应用在一个新项目或产品，且尚未完全明确项目目标和解决方案，而希望尽快启动项目。这可用所谓拉尔夫·道格拉斯·斯泰西矩阵（简称 Stacey 矩阵）很好地给以解释，如图 9.4 所示。

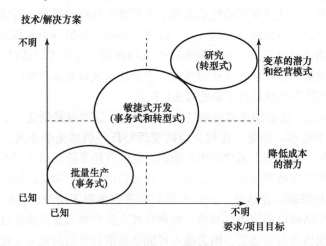

图 9.4　Stacey 矩阵

Stacey 矩阵可以追溯到英国管理学家拉尔夫·道格拉斯·斯泰西（Ralph Douglas Stacey）的学术观点 [5]。他从事处理组织理论和复杂系统的研究。在这种 Stacey 矩阵中。横坐标（x 轴）描述一个项目目标的清晰度，即需求的不确定性有多大。而有关解决方案方法的不确定性，则绘制在纵坐标（y 轴）上，即为了实现项目目标和要求范围，而使用的程序和技术的未知程度。

Stacey 矩阵分为四个象限。在左下象限中，要求和解决方案都是已知的。到目前为止，这一直是汽车制造商的经典业务。通常，一个车辆的后继模型（例如，大众汽车的大众高尔夫）是从先前的模型中衍生出来的。但它应该是新式的，但不能太新或看起来不太新，这样，以前的高尔夫购买者仍可以认为，他们的旧高尔夫还保值，能卖个好价钱。如果后继车型与以前的车型相比有太大不同，则旧型号的价格下降幅度就太大了。在这种情况下，就非常适应于采用事务式领导管理模型。这可保证连续性的系统优化。

在右上象限中，解决方案和项目目标都非常不清楚。比如，高风险的研究项目，这种情况通常出现在工业企业和大学科研中。还有一个很好的例子，就是对客户友好型智能手机的研究工作。在该领域曾有过许多项目，但是直到史蒂夫·乔布斯（Steve Jobs）将苹果 iPhone 推向市场之前，大家都不知道，客户到底想要什么？或者最好的技术是什么？而苹果开创了这一正确的技术，就是触摸屏，并且以各种方式进行了优化，提供了可使用性，从而满足了客户需求，即如同在电脑浏览器上，快速和简易地体验互联网。但是，客户事先并没有明确制定此要求。在科学研究中，通常只能以转型的方式进行，必须同时探索解决方法和技术，即解决方案。

敏捷式开发被安排在这两个问题之间，并同时利用了转型型和事务式原则。自 20 世纪 90 年代以来，敏捷式开发就已应用于软件开发中。2001 年曾发布了《敏捷宣言》，该宣言使敏捷开发取得了突破进展。当年，敏捷宣言由十七个著名软件开发人员编写和发布，可见参考文献 [6]。它针对客户和开发人员心态，确定了四个价值观和十二个原则。其中一个最重要的价值观，就是与客户的持续性合作，以及始终以客户为导向。满足客户的当前愿望和需求，要比满足任何先前定义的要求和执行旧的计划更为优先。要始终保证在短时间内交付软件，这一点也很重要。这就应在跨越职能的基础上（跨所有必要部门）成立团队，并且放手让团队自行组织、规划和实施项目。这种工作方式体现了以客户为导向、高度的适应性和工作活力。因此，它是一个创建动态式企业文化环境和转换过程的理想方法。

基于这种表现形式和价值观，就已有多种方法、实践经验、开发工具和基础框架。例如，增量迭代式开发过程（Scrum）和看板（Kanban）。使用 Scrum，可以在所谓客户实例（User Story） 中定义产品的功能（Function），可以将功能分配给实例中的要点，应对功能的复杂性和作用范围。可使用所谓的燃尽图（Burndown Chart）来描述和显示项目的进度。

关于敏捷式方法，以下将详细介绍其中的三种：

① 设计思维。

② Scrum 敏捷式软件开发。

③ SAFEScrum（公司兼容的 Scrum 版本）。

9.3.1 设计思维

设计思维（Design Thinking） 是一种针对要解决问题的方案，或者集思广益，或者进行所谓的头脑风暴，以开发新思想的敏捷式方法。这种方法可非常强烈地响应客户的要求和期望。而技术可行性和盈利能力将在以后考虑。该方法的目的还在于以一种迭代式的过程，选择跨越职能（即跨部门）团队，不断地考虑各方反馈，开发出创造性的解决方案。客户也可参与整个过程。为此，就必须创造一个解决问题的环境，促进而不是阻碍所有参与人员的创造力，这一点也之关重要。

设计思维过程主要包括以下六个阶段：

① 理解需求：从客户的角度对待和了解客户的问题。

② 深入观察：与客户进行深入交谈，与专家就相似问题进行交流，寻求解决方案，交换意见。

③ 定义观点：汇总和评估收集到的，来自所有团队成员的信息。

④ 开发想法：使用不同的创意技术，生成解决方案。

⑤ 开发原型：创建原型，无论是软件还是感觉（也可使用乐高 Lego 玩具）。

⑥ 进行测试：由未来的客户测试所开发原型，并提出反馈意见。

前三个步骤属于问题分析。步骤④～⑥在于构成解决方案。重复上述步骤，迭代整个过程，直到获得可接受的结果。工作中所取得每个阶段性结果都会与客户交流讨论。这种迭代和交互式方法，已在实践中得到了验证。这样，将来的客户可以在早期阶段就进行产品测试，以确定问题和解决方案是否与客户高度相关。设计思维可以以多种方式使用。它可以用于开发新产品和业务模型，以及优化企业内部流程。

9.3.2　Scrum 敏捷式软件开发

Scrum 已被许多软件公司和汽车制造商所采用。Scrum 虽起源于软件开发，但与设计思维一样，它也可应用于解决其他领域的问题。Scrum 一词最初来自橄榄球运动，意思是有序的争抢，两支橄榄球球队的球员聚集，肩并肩地向前推进，直到一方违反规则后再重新开局。Scrum 作为敏捷软件开发方法，就非常适合复杂性的项目，它同时使用了事务式和转型型规则。它以迭代形式运行，一个项目目标被分为多个子目标。为了达到一个子目标，就需要进行一次冲刺（Sprint），通常这需要 2 ~ 4 周。要为一个冲刺制定非常详细的计划，实质上这是一种过渡性规划。这是一种高度事务性的方法。一个冲刺结束后，将对冲刺结果进行评估和反思，并在必要时对过程进行调整，这就对应于转型型方法。

通常，一个 Scrum 团队应该由 5 ~ 10 名成员组成。亚马逊称这样一个个团队为 2 个比萨饼团队（2-Pizza-Teams），因为假设两个大号美国比萨饼，就可以满足十多个人的胃口需求 [7]。Scrum 团队内部没有层次结构。成员是自组织的，共同负责项目 / 产品的实施。在每个 Scrum 项目中，基本上都有三种角色：

- 产品所有者（Product Owner）
- 教练（Scrum Master）
- 团队成员

产品所有者代表最终客户及其订单。他负责定义客户需求和产品列表（Product-Backlog）优先级。同时，他还领导产品的开发 / 实施。而 Scrum 教练的工作是辅助和支持团队成员，并负责组织性工作。这几点很重要，如此团队就可以不受干扰地投入工作。团队从产品负责人的项目订单中得出客户要求。然后，将这些转换为用户实例（User Story），并以此为依据，对实现工作量进行估算。所有待解决的实例，就构成了产品列表。在某些时候，这就是最终产品应具有的所有功能的集合。每次冲刺后，产品列表都会被更新，并重新进行优先级排列。

对于每个冲刺计划，团队都会从产品列表中获取用户案例。然后，将这些用户实例作为冲刺的内容实施，并形成冲刺列表。然后，团队根据用户实例，独立地创建要处理的事务（Tickets），然后将其实施。还有，在每天的碰头会中，即一天开始工作时的强制性会议，每个团队成员需在 1 ~ 2 分钟内，报告他们前一天的工作和进度、今天的工作计划，以及迄今为止可能出现的障碍，实际上就是困难。Scrum 教练接管这些困难，并尝试将其解决。制作所谓的分解图表（Breakdown Chart）记录，并可视化冲刺列表，这样可以很容易地将既定目标与实际进度进行比较。

冲刺的持续时间可以由团队在开始时给予定义，但此后就应保持不变。在选定的冲刺期的基础上，团队使用时间限定（Time-Boxing）方法来调整工作范围，同时还要考虑到冲刺的优先级。这样可以确保重要的主题持续性地被优先处理。在冲刺结束时，总是会有总结回顾，以分析所获得的结果，以及在偏离目标的情况下，找到所存在的问题和障碍，以便从中学习、积累经验以用于将来的冲刺。最终，客户将收到冲刺的结果（先前定义的产品增量），可以进行测试和试用。在 Scrum 中非常重要的一点就是每次冲刺之后，都可以获得一个功能齐全的产品。然后，客户可以提供广泛的反馈意见，而反馈又可以用于规划即将到来的工作冲刺和调整。

Scrum 的特征在于它是一个迭代过程，在固定周期和自组织团队中进行。最终客户大力参与，以获取有关产品结果的意见，并直接地将反馈传送给团队，对产品列表和要求进行不断调整，其目的就是要确保最终产品确实满足了客户要求。这就是为什么 Scrum 被称为以客户为中心的方法。产品 / 项目进度的透明性，以及日常沟通和公开交流，这都为每个参与人员创造一个鼓励性环境，以在最短的时间内，开发和提供切实可行的结果。

因此，作者强烈地推荐建议使用诸如 Scrum 之类的敏捷方法。但是应注意 Scrum 并不总是有意义。正如在图 9.4 Stacey 矩阵中已经说明的，Scrum 对于已知需求和解决方案的项目，几乎没有太多的意义，而像传统的瀑布式方法这样的过程，工作效率更高些（请参见表 9.1）。

表 9.1 瀑布式方法与敏捷式方法

瀑布式方法	敏捷式方法
重点：基于先前定义的要求的静态过程	重点：创新解决方案在过程中定义要求
基于现有工具建立工作流程	跨越部门的方法和目标，表决 / 沟通需求
团队仅有有限的知识和决策权	知识和决策权在团队中
只有完整的产品才可进行测试	持续性整合客户要求和迭代测试 / 演示

但是，只要尚没有解决客户需求，创新性的解决方案就应该有一个跨越部门的团队，并且要以客户为中心，尽快做出决策，Scrum 就是首选方法。

9.3.3 SAFEScrum

Scrum 有意识地限制在一个小规模的团队组织中，因此它不涉及企业的整体组织问题。但是，一旦项目或产品变得庞大和复杂，这就变得非常重要。为了能够在企业范围内更有意义地使用 Scrum，就有了许多框架，可以解释为企业式 Scrum。这些框架之一就是 SAFEScrum。大多数企业不仅拥有一个敏捷团队，而且还有许多以分布式方式开发产品的团队。因此，可引入企业级别的框架，试图以敏捷方法来实现可伸缩性。对此，一个合适的可扩展性框架，就可确保多个团队在正确的方向上高效地并列工作。

SAFEScrum 框架为此引入了多个附加层。而普通的 Scrum 方法在最低级别上进行。在这里，团队与产品所有者，Scrum 管理员和团队成员一起，合作进行子项目。在这些下级层次之上，连接这些单独团队的牵头体，就是所谓的发布火车（Release-Trains），它们在更大的子目标中工作。在这一层次，其产品负责人和 Scrum 管理员仍扮演着类似的角色。他们的职称，可以是产品经理（Product Manager）和发布培训工程师（Release-Train-Engineer）。然后，在最高层，即管理层，尝试按照企业的总体策略，将各个产品发布在全局上引导到正确的方向。在这里，还要进行敏捷团队的资金管控，以根据企业的关键绩效指标（Key Performance Indicator）对项目进度进行衡量。

9.4　信息技术组织的适应性

为了能够实现向科技巨头的转变，汽车制造商必须更有效地运作企业自身的信息技术部门。过去，汽车制造商的信息技术部门忙于实施软件项目，以优化和自动化业务流程。以前这是企业信息技术部门的主要任务。但是，这些都是强烈地取决于提供技术性支持。这种信息技术具有三个传统式的阶段，主要基于信息技术产品的生命周期：

① 计划。

② 构建（研发和生产）。

③ 运行。

组织计划阶段将创建项目，说明客户需求和相关的概念。然后，构建阶段将其实施，并将其移交给运行（运行组织）。到目前为止，所开发和实现的解决方案都是在汽车制造商自己的数据中心中运行的。

在传统汽车价值链的业务领域（研发、采购、销售、生产等）中，信息技术组织分为两大部门，即计划和构建。但是，这种组织形式很难满足开发人工智能和利用数据等主题的需求。每个部门常常感到自身的信息技术缺乏创新，项目进程缓慢，并且非常官僚化。作为一种临时性措施或者紧急解决方案，各个部门已开始创建自己的信息技术。但是，这些技术在实际操作时，已达到了其功能极限。因此，所面临的问题是如何能使快速、敏捷式的开发成为可能，并且以可扩展的方式，增强和完善运行。

对于解决这类问题，谷歌曾创建了一种成功的模型，被称为"网站可靠性工程"（Site Reliability Engineering）。谷歌的成功始终都与信息技术息息相关，当时他们正在寻找方法、手段和组织模型，以规划和描绘其经营的增长。过去，谷歌也传统式地将软件开发与实际运营相分离，但是在运营中就曾提出了多个问题：如何将软件开发与运营紧密地联系在一起？这需要哪些控制流程？针对这些问题，开发和实现了解决方案，即网站可靠性工程，将它作为一种新型的服务管理模型（Service-Management-Model）。

这一开始听起来是很简单的方法，其实是由一组复杂的规则、规范和框架条件组成的。网站可靠性工程中的重要因素包括：

- 处理风险
- 日常运营质量参数
- 日常业务和任务优化（包括自动化）
- 系统监控和相关故障
- 发布管理（Release-Management）

如果您更仔细地阅读一下 Beyer、Petoff、Murphy 和 Jones 合著的《Google 如何运行生产系统》一书[8]，就可清楚地感觉到，该主题在谷歌的 DNA 中有多么重要。在这里，不要将网站可靠性工程与开发，即运维 DevOps 概念相混淆。DevOps 只是其中的一部分，因此，每个汽车制造商都必须审查自己的业务模型，是否多少可采用些谷歌的经营模式。对此，以下三个因素很重要，都必须在很大程度上给予接受：

① 自动化。

② 软件开发的运营导向。

③ 企业范围内的控制流程。

通过这三个因素有针对性地组合，就可以实现显著地改善，并且安全、可靠地运行未来人工智能支持的产品和服务。

9.5　寻找和发展合适的人选

人工智能技术和数据应用也越来越多地进入企业的人力资源部门。鉴于企业不断需要新型的雇员，必须要尽可能找到合适的专业人才，施展其独特的技能。

连续几代人，父母时代对一个企业的忠诚和信赖早已成为过去。每个希望明天能取得成功的企业，还都必须在保留现有员工方面进行大量的投资。未来，雇员对企业信任和满意度，其中一个更重要的因素就是自身的发展机会、工作地点、自我发挥的可能性、家庭办公室和企业的文化。能够不断地倾听下级员工的意见或抱怨，这将成为管理人员越来越需重视的工作。如果新一代被称为第 Z 代，这些是 2000 年以后出生的人，而第 Y 代指从 1980 年至 2000 年的年龄组。在此之前的一代是第 X 代。对于第 Y 代和第 Z 代来说，通常一切组织层次式、结构固化的事物，都被认为具有抑制性的影响。而独特创新、新异活力、灵活性和有意义，这些才被视为具有激励性和推动力。

仅凭借着当前的声誉和名气，以吸引将来优秀的就业人才，对于汽车制造商来讲，这种好日子已经一去不复返了。汽车制造商现在就必须为争夺明天的人才而战。首先，可从诸如脸书、Xing 和 LinkedIn 这样的社交网络平台中，寻找职业交流中潜在的候选人。如果一个招聘软件技术职位的要求越具体，就越应采用诸如 Stack Overflow 之类的平台，这是特别针对软件开发人员的。还可以在 Kaggle 等竞赛平台上，这是一个面向数据科学家的平台，他们经常在此进行数据建模和分析比赛，企业和研究者可在其上发布数据，比赛是由企业赞助举办的，有规定的截止日期和一定的奖金。这是一个结识、观察和审查未来人才的绝佳渠道。

招聘人工智能领域的技术角色，例如数据科学家和数据工程师，也有必要在面试中进行简单的编程测试。可以像谷歌一样在线进行，也可以面对面进行。这个测试的目的，通常不是正确的解决方案，而是处理任务的方法，相关技术主题的基础知识，以及深入了解一个主题的程度。

在瞬息万变的世界中，求职者的价值观将比其专业水平和所取得的成就更为重要。如图 9.5 所示，科技巨头正在寻找这样的科学技术人才，即在理想的情况下，他们已取得了切实的成果，并具有适当价值观，可认为是能成为企业的一部分。具有这样的价值观，但尚未能够在其简历中证明所取得的成果，这些人如同墙壁上的小花，不容易被发现，可惜也就被忽略掉了。其实，这类人可以通过适当的措施来培养，相比现在虽有些业绩但没有正确价值观的员工，他们在将来会更有前途，对企业做出杰出的贡献。企业仍然还需要个

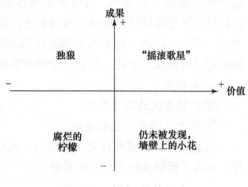

图 9.5　成果 - 价值矩阵

别化，类似于独狼型的人物，虽然他们不能融入团队。人事部门要认真考虑，是否邀请和聘用无法证明其企业价值，而且也无专业成果的求职者。

9.6　转型中的障碍

每一个转型都提供了各种机会和可能性，但也蕴藏着风险。通常，就一个人类群体来讲，始终可以分为以下四类，这也适合于一个企业的员工（图 9.6）：

① 火炬手。

② 早期的多数人。

③ 晚期的多数人。

④ 不可救药之人。

火炬手从一开始就推动变革。为此，他们以积极和开放的态度去迎接

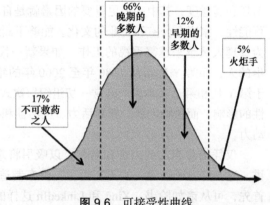

图 9.6　可接受性曲线

挑战。在早期，大多数人对变革同样也抱有积极但谨慎的态度，始终在观察火炬手的发

展情况。如果他们认同了火炬手的行为，就会迅速地追随上来。而另一方面，处于后期的多数人一开始对变革持非常怀疑的态度。可以说就是坐在看台上，观望事态的发展。只有当足够多的参与和成功显现时，他们才会离开座位登台上场。最后，还有所谓不可救药的。他们反对任何发展和变化，也拒绝参与，甚至可能有意地破坏变革。

因此，任何革命性的变革都必须从极少数的火炬手和早期的大多数人开始。汽车制造商必须要真正地认识和明确这一事实，才能够实现向技术巨头的转变。然而，对于许多汽车制造商而言，关键的问题将是他们如何应对那些不可救药的群体。当企业变革处于关键性的转折点时，这些无可救药的群体必须自问：他们是否还想成为新世界中的一部分。如果他们真的不愿意，则必须将他们抛在后面。但这也并非可轻易决定的。还应该给他们若干个补救机会，但是如果他们仍不接受这一点，这些人自己将无路可寻，绝不能在他们身上浪费太多的时间和精力。要过渡到科技巨头，就需要集中所有的精力和利用宝贵的时间。

参考文献

1. Eilers, S., Möckel, K., Rump, J., et al. HR-Report 2019 Schwerpunkt Beschäftigungseffekte der Digitalisierung. https://www.hays.de/documents/10192/118775/hays-studie-hr-report-2019.pdf/b4dd2e3c-120e-8094-e586-bdf99ac04194. Zugegriffen: 2. Apr. 2019.

2. Jennewein, W. (2018). Warum unsere Chefs plötzlich so nett zu uns sind – und warum sie es sogar ernst meinen, Ecowin.

3. Google researchers. (2020). re.Work Website von Google. https://rework.withgoogle.com/print/guides/5721312655835136/. Zugegriffen: 2. Apr. 2019.

4. Green, C. H. (2020). Understanding The Trust Equation, Trusted-Advisor Website. https://trustedadvisor.com/why-trust-matters/understanding-trust/understanding-the-trust-equation. Zugegriffen: 2. Apr. 2019.

5. Stacey, R. D. (2012). *The tools and techniques of leadership and management – meeting the challenge of complexity*. London: Routledge.

6. Beck, K., et al. (2011). Manifesto for Agile Software Development, Agilemanifesto.org-Website. http://agilemanifesto.org/. Zugegriffen: 2. Apr. 2019.

7. Gupta, M. (2018). Why "Two Large Pizza" team is the best team ever, Medium.com-Website. https://medium.com/plutonic-services/why-two-large-pizza-team-is-the-best-team-ever-4f19b0f5f719. Zugegriffen: 2. Apr. 2019.

8. Murphy, N. R., Beyer, B., Jones, C., & Petoff, J. (2016). Site Reliability Engineering: How Google Runs Production Systems. Newton: O'Reilly.

第10章

总结与展望

概要

本章首先对全书进行一个概述性总结，然后试图展望汽车行业未来 5 ~ 10 年的发展远景。这种未来主义式的观点，旨在能鼓励汽车制造商要更勇于创新和坚定转型的决心。在这里，各种因素权衡比较，发展速度比每个细节更为重要。未来并非是完全可预知的，还必须面临和接受可能出现的各种风险。这的确是当前德国汽车业特别感到困扰的艰难话题。但现在是该行动的时间了，行动如同设想，但差别极大，只能是更为艰巨的！即将到来的前景，不仅是全球计算能力的指数函数式发展，还有汽车制造商应对变革的能力。近年来，在数字服务、自动驾驶和电动汽车领域，所投入的资源和逐渐增多的项目都已清楚地表明，这个行业已经离开了指数函数曲线中类似于平缓线性的区域，现在正进入陡峭的坡段。因此，未来 5 ~ 10 年对于所有汽车制造商，这都将是至关重要的。考虑到这一点，我们探讨了汽车制造商的各种发展可能性，即在第 5 章中所创建 5 个假定变革。随后，具体考虑到德国汽车工业作为国民经济的支柱性产业，探讨了可能面临的最坏、实际和最佳局面。在本章的最后，提出了一个现实问题，这就是创新者特斯拉当前的优势究竟有多大。需要强调的是，该章的主要内容是作者本人非常主观的评估。幸运的是，还没有人能真正地看到未来。

10.1 本书摘要

在第 1 章中，本书介绍了汽车行业所正面临的严峻挑战，并以科技巨头为例，讨论了如何从钣金制造商（传统的制造业）转变为科技巨头。主要是以亚马逊、苹果、谷歌、网飞和脸书等企业为例。这些企业从创建开始就高度地重视数字化，并将人工智能和机器学习，移植入企业文化的 DNA 中。在新冠疾病肆虐流行中，它们尤其从中获益 [21]。在上一个财政年度，它们的净利润额，合计约为 1590 亿美元。大约是每天 4.35 亿美元 [1]。其中，网飞被认为是一个积极地致力于变革和使用机器学习的实例，本书对其进行了详细的分析。在过去的几年中，该企业成功地进行了四次转型重塑，持续地适应市场的不断变化。

本书的第一部分包括有第 2 章至第 4 章，都深入地介绍了人工智能的基础知识。

如同第 2 章中所述，具体地讲必须使用正确的算法、大数据和云基础架构，就能为企业的人工智能技术和机器学习奠定坚实的基础。所收集的数据也必须有足够的数量，只有大量的数据才能使人工智能更充满生命力。而为了能够使用大量的数据对算法进行训练，只需建立起云计算基础架构，简单地按下启动按钮，就可获得足够的计算能力。自 1965 年以来，芯片上集成电路密度成倍增长，确保了全球计算能力呈指数函数形式增长（参见第 2.1 节）。但是，只有神经网络与云计算相结合，才能真正地利用更多的数据，也就意味着使算法更加智能化。基于这些信息技术现状和发展趋势，所有的汽车制造商现在正处于一个技术焦点，即如果能互动利用足够的数据，可用计算能力和正确的算法，有可能在一夜之间，就改变整个行业的格局。

在第 3 章中，我们进入到人工智能基础知识的主题。为此，首先简要地介绍了它的发展历史，并将机器学习、深度学习和人工智能，明确地分别区分开来。本章还进一步阐明了人类智能与人工智能之间的相互关系。其中，机器学习是人工智能的一个领域，也被称为狭义人工智能。当今许多信息技术行业中已经在使用的方法，大多归属于狭义人工智能范畴。而广义／通用人工智能试图开发一种能解决多种问题的万能性人工智能，这类似于当今谷歌子公司 Deep Mind 最初开发的方法，比如，可以玩各种不同的雅利达电子游戏，而不仅仅是 Deep Blue 能玩的象棋游戏。这也是当前的研究课题。下一步的发展就将是超级人工智能。超级人工智能将是一种真正优于人类的智能。至于超级人工智能何时问世，技术上是否成熟，是否能为人类所接受，这些还都是未来学的猜测。然后，进入到讲解监督学习、无监督学习和其他学习方法。为此，我们研究了几种常见的方法。例如，线性回归分析、支持向量机、神经网络和强化学习。最后，以总结这些人工智能方法的优劣性，局限性和风险作为结尾。

无人驾驶是人工智能技术应用的一个重要里程碑，也是当今每家汽车制造商所集中关注的一个主题，因此我们在第 4 章中，详细介绍了在自动驾驶领域，使用了哪些人工智能技术。这里一个主要的挑战是感知问题，神经网络可以对此提供技术支持。只有通过使用数码相机，最终客户才能接受自动驾驶功能的价格，并实现批量生产和大规模销售。人工智能算法也用于规划后续驾驶行为，并对其及时采取行动。本章以关于自动驾驶的道德伦理的初步讨论作为结尾。

本书的第二部分（第 5 章至第 6 章）解释性地说明了汽车行业价值链，它不可避免地要发生变化，尤其是其中 CASE 概念所包含的四个主要趋势，以及其能产生的不可低估的影响和贡献。

第 5 章详细地介绍了当今的汽车行业价值链，以及 CASE 概念中的四个主要技术，以及价值链的趋势将如何变化。CASE 一词包含有互联服务（C）、自动驾驶（A）、共享服务（S）和电动汽车（E）。对此，我们研究了不同客户群体的消费动向，推动这些趋势变化的时代精神。简言之，汽车行业价值链将发生根本性的变化，开发出越来越多的数字服务，拓展出新型的销售渠道。同样，应该在这一价值链的所有环节，都引入人工智能技术，用最新的信息技术开发出下一代智能型、智能化的车辆，以最佳的成本支出，进行生产、服务和销售。在汽车价值链中使用大数据和人工智能，能为汽车制造商带来新的销售方式，以及降低成本的潜力。相对于其年度成本，经营成本可节省 5% ~ 10%。目前，汽车工业最大的成本支出是在生产、物流和采购环节，而并非信息技术领域。激发出销售潜力，可获得高达 10% 的额外净回报。为了具备使用大数据和人工智能的前提条件，企业之间可以相互进行技术合作，避免重复性支出，当然，仍必须建立自身的能力和知识储备。

在第 6 章中，详细介绍了汽车价值链中的每个环节，同时还列举了多个利用人工智能技术的用例（Use-Cases）。总共介绍了约 100 多个用例，除了用于流程自动化和优化之外，还有涉及数字服务领域的用例，这些都可作为参照，开拓新型的经营渠道。从车辆到驾驶员，再到出行服务，这些用例都说明了汽车行业仍有其巨大的盈利潜力，仍可开拓新型的经营市场。在本章结束时，还讨论了汽车制造商将来可能扮演的角色，每个厂家将不可避免地归属于这四个结局可能性之一，见图 10.1。

① 科技巨头。

② 汽车工业的富士康。

③ 具有信息技术实验室的钣金件制造商。

④ 钣金件制造商。

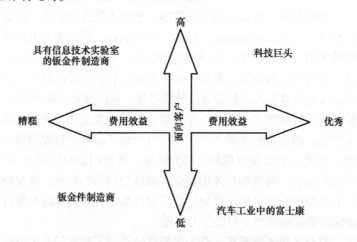

图 10.1　汽车制造商未来的四种不同结局

每个汽车制造商所追求的目标，都是希望成为像谷歌或亚马逊那样的科技巨头。为此，就必须使用数据和人工智能技术优化其整个价值链，降低可能产生的成本，最大限度地减少面对最终客户的总成本。同时，使用数据和人工智能技术，根据仍然还具有的独特竞争优势，进入新型市场和服务业务。从长远来看，这都为汽车制造商提供了发展的可能性，也为出行服务供应商提供了良好的发展机会。如果汽车制造商无法实现对客户需求的关注或自身成本优化，那么，它要么沦为汽车行业的富士康，要么仍然是传统的机械制造商，如同一个传统的钣金件生产商，没有自己的信息技术产品和服务选项。

本书的第三部分，主要介绍了汽车制造商如何才能成功地转型为科技巨头。为此，它首先必须规划出远景，启动并推动在此基础上的变更流程，并通过落实相关的措施，完成所制定的任务来给予实现。还要有适当的组织模型为保证，以及企业文化和思维方式的支持。

第7章描述了一个可能的美好憧憬，以启动和驱动所必要的转变过程，它是这样描写的："我们每天，而不是每3年，都会推出一个数字化批量生产，这如同我们的客户早上开车来工作，晚上开着一辆新车回家。" 这一切都意味着要对企业进行再构重组，尽最大努力去关注客户，将追求变更的意愿，作为我们的首要目标。这种远景将数字化交付时间减少到最短。这里，数字化交付时间描述了，从书面正式确认新数据产品的想法，到将其产品或服务交付给客户的时间。就目前许多汽车制造商的情况来看，在复杂软件项目的整体集成方面，仍然存在着重大缺陷。在汽车生产行业，现在大约是几个月的时间，而不像亚马逊或谷歌这样的科技巨头，仅在几分钟时间的范畴内。将来，汽车制造商应能够每天向客户提供新的软件版本，并可以在外围系统中进行代码更新，开辟一套新的销售渠道，并提高成本收益的效率。要转型为人工智能技术驱动的企业，汽车制造商就需要了解数据型产品的开发方式，以及所涉及的产品生命周期。为了能找到适合于本企业开发的正确数据产品，提出了一种所谓基于"松露菌狩猎"的系统方法。然后，必须在多元化的团队中，快速应对、解决问题并且实现团队的初衷。

第8章的内容描述了为实现所追求的愿景，所要付诸的行动和任务。如果希望如同科技巨头那样，将数字化产品和服务交付时间尽可能地缩短，实现"每天就有一个数字化批量生产"的愿望，就首先必须消除企业内部的所有障碍、延迟因素和组织管理瓶颈。企业就要具有这种坚定的使命感：拥有自己的代码，拥有自己的数据，拥有自己的产品（Own your Code, Own your data, Own your product），系统地解决自身发展所遇到的问题。这就是：

① 可访问所有外围系统的代码库。
② 可利用自动测试的集成环境。
③ 简化组织内部的批准流程。
④ 可访问来自其他外部数据。
⑤ 重要决策者（例如部门负责人或董事会成员）能及时给予信息反馈。

第9章介绍了实现企业愿景和使命的组织形式。企业要实现成为科技巨头的愿望，其中一个重要的因素就是要建立一种新型的组织结构形式，以能激励和带领所有员工，积极参与到转型过程中。这种新型的组织形式，必须能激发出员工的热情，坚定改变现状的意愿，以及加快整个的决策过程。这是确保以客户为中心，提高经营效率和敏捷性的唯一方法，正如在诸如亚马逊、谷歌或网飞之类的科技巨头，所正在发生的一切。为此，要应对和塑造自身的心理安全感，这在谷歌表现得最为突出。本章还说明了，何时采用敏捷式开发方法才有其实际意义，以及如何创建相应的领导文化。对此，必须将事务式和转型型领导风格有机地组合，还必须建立可在信任气氛中，相互团结合作的多元化团队。最后还探讨了转型中存在的各种潜在障碍和困难。

在研究汽车制造商转变为科技巨头的可能性之前，让我们再简单重复一下所谓的VUCA世界，它将成为企业变革的催化剂。

10.2　VUCA：世界将变得越来越动态化

如前所述，我们当今生活在所谓的VUCA世界中。VUCA代表波动性、不确定性、复杂性和矛盾性。例如，市场波动越来越大，货币变得越来越不稳定。比如，新造车势力的销量虽然很少，但它们所获得的关注和评级却高于老牌知名的、资金雄厚的汽车制造商。另外，各种不确定性也在增加，原材料变得更加稀缺，气候变迁迫使行业要降低二氧化碳排放量。所有这些，都导致了一个行业结构的复杂性，并产生了各种歧义和迷惑。似乎都在问：将来的顾客会是什么样？他们如何消费？哪些产品和服务才有意义？在5年或10年后，还会有哪些汽车制造商能生存下来？谁将成为汽车行业的富士康？谁将是行业里的柯达和诺基亚，谁将仍然是单纯的钣金件制造商？

但我认为，这种动态性和波动性却如同催化剂，如同造车新势力对传统汽车厂商日益增长的威胁。旧式、传统的汽车制造商将要承受越来越大的竞争压力。而汽车市场上新的参与者，例如特斯拉，将从VUCA的影响中获利受益。

例如，从新冠流行就已经可以看出这一点。鉴于新冠的特殊性，互联网业务的企业雇员，尤其是其精英人士数量已大大增加，比如微软、苹果、亚马逊、Alphabet和脸书等高科技公司。全球范围的新冠流行，却使这些企业的盈利剧增，规模扩大，更具有市场价值。正是出于对这种传染性疾病的恐惧，人们都沉醉和投入数字世界：包括购物或娱乐平台，居家办公等，互联网正在成为日常生活中不可缺少的一部分。当然，这还加速了许多地区的数字化发展进程。在不久的将来，这种传染性流行病可能还会频繁地出现，继续持久地伴随人类社会[2]。

最近几十年来，全球化程度的不断提高就形成了一个世界性相互交织、彼此依赖、强大的经济体系，但该体系可能不再健壮和稳定。比如，个别工厂的停产，可能就将导致分布在世界各地的整个产业链停顿，特别是汽车行业，对此极为敏感和无奈。另外，许多国家/地区都不再生产某些基本生活用品。

渴望稳定的经济增长，人类对繁荣的向往，但也将大自然和气候环境进一步推向危险的边缘。如果我们对大自然有足够的尊重，并且让世界上万物都拥有一个生活空间，那么类似于新冠这样的灾难就可能会减少。但是，由于人类不断地占用和破坏大自然所提供的有限空间，此类灾难性事件将还会增加。最终，物种的灭绝也将对人类造成难以设想的灾难。现在可以观察到，蜜蜂群的数量越来越少。欧洲仓鼠和灰山鹑现在是濒临灭绝的物种，而农田持续性的单一养殖，导致昆虫的种类和数量都进一步减少[5]。因此，气候变化将成为影响 VUCA 的一个决定性因素。这个VUCA 世界将特别给那些适应能力不如科技巨头的企业带来痛苦和灾难。这就包括传统的汽车制造商。

汽车行业能否保持持续增长，这也是另一个不确定性。客户的要求变得越来越复杂，必须以更有针对性和差异化的方式来应对。过去仍然有可能基于社会背景定义客户群体，但是如今，要借助多个客户特征，这导致目标群体的数量也将成倍地增加。而客户的性别和年龄已变得越来越不重要。例如，更要偏重的可能是个人的爱好，他处于什么的人生阶段，以及他目前所追求的生活目标。为了能够为目标群体（或多个子目标群体）开发量身定制的产品和服务，企业就必须尽可能详细地了解他们。如今，这是使用大数据分析来完成的。欧洲企业非常重视个人数据保护，我个人认为这很应该。然而从行业的发展战略角度上讲，这导致了相当大的竞争劣势，因为其他国家对此所采取的政策，相对开放和宽松得多。这些国家包括习惯于派出间谍活动的美国[6]，他们正在基于数据和人工智能创建数字产品。

即使我只对 VUCA 世界中的两个方面有些充分的了解，但也不能否认，环境气候变化（包括流行病），世界范围内数据的不断增长，都将成为推动 VUCA 发展的主要驱动力。我们现在来看一个具体的示例，这一示例将要说明传统的德国汽车制造商的前景，即其初始起步地位，企业组织和技术现状，以及能否或在何种程度上，可转变成为科技巨头的机遇。

10.3 汽车制造商 - 您想将来如何？

对未来而言，汽车制造商既希望节省成本费用，还要兼顾过程自动化和优化，同时还需要开发新的市场，这样每个厂家都可有四种不同的选择，如表 10.1 所示。

表 10.1 汽车制造商转变为科技巨头的机会

憧憬	机遇
科技巨头	小
汽车行业的富士康	从小到中偏高
拥有信息技术实验室的钣金件制造商	大
钣金件制造商	从小到中偏高

我个人的分析和观点，每个汽车制造商都只有很小的机会，能真正地转型成为科技巨头（表 10.1）。这一可能性很低的根据就是，汽车厂商难以借助现有的核心团队

的技术背景来实现这一重大转型，而且也难以足够快地建立所需的一流核心团队，所谓的 A 级企业员工配置。目前，汽车制造商在软件开发领域，始终在向外部服务供应商下达合同订单。为了迅速地加强在软件开发领域的能力，汽车制造商首先还必须将过去的外部开发转为企业内包，即将软件代码保存在自己的内部数据库中，然后还需建立一个评估和管理新代码的组织，将代码转换为可执行文件，最后整合集成为应用软件。

从事此工作的员工必须具有深厚的信息技术背景，丰富的项目管理经验，良好的软件开发技能。这通常必须是非常熟练的软件开发人员，并管理过大型项目，至少有 3 ~ 5 年的工作经验。现在，这种专业人员是非常罕见的抢手货。即使如此，这些高级开发人员还必须有一定的适应阶段，以对软件功能进行必要的修改，并在企业范围内，建立动态测试基础架构和进行功能切换（Feature Toggles）。在建立了这些基础结构，拟定了开发标准之后，方可启用初级开发人员（所谓的码农），由内部开发人员逐步地替换外包工作。再下一步是要使后续部门（生产、采购、销售等）与这些跨部门的开发人员合作，共同确定客户和各部门内的要求，开发全面具体化的数据产品，打破逐级组织结构层次和多重体制限制。这是随后将人工智能技术和机器学习系统化应用于开发数据产品的必要基础。

我还无法找到任何其他可能性，可将汽车制造商转变成科技巨头。这一重大转变的流程复杂，时间愈发紧迫，还难以寻求到真正合适的专业人员，当今企业内部部门繁多，等级汇报制度、各自部门的局限性和特殊利益，这都是妨碍共同工作的内部障碍。我个人认为，汽车制造商能在未来 5 ~ 10 年内实现一次这种重大转型，实现这一目标的真正机遇很小。

我认为，一个汽车制造商成为汽车行业的富士康的可能性也较小。通常，汽车制造商的规模越大，且已具有了市场规模和生产能力，则其发展机会就越大。例如，大众汽车在开发模块化系统方面已拥有极为丰富的经验，因此相对而言，就具有了一定的生存优势和良好发展前景。多年来，大众汽车集团在其内部创建和推广模块化理念，不同的产品品牌可以使用相同的技术平台。过去主要是将其应用于发动机和车身。还可以看到，大众汽车正试图通过其 MEB（Modular Electric-Drive Toolkit）平台，实现电气 / 电子模块化[8]。这将是一个开放性的平台，可提供不同的汽车制造商以制造电动汽车[7]。

购买该平台的制造商将不可避免地会拥有客户界面。例如，苹果公司从中国的富士康购买 iPhone 整机。但苹果只提供设计和规范，而富士康生产。但苹果可以以倍数的购买价格，向市场出售它的手机，基于其自身的操作系统，它提供了良好的客户界面和许多应用软件。但是，这些应用软件（App）仅占苹果销售额的很小一部分。汽车制造商如果想转型成如同富士康的经营模式，就必须在企业内部提高生产成本效益，企业平台必须尽可能高效运作。为此，就必须在整个价值链中大量使用人工智能技术。另外，还必须修改甚至更新所有现存的旧系统。

这里，最大的挑战在于，汽车制造商已拥有经过 20 ～ 30 年逐步开发和建立起来的信息技术系统，但仍需进行修订和更新，还必须有跨部门的非层次式协作。重构现有信息技术系统，这涉及高度的复杂性，我个人认为，一个汽车制造商能够在适当的时候，及时地达到类似于科技巨头的信息技术基础程度，其可能性的确不大。

汽车制造商最有可能是这两者的混合，即具有信息技术实验室（先进的信息技术支持）的钣金件制造商（传统的机械生产）。在一些德国汽车制造商，已经可以看到这种未来的定位，它们现在已开始疯狂地成立创新中心和软件公司[9]。就这一转变过程而言，这是相对比较容易实现的，仅需要合并一些先前的核心服务供应商。通常，这种定位很容易被采纳和实施，但是也颇具风险性和潜藏忧虑。它可能忽略了当前核心业务的优化。而创新将在企业核心外的新领域进行。从长远来看，这两个领域之间的各种差异会不断加大，并且企业整体利润会下降，因为并非上述汽车价值链中的所有环节，都得到了同样程度的优化。

对于汽车制造商来说，保持现状甚至不尝试进行转变，我认为它是在维持低到中高的机遇。一些汽车制造商可能将选择这一定位，因为可能对启动转型过程，他们尚缺乏所需的流动资金。但是，从长远来看，这种定位极为关键，因为既没有开发面向客户的服务能力，也没有采用优化汽车价值链的方法，这样的后果是企业的利润率将会下降，员工可能要将重新定位自己。

现在，我们已经说明了每个汽车制造商，在这上述四个方案中进行转型的机会，现在可以具体和详细地讨论一下德国汽车行业可能面临的最坏情况、实际情况和最佳情况。

10.4 德国汽车工业的去向

在上述基础上，每个汽车制造商都希望将自己转变为科技巨头，我现在尝试对德国的汽车行业，做出些个人主观性的预测。

10.4.1 最坏的情况

在最坏（Worst-Case）的情况下，德国汽车制造商没能成为科技巨头。因为他们无法在其企业中建立坚定的信心，从根本上转变心态。或者无法在其内部，进行大规模的技术调整。这将意味着他们将面对其他各种可能的局面。当然，并非所有的工作岗位都将丧失殆尽，但这真如同是一个分期负债的痛苦过程。也许一个较大的汽车制造商将自己的未来，定位为汽车行业的富士康。但是，对于德国这样的高收入国家而言，这意味着要将大规模生产转移到国外，以降低生产成本，这一决定性因素直接导致了这种定位。德国将因其高昂的人工成本费用而陷入经营困境。因此，德国企业就应尽可能地、大幅度地实现生产过程自动化。

在这种情况下，来自美国的科技巨头将赢得这场比赛，变得更为强大。他们将成为超级巨人，瓜分和占有利润丰厚的汽车市场。

10.4.2　实际情况

在现实情况下，可能有四分之一的汽车制造商能够成功地进行转型。如果有六个德国汽车制造商，则将其四舍五入就剩下两个了。真是如此，许多工作岗位将要永远丧失，但是作为一个汽车生产国，德国仍然有机会在全球汽车行业中占有一席之地，发挥其核心作用。如果这两家企业能够结成联盟，并在软件和人工智能领域吸引大量的技术人才和熟练工人，这可能也将是一个优势。这也可以对德国作为研发基地产生非常积极的影响，并为建立德国云或欧洲云，提供计算能力和发展动力。如果在德国存在这样的创新技术巨头，这也可以吸引行业中对此感兴趣的专家学者，例如高校教授和学者，帮助整个德国成为一个信息技术强国[10]。

这两家公司将具有最大的资金流动性，并且拥有一支对变革持积极态度的团队。

10.4.3　最佳情况

在最佳的情况下，德国一半的汽车制造商将成功地转型为科技巨头。那将是 3～4 家汽车制造商。在这种情况下，这个行业几乎不会丧失任何工作岗位，这几家汽车制造商的成功定位，将促使人们进行更多的创新和探索。这将会涌现出更多的想法，为此也需要各种资格的专业人员。这可以从创建所谓的标签工厂（Label-Factories）开始。在这里，员工处理监督学习所需的图像，接受数字技术培训，精通编程的员工就有资格成为软件开发人员。也许人工智能方法也可辅助和支持员工培训，掌握编写软件代码的知识，这其实已得到了显著的发展[11]。因为汽车制造商每天都会收集到大量数据，都要对其进行存储、分析和评估，从长远来看，这使汽车制造商在市场中的地位得到一定程度的增强。

在这种情况下，德国汽车制造商有可能要面对竞争，这种竞争来自美国和中国的真正科技巨头。但是，在这个行业中创新者的领导力有多大？我们将在最后一部分中讨论这一点。

10.5　谁将赢得比赛？

特斯拉的领先优势究竟有多大？为了更好地回答这个问题，现在让我们假设一些汽车制造商也转型为科技巨头。

我被经常问到的一个问题就是：谁将会赢？特斯拉是否会将德国汽车制造商驱逐出市场？特斯拉的领先优势还有多大？在结束本书的内容之前，我将尝试对特斯拉的领先优势做出一个简短和主观的评估。

我们从第 5.1 节中所讲述的汽车行业趋势开始：即 CASE 世界，就未来的汽车行业而言，一个非常重要的业务领域就是移动在线服务，也称为连接服务（C）。A 代表自动驾驶，S 表示共享服务，即与移动性服务相关的服务，E 则代表电动汽车，这四个主题无疑将彻底地改变和颠覆这个行业的现状。

埃隆·马斯克（Elon Musk）是特斯拉的创始人。即使有人认为他是个狂人，但他的愿景是让世界成为一个更加美好的、二氧化碳中和的地球村。通常，他能够找到一个市场，提供自己的解决方案，而且其解决方案的功能，可以比其竞争对手强 10 倍，他这样的做法，被简称为：我 10 倍于你[4]。为此，特斯拉依靠新型技术使之成为可能，针对自己的理念，选择适合于其应用的现有技术。这正是马斯克所追求的 CASE 理念中的三个方面：

① 电动汽车。

② 自动驾驶。

③ 连接服务。

动力电池是电动汽车的一个重要组成部分。如今，可用的动力电池仍只有比化石燃料（例如柴油或汽油）低得多的能量密度。这种低能量密度使动力电池的体积庞大且笨重。这反过来就降低电动车辆的续驶里程（Range）。就此世界上有大量研究项目，试图能解决这个难题。埃隆·马斯克早就意识到了这一点，并积极投入进这一课题，因此特斯拉拥有领先的动力电池技术优势。特斯拉汽车中的动力电池，每千瓦小时比竞争对手的动力电池便宜约 25%。这导致了相当大的竞争优势，特斯拉汽车的续驶里程范围远大于其竞争对手[12]。

埃隆·马斯克还将这种方法应用于自动驾驶。特斯拉致力于开发一种计算机芯片，在训练神经网络方面，比英伟达（NVIDIA）解决方案要快近 10 倍。当其他制造商开始购买英伟达处理器，并将其用于自动驾驶时，特斯拉已开发了自己的芯片，该芯片提供了最佳的匹配，适合于所采用的特殊算法。实际上，这是一个相对非常简单的方法，但它给特斯拉带来了巨大的技术优势，它可更快地训练其无人驾驶算法，并在很短的时间内就可感知更多的驾驶环境信息。特斯拉已经在其交付的车辆中，进行了全球行驶测试，收集了交通信号、标志等大量数据，并根据其自动驾驶算法，对这些数据进行了分析验证。依据这些采集到的数据，将帮助特斯拉比竞争对手更早地提供功能强大的自动驾驶算法[13]。很大程度上，正是因为特斯拉开发了一种自己的计算机芯片，该计算机芯片的速度比其特定应用领域的竞争对手快 10 倍[14]。

在互联服务领域，特斯拉做了以下工作。比如自问：如何创造比以前好 10 倍的客户体验？这一答案很简单：一个产品的客户体验，在很大程度上取决于实际使用的难易程度和兴趣爱好。如果现在能将许多最佳的功能整合到产品中，即来自其他领域已知的功能，那么使用新产品将变得更加简单容易。这正是特斯拉所做的。特斯拉已在其车辆中内置了一个 17 英寸显示屏，并可通过智能手机或个人电脑提供了互联网连接[15]。还配有用于导航的 Google Maps、用于听音乐的 Spotify 和用于浏览网页的 Google。与其他汽车制造商的信息娱乐系统相比，这正是客户想要的新一代汽车。此外，特斯拉从一开始就建立了自己的信息技术系统，以便可以通过空中更新整个软件。特斯拉设法更快地修复系统中的错误，并保证提供更好的客户体验。

　　总而言之，可以说特斯拉比竞争对手，更好地占据了约 75% 的未来趋势。但是，特斯拉的一个主要问题是如何快速、高质量地扩大其生产规模。最近经常有新闻报道指出，由于产品质量问题，特斯拉不得不推迟启动大规模生产 [16]。

　　现在，再看一下德国汽车制造商的运作方式。德国汽车制造商已认识到电动汽车将是未来的发展趋势，并且是应对气候变化的唯一理性方法。大众汽车等都正在全力以赴解决这一问题 [17]。与特斯拉相比，大众已经建立了一套生产流程，并可以进行规模性扩展。在生产电动汽车方面，汽车制造商比特斯拉更具优势。但如前所述，特斯拉在动力电池方面仍有其优势。

　　在自动驾驶方面，德国汽车制造商目前正在与知名的业内企业合作。例如，大众汽车公司正在与福特公司，就此问题进行合作 [18]。如第 5.3 节所述，双方合作可以有助于更快地解决技术问题，但从长远来看，这将是一种竞争劣势。就这种合作而言，并不会积累任何战略知识，并且对合作伙伴的依赖性将很大，这在某些时候会给企业利润带来压力。在这个领域，我认为特斯拉选择了更好的定位。

　　在连接服务方面，德国汽车制造商都开始建立自己的软件部门。这些通常不在核心公司中，这样就可以不受企业现有官僚主义的限制。但是，这样做的主要缺点是它仍不会改变核心业务。在这里，汽车制造商将依赖于自己的软件公司所提供的产品。由于汽车制造商倾向于从自己的软件公司购买产品，因此其质量可能与市场所提供的有所不同。

　　特斯拉并没有积极参与共享出行。一些德国汽车制造商，例如，戴姆勒和宝马，已经启动了相应的项目，并取得了良好的效果。然而，当要计入驾驶员的人工费用时，企业盈利仍是很困难的。因此，我个人认为，只有最好地解决了自动驾驶难题的企业，才能在这一领域中立于不败之地。

　　总之，如果共享出行问题还平分秋色，我可以说是 3：0，特斯拉获胜。目前，特斯拉拥有另一个人员优势，这就是它在某些核心主题，例如人工智能和机器学习，都拥有全球知名的专家 [19]。这正是因为特斯拉在重要技术领域，都雇用了 A 级员工，可以说是高端人才。即使德国汽车制造商现在联合起来，组建专门的软件公司，那么他们总体上可能会比特斯拉拥有更多的软件开发人员，但是如果这些开发人员主要是 B 级和 C 级，那么这个数量优势就并不重要了。而下一个问题就是：这些开发人员来自何处？仅仅因为德国汽车制造商现在想成立软件公司，但这并不意味着，A 级人才会突然在市场上出现。而 A 级专家的特点在于，他们有时单独就具有 50 ~ 100 个普通开发人员的创造力和生产力，这些人是来自各学科领域中的专家。

　　此外，我们还不应低估特斯拉的创始人马斯克，他比德国汽车制造商更愿意和敢于冒险。埃隆·马斯克通过经营 PayPal 所获得的财富，已将其完全地投资到特斯拉，他还将自己的薪水与公司的股价挂钩 [20]。另外，特斯拉拥有 10 亿美元的风险资本，可以随时投入部署。而德国汽车制造商仍然是股份制公司，必须支付给股民股息。在股份制中，很少有钱而花不出去，还要考虑新的投资，这如同特斯拉和亚马逊。但是，风险投资与潜在回报是并驾齐驱的，就像金融股票一样。如果埃隆·马斯克的规划行之有效，而且他在正确的问题上，投下了足够赌注，那么这种指数函数式的发展前景，将使他拥有巨大的竞争优势，考虑到我们德国汽车制造商现在的处境，则将是很难追赶上特斯拉的。

总的来说，预测今后的 5～10 年，我认为特斯拉仍将继续领导行业的潮流。但是，也不应忽略德国的汽车制造商，正如俗话所讲：即使是普通的石墨，在巨大的压力下，也可能变成一颗金刚石。事在人为，这场激烈的比赛已拉开帷幕了！

参考文献

1. Börse-Online-Redaktion: Sieben Tech-Konzerne, die trotz Corona-Krise unaufhaltsam wachsen und hohe Gewinne versprechen, Börse-Online (2020). https://www.boerse-online.de/nachrichten/aktien/sieben-tech-konzerne-die-trotz-corona-krise-unaufhaltsam-wachsen-und-hohe-gewinne-versprechen-1029202623. Zugegriffen: 15. Juli 2020.
2. Steffens, D., & Habekuss, F. (2020). *Über Leben – Zukunftsfrage Artensterben*. Penguin.
3. Lee, K.-F. (2018). AI Superpowers – China, Silicon Valley, and the New World Order, Houghton Mifflin Harcourt.
4. Thelen, F. (2020). *10xDNA – Das Mindset der Zukunft, Frank Thelen Media*.
5. WWF: Die Rote Liste bedrohter Tier- und Pflanzenarten, WWF-Website. (2020). https: // www. wwf. de/ themen- projekte/ weitere-artenschutzthemen/rote-liste-gefaehrdeter-arten/. Zugegriffen: 15. Juli 2020.
6. Snowden, E. (2020). *Permanent Record – Meine Geschichte*. Fischer Taschenbuch Verlag.
7. Ecomento-Redaktion: Elektro-Ford auf VWs MEB-Plattform soll hochdifferenziert ausfallen, Ecomento-Website. (2020). https:// ecomento.de/2020/06/16/elektro-ford-auf-vws-meb-plattform-soll-hochdifferenziert-ausfallen/. Zugegriffen: 15. Juli 2020.
8. Ecomento-Redaktion: Volkswagen stellt modularen Elektroauto-Baukasten MEB vor, Ecomento-Website. (2020). https://ecomento. de/2018/09/17/volkswagen-stellt-modularen-elektroauto-baukasten-meb-vor/. Zugegriffen: 15. Juli 2020.
9. Ecomento-Redaktion: Volkswagen stellt modularen Elektroauto-Baukasten MEB vor, Ecomento-Website. (2020). https://ecomento. de/2018/09/17/volkswagen-stellt-modularen-elektroauto-baukasten-meb-vor/. Zugegriffen: 15. Juli 2020.
10. Die Bundesregierung: Nationale Strategie für Künstliche Intelligenz, Web-site der Bundesregierung. (2020). https://www.ki-strategie-deutschland. de/home.html. Zugegriffen: 15. Juli 2020.
11. Radford, A., Wu J., Amodej D., Clark J., Brundage M., & Sutskever I. (2019). Better Language Models and Their Implications von OpenAI. https://openai.com/blog/better-language-models/. Zugegriffen: 19. März 2019.
12. Berger, K. (2020). Tesla hat bei E-Auto-Batterien einen entscheidenden

Vorteil gegenüber anderen Autobauern, Business-Insider-Website. https://www.businessinsider.de/wirtschaft/tesla-hat-bei-e-auto-batterien-einen-entscheidenden-vorteil-gegenueber-anderen-autobauern/. Zugegriffen: 15. Juli 2020.

13. Field, K. (2020). Tesla Achieved The Accuracy Of Lidar With Its Advanced Computer Vision Tech, Clean-Technica-Website. https://cleantechnica.com/2020/04/24/tesla-achieved-the-accuracy-of-lidar-with-its-advanced-computer-vision-tech/. Zugegriffen: 15. Juli 2020.

14. Ernst, N. (2019). KI für autonomes Fahren – Teslas FSD-Chip vereint CPU, GPU und KI-Prozessor, Heise-Website. https://www.heise.de/newsticker/meldung/KI-fuer-autonomes-Fahren-Teslas-FSD-Chip-vereint-CPU-GPU-und-KI-Prozessor-4408291.html. Zugegriffen: 15. Juli 2020.

15. T3N-Redaktion: Kein sichtbarer Rand: Tesla verbessert seine Touchscreens, T3N-Website (2019). https://t3n.de/news/kein-sichtbarer-rand-tesla-1207322/. Zugegriffen: 15. Juli 2020.

16. Shilling, E. (2020). Tesla Is Having Trouble Scaling The Model Y, Jalopnik-Website. https://jalopnik.com/tesla-is-having-trouble-scaling-the-model-y-1843969100. Zugegriffen: 15. Juli 2020.

17. Volkswagen Aktiengesellschaft: The future lies in e-mobility, Volkswagen-Website. (2019). https://www.volkswagenag.com/en/news/stories/2019/09/the-future-lies-in-e-mobility.html. Zugegriffen: 15. Juli 2020.

18. NDR-Redaktion: Kooperation: VW und Ford unterzeichnen Verträge, NDR-Website. (2020). https://www.volkswagenag.com/en/news/stories/2019/09/the-future-lies-in-e-mobility.html. Zugegriffen: 15. Juli 2020.

19. Deveza, C. (2020). Tesla AI Autopilot Head Andrej Karpathy Discusses The Scalability Of Autonomous Vehicles, Tesmanian-Website. https://www.tesmanian.com/blogs/tesmanian-blog/tesla-autopilot-fsd-andrej-karpathy. Zugegriffen: 15. Juli 2020.

20. Kiersz, A. (2019). Elon Musk said in court he's low on cash. He could be right – and it shows how complicated CEO compensation has become, Business-Insider-Website. https://www.businessinsider.de/international/elon-musk-tesla-compensation-explanation-2019-6/. Zugegriffen: 15. Juli 2020.

21. Economist-Redaktion: Winners from the pandemic – Big tech's covid-19 opportunity, Economist-Website. (2020). https://www.economist.com/leaders/2020/04/04/big-techs-covid-19-opportunity. Zugegriffen: 15. Juli 2020.

术 语

A / B Test A/B 测试

也称为拆分测试（Split Test）。这是一种差异性测试方法，用于评估一个产品的功能。产品具有两个变异，将第一个原始版本针对第二个稍做修改的版本，进行比较测试。此方法主要用于软件开发，其中一个确定的目的，就是优化特定的用户操作或功能反应。多年以来，已被发展成为在线营销（Online-Marketing）中最为重要的测试方法之一。A / B 测试还用于比较产品价格、设计和广告影响。

Agile Project Management 敏捷型项目管理

通常用于自行组织，跨越职能（即跨部门）团队的软件开发，以应对快速变化的客户需求，更强调程序员与专家之间的紧密协作、面对面的沟通，频繁交付新的软件版本，尽早实现项目成功。在企业环境中，经常使用的方法可以是设计思维（Design Thinking）、列阵争球（Scrum）和 SAFEScrum。

AlexNet

这是一个卷积神经网络，AlexNet 共有八层。前五层是卷积层，之中一些层是最大池化层，最后三层是全连接层。它借助 1500 万个图像经过训练。它最初用于图像分类，迄今为止，它对机器学习的发展产生了重大影响，曾赢得了 2012 年 ImageNet LSVRC-2012 图像识别竞赛，最低达 15.3% 的 Top-5 错误率。模型的深度对于提高性能至关重要，AlexNet 的计算成本很高，但因在训练过程中使用了图形处理器，而使得计算具有可行性。

Application Programming Interface 应用程序编程接口

简称 API。对于开发人员来说，API 是一个非常重要的编程接口。它定义多个软件中介之间的交互，以及可以进行的调用或请求的种类。它是软件开发工具包（SDK）的一个部分，通常由软件系统提供给其他用户，以连接到客户系统。

App or Mobile App 应用软件或移动应用软件

指用于移动设备或移动操作系统的应用程序软件。这是专门设计的应用程序软件，它通常运行在智能手机、平板电脑或其他移动设备上。对于移动应用软件，本机（Native）与独立于平台的应用软件，这两者存在着一定的区别。前者是运行在iOS或者Android操作系统环境，后者可以是混合系统应用和跨平台应用。移动设备用户可通过无线网络连接，从移动应用程序商店免费或付费，下载、安装和运行这些应用软件。

Artificial Intelliaence 人工智能

简称AI，通常是指通过计算机程序所表现出来的人类智能。通常人工智能是指通过普通计算机程序来呈现人类智能的技术，分为狭义AI（Narrow AI）、广义AI（General AI）和超级AI（Super AI）。狭义AI指特定应用领域中的AI。广义AI可以应用于任何主题。超级AI代表优于人类智能的AI。

Big Data 大数据

一般指这类数据，它们具有多样性（Variety）、数量（Volume）大或者生成速度（Velocity）快，难以在传统的关系数据库中存储和加工处理。但与商业智能（Business Intelligence, BI）和数据仓库系统（DWS）相比，大数据应用通常无须复杂的数据预处理或准备即可运行。适用于大数据的技术，还包括大规模并行处理数据库、数据挖掘、分布式文件系统、分布式数据库、云计算平台、互联网和可扩展的存储系统。

Chatbots 聊天机器人

这是一个基于文本的对话系统，人类可以与技术系统进行聊天。它具有文本输入和输出的功能，可用自然语言与系统通信。随着计算机性能的提高，聊天机器人可以越来越快地访问越来越广泛的数据库，还可为用户提供智能对话，故有时称为虚拟个人助理。而非助理性的则包括以娱乐为目的的聊天室、研究和特定产品促销和社交机器人。

Cloud Computing 云计算

又称为计算机云或数据云，这是一种信息技术基础架构，例如，可以通过互联网使用。它通常包括存储空间、计算能力或应用软件（即服务）。从技术上讲，云计算使用计算机网络所提供的基础设施，而无须将其安装在本地计算机上。这就可实现软硬件资源和信息的共享，按需求提供计算机功能、各种终端和其他设备，使用服务商所提供的计算资源。

Connected Services 互联服务

就汽车行业而言，这是与车辆有关的所有数字化服务，可以是关于安全和远程维护、车队管理、机动性、导航、信息娱乐、保险和停车服务等服务。通常，将几项服务捆绑在一起，然后按期限（比如月、季度、年）向客户收取服务费。这些服务基于车辆的大量远程信息处理功能。

Connectivity 连接性

指使用硬件或软件联网或连接计算机的能力。因此，具有连接性的计算机、移动电话或车辆，都是具有网络功能的设备，并且可以例如建立与互联网的连接。连接性是当今众多通信技术的核心，目的在于通过具备卓越的数据、容量以及接入能力的基础设施，迅速地访问世界各地的信息。

Content-Provider 内容供应商

又称为移动增值业务内容提供商。它指这类服务供应商，它们提供具体的网络内容，以便第三方可以继续处理和使用。第三方，例如汽车制造商，可根据所提供的内容开发增值型应用软件。这类内容可以购买、获得许可或有时免费使用。内容供应商可提供数据共享接口的统一性。

Customer-Relationship-Management System 客户关系管理系统

简称 CRM，这是企业中的一个中央系统，用于完整地规划、监管和控制所有与客户的交互过程。所有客户数据都集中性地存储在这里。CRM 会通过多个渠道全方面收集客户信息，包括公司官网、电话、邮件、在线聊天、市场营销活动、销售人员及社交网络等。另外，通过 CRM 企业还可以更加了解潜在客户的目的，以及如何最佳地满足客户的需求。

Data Lakes/Data Stores 数据湖 / 数据存储区

这是以原始数据格式存储的大量数字数据。通常这是文件或其他非结构化数据。数据湖通常是企业内的所有数据的单个存储库，包括源系统数据和转换后的数据副本，通常用于报告、可视化、高级分析和机器学习等任务。数据湖可包含多种数据类型：关系数据库中的结构化数据（行和列）、半结构化数据（CSV、日志、XML、JSON）、非结构化数据（电子邮件、文档、PDF）和二进制数据（图像、音频视频）。

Data Warehouse 数据仓库

简称 DWH 或 DW，这是企业内部的一个中央数据库，已针对其经营目的进行了优化，被认为是商业智能的核心组件。它将来自多个，通常是异构源的数据汇总在一起。检索和分析数据，提取、转换和装载数据，以及管理数据字典，都被认为是数据仓库系统的基本组成部分。

Deep Learning 深度学习

又称为多层学习，它是机器学习的一个分支，以人工神经网络为架构，对数据进行表征学习的算法。在这种神经网络中，在其输入层和输出层之间，使用了众多的中间层（隐藏层）。这使得从数据中学习结构成为可能。与此相反，人工智能领域的传统方法必须事先定义数据结构。深度学习的好处是用非监督式或半监督式的特征学习和分层，来替代通过人工方式获取数据特征。

DevOps 开发和运维

描述了一种在软件开发和系统管理方面进行流程改进的方法。DevOps 是由"开发"（Development）和"运营"（OPerations）这两个术语组成。通过通用的激励机制、流程和软件工具，在开发、运营和质量保证（QA）领域实现更有效的协作合作。DevOps 可提高软件质量、开发和交付速度，以及所涉及团队之间的合作。按照从前的工作方式，开发和部署都不需要信息技术支持或者质量保证参与，缺乏深入性跨部门的协作。

Digital Native 数字原住民

又称为数据土著，描述了在数字世界中成长的一代人。概括来说，专指伴随着网络和手机等数字技术成长起来的人。

Digital Services 数字服务

意指互联网所提供的在线服务。为此，当客户访问某一企业的网站时，比如汽车制造商，就可进入企业的对外数据库和服务系统，企业为客户提供可交流、互动的界面（前端）。

Digital Twin 数字孪生

将真实对象数字映射到具有所有产品属性、功能和过程参数的虚拟对象，通常用于计算机辅助仿真。可以应用在各种行业（目前主要是工业）对核心设备、流程的使用进行优化，并简化维护工作。

Edge-Computing 边缘计算

与云计算相比，边缘计算是在网络边缘（即所谓的边缘）进行的分散数据处理。边缘节点更接近于用户终端设备，可以加快数据的处理与发送速度，减少延迟。在汽车环境中，边缘就是车辆。因此，边缘计算描述了车辆中数据的预处理。

Feature Toggle 特性切换

这是现代软件开发中的一种编程技术，可以在软件运行时，打开或关闭正在开发的功能。它是替代维护多个源代码分支的一种方案，这使特性在软件完成，在正式发布前也可以得到测试。

Finite Elemente Method 有限元方法

简称FEM，用于分析各种物理现象的通用数值方法。最著名的是对具有复杂几何形状的固体进行强度和变形分析。因为事实证明，使用经典方法（例如，梁理论）太费时或不可能。从逻辑上讲，有限元法基于复杂系统微分方程的数值解。

Global Positioning System 全球定位系统

简称 GPS，正式称为 NAVSTAR GPS。它是用于定位的全球导航卫星系统。它可以为地球表面绝大部分地区提供准确的定位、测速和高精度的标准时间。自 20 世纪 70 年代以来，它一直由美国国防部研制和开发。

Identity und Access Management 身份和访问管理

简称 IAM，可自动记录和管理用户电子身份。现在涌现出越来越多的中央系统，这些中央系统成为企业构建自己的生态系统的基础。IAM 是一种安全措施，用于确保企业内有权限的人员才能访问敏感的技术资源。身份管理属于计算机安全和数据管理的范畴，不仅可以识别、认证和授权允许使用信息技术资源的个人，还可以识别和授权员工需要访问的硬件和应用程序。

Industry 4.0 工业 4.0

这一概念是德国政府提出的一个高科技计划，将工业生产划分为四个进化阶段：第一阶段是使用水力和蒸汽动力；第二阶段涉及批量生产；第三阶段是自动化；第四阶段在提高效率、实时监控和人工智能方面，开辟了新的可能性，用来提升制造业的网联化、数字化和智能化。德国机械及制造商协会（VDMA）等设立了"工业 4.0 平台"。德国电气电子及信息技术协会发布了德国首个工业 4.0 标准化路线图。

Internet of Things 物联网

简称 IoT，包括所有实物与互联网的连接。它使物理和虚拟对象可以相互联网，并允许它们通过信息和通信技术一起工作。物联网将现实世界数字化，应用范围十分广泛。物联网可拉近分散的资料、物与物的数字信息，但其安全性仍然是在物联网应用界受到各种质疑的主要因素。

IT-Container IT 容器

这是一个完整的运行时环境。在该环境中，相应的应用程序可以与所有必要的技术依存关系（库和配置）一起运行。其结果就是确保了应用程序的可靠运行，不管它们安装在哪里。从开发人员的笔记本电脑到生产环境，始终可以使用相同的容器。

LISP

1958 年首次指定的一类编程语言，名称源自"列表处理器"，是由麻省理工学院基于无类型的 lambda 演算开发的，列表是 LISP 的主要数据结构之一，LISP 编程代码也同样由列表组成。除了 Fortran，它是仍在使用的最古老的编程语言。

Machine Learning 机器学习

人工智能的一个分支，指在特定应用领域中使用人工智能。机器学习理论主要是设计和分析一些让计算机可以自动"学习"的算法，它从数据中自动分析获得规律，并利用规律对未知数据进行预测。

Microservices 微服务

描述了软件开发中的一种架构模式。在这里，一个复杂的软件应用程序被分解成多个小的独立软件部分，这些部分通过 API（编程接口）相互通信。这样就可以更轻松地管理程序设计的复杂性，并且可以同时与多个团队一起开发应用程序。

Moore's Law 摩尔定律

戈登·摩尔（Gordon Moore）于 1965 年根据多年观察，推导出一项判断性定律。其内容为：集成电路上可容纳的晶体管数量，约每隔两年便会增加一倍。为此，他是第一个提出有关计算能力将成倍增长的人。个人电脑、互联网、智能手机等技术改善和创新都离不开摩尔定律的延续。

Minimal Viable Product 最简可行产品

简称 MVP，它其实是一种产品理论，即最简单可行化分析。它是产品的第一个最小功能迭代，必须以最小的努力满足客户、市场或功能需求，并获得与操作相关的反馈。最简可行产品是一个只有重要核心功能、可以提供给客户的产品，没有其他多余的功能。

Neural Networks 神经网络

它类似人类大脑中许多相互连接的神经元。该术语来自神经科学。在机器学习和认知科学领域，是一种模仿生物神经网络（动物的中枢神经系统，特别是大脑）的结构和功能的数学模型或计算模型，用于对函数进行估计或近似。

Original Equipment Manufacturer 原始设备制造商（OEM）

又称主机厂、整车厂、原始品牌制造商。它们是不自行出售组件或产品的制造商。OEM 在汽车工业中与汽车制造商同义使用。

Platform as a Service 平台即服务

简称 PaaS，这使用户可以轻松地访问云服务而无须自己配置基础架构。该平台既可以是快速、可用的运行环境（通常用于 Web 应用程序），也可以是开发环境。通常这会降低操作复杂性，以便用户可以简易地访问云架构。

PROLOG 逻辑编程

这是一种编程语言，它是由法国计算机科学家 Alain Colmerauer 在 20 世纪 70 年代初期开发的，能够进行声明式编程。它被认为是最重要的逻辑编程语言。

Repositorys 存储库

在信息技术中，指用于存储和管理数字对象的文件目录，被管理对象是软件代码。存储库的一项重要功能是托管对象的版本管理。

Robo-Taxis 无人驾驶出租车

也称为自动驾驶出租车，就是为拼车公司运营的自动驾驶汽车，是一种无须专职司机（占此类服务运营成本的很大一部分）故而对客户非常实惠的解决方案。它可以加速运输即服务方案的普及，反对个人拥有汽车。但是，这减少了出租车司机的就业机会。

Scrum 列阵争球

英语单词 Scrum 是橄榄球运动中列阵争球的意思。它也指用于敏捷软件开发的项目和产品管理的过程模型。它来自软件开发，但现在也用于其他领域。

Single Sign-On 单点登录

简称 SSO，这是一个中央身份验证过程。为此，用户可以集中存储名称和密码，并且只需登录一次，即可使用其他应用程序。这项功能通常是以轻型目录访问协议（LDAP）来实现，在服务器上会将用户信息存储到 LDAP 数据库中。相同的，单一退出（Single Sign-Off）就是指，只需要单一的退出动作，就可以结束对于多个系统的访问权限。

Social Media 社交媒体

这是互联网社交产品的通称，作为网络平台，是人们可用来进行创作、分享想法、交流观点及经验的虚拟社区。著名的社交媒体包括脸书（Facebook）、Instagram 和 Snapchat。

Start of Production 批量生产

简称 SoP，这标志着行业（包括汽车行业）开始大规模生产，又称量产。这是在系列条件下，使用系列性工具，通过必要的规格审定，生产第一个系列型产品的开始时间。在这之前，产品生产也称为前期性生产。

Sport Utility Vehicle 运动型多用途车（SUV）

这种车型是基于越野车的外观，而具高底盘、承载式车身的乘用车。其驾驶舒适性类似于豪华轿车。同时，配有类似货车的牵引力和越野的四驱能力，车室内空间较大。

Transaktional Leadership 事务型领导风格

交易型领导或交易型管理是一种专注于监督、组织或绩效的领导风格。在这种领导方式中，领导者通过奖惩来激励企业员工。通过奖惩制度，使企业员工保持短期性的工作热情和动力。为此，必须定义一系列的流程、职责、规则和规定，并对其进度进行测量和监视。

Transformational Leadership 转型型领导风格

一种多具情感和积极性的领导风格。领导者应通过启发、远见和感召力来实施管理。这旨在释放员工的内在动力。在这种理论中，领导者与团队一起确定所需的更改，创建企业远景或执行变革，它是全方位领导力模型，以激励企业员工取得意想不到或更为显著的成果。

Virtual Private Network 虚拟专用网（VPN）

是一种常用于连接中、大型企业或团体与团体间的私人网络的通信方法。它利用隧道协议（Tunneling Protocol）来实现发送端认证、消息保密与准确性等功能。可以对公司应用程序和共享资源进行加密的远程访问，而无需将合作伙伴绑定到公司网络。

Web 2.0

万维网发展的第二个阶段。这里至关重要的，是用户成为生成和分发数据的决定性驱动因素。

Worldwide Harmonized Light-Duty Vehicles Test Procedure 全球协调的轻型车辆测试程序（WLTP）

也称全球标准化的轻型车辆测试程序，由欧盟、日本和印度的专家，根据联合国欧洲经济委员会（EUECE）统一车辆法规世界论坛指南，开发出的一种测定废气排放（污染物和二氧化碳排放）的新型测量方法，以及机动车的燃油/电力消耗。该测试方法于 2017 年 9 月 1 日在欧盟引入，适用于乘用车和轻型商用车。因为在德国，机动车税与每千米的碳排放量相关，新登记汽车的机动车税在 2018 年 9 月 1 日大幅提高。WLTP 的测试方法分为低速、中速、高速与超高速四个部分。